国家级职业教育规划教材
人力资源和社会保障部职业能力建设司推荐
全国高等职业技术院校房地产经营与估价专业教材

房地产经纪实务

人力资源和社会保障部教材办公室组织编写

彭玉蓉　主　编

中国劳动社会保障出版社

图书在版编目(CIP)数据

房地产经纪实务/彭玉蓉主编. —北京：中国劳动社会保障出版社，2013
全国高等职业技术院校房地产经营与估价专业教材
ISBN 978-7-5167-0777-7

Ⅰ.①房… Ⅱ.①彭… Ⅲ.①房地产业-经纪人-高等职业教育-教材 Ⅳ.①F299.233

中国版本图书馆 CIP 数据核字(2013)第 271675 号

中国劳动社会保障出版社出版发行
（北京市惠新东街 1 号 邮政编码：100029）
*
北京市艺辉印刷有限公司印刷装订 新华书店经销

787 毫米×1092 毫米 16 开本 13 印张 288 千字
2013 年 12 月第 1 版 2013 年 12 月第 1 次印刷
定价：24.00 元

读者服务部电话：（010） 64929211/64921644/84643933
发行部电话：（010） 64961894
出版社网址：http://www.class.com.cn

前言

随着我国房地产行业的迅速发展，相关企业对从业人员的知识结构和技能水平提出了更高的要求。为了更好地满足企业的用人需要，促进高等职业技术院校房地产经营与估价专业教学工作的开展，加快高技能人才培养，人力资源和社会保障部教材办公室组织有关院校的骨干教师和行业、企业专家，开发了全国高等职业技术院校房地产经营与估价专业教材。

本次开发的教材包括《房地产开发与经营》《房地产政策与法规》《房地产投资分析》《房地产估价》《房地产销售实务》《房地产经纪实务》《房地产营销策划》和《物业管理》。

在编写教材时，我们对教材的定位、结构、内容等进行了深入研究，努力使教材具有以下特点：

第一，重视职业能力培养，突出教材的职业特色。以职业能力为本位，从职业（岗位）分析入手，根据高等职业技术院校房地产经营与估价专业毕业生所从事职业的实际需要，科学确定学生应具备的知识和能力结构，合理选择教学内容，避免专业知识过深、过难，同时进一步加强实践性教学，突出企业工作内涵，提高教材的实用性。

第二，体现房地产行业发展趋势，突出教材的先进性。根据房地产行业的发展现状，尽可能多地在教材中体现本行业的新知识、新理念、新政策，使教材具有鲜明的时代特征。

第三，创新教材编写模式，突出任务驱动编写思路。按照学生的认知规律，合理安排教材内容，注重利用图表、实物照片辅助讲解知识点和技能点，激发学生的学习兴趣。结合先进的教学理念，大部分教材采用了任务驱动的编写思路，做到理论学习有载体、工作实训有实体，通过具体的任务引导学生学习知识和训练技能，使学生学有所获、练有所成。

本套教材可供全国高等职业技术院校房地产经营与估价专业选用，也可作为职业培训教材使用。教材的编写工作得到了有关省（区、市）人力资源和社会保障部门、教育部门，以及一批高等职业技术院校和相关企业的大力支持，教材的编审人员做了大量的工作，在此，我们表示诚挚的谢意。同时，恳切希望用书单位和广大读者对教材提出宝贵的意见和建议，以便修订时加以完善。

人力资源和社会保障部教材办公室

2012年4月

简　介

本教材根据企业对房地产经纪人的职业能力要求及其主要工作内容编写，包括房地产经纪工作准备、房地产居间业务、其他常见房地产经纪业务和房地产代理四个模块。

在编写中，本教材采用了“模块一任务”的模式，以实际工作场景为背景，以典型工作任务为载体组织教学内容，每个任务都包括“任务引入”“任务分析”“相关知识”“任务实施”“技能训练”和“思考与练习”等部分，理论与实践相结合，使学生在“做中学、学中做”的过程中加深对专业知识的理解，形成良好的职业能力和职业素质。

本教材由彭玉蓉任主编，刘鹏、关红丽、陈婷婷参加编写，张岩审稿。

目　　录

模块一　房地产经纪工作准备 …… (1)

任务 1　成立房地产经纪公司 …… (2)
任务 2　招聘房地产经纪人员 …… (18)
任务 3　培训房地产经纪人员 …… (26)

模块二　房地产居间业务 …… (45)

任务 1　房屋租赁居间 …… (46)
任务 2　房地产转让居间的客户接待与洽谈 …… (61)
任务 3　房地产转让居间的交易手续办理 …… (82)

模块三　其他常见房地产经纪业务 …… (97)

任务 1　房地产拍卖 …… (98)
任务 2　代办房屋抵押贷款 …… (113)
任务 3　代办公积金贷款 …… (119)
任务 4　代办房屋析产登记 …… (125)
任务 5　代办房产赠予登记 …… (131)
任务 6　代办房屋继承登记 …… (136)

模块四　房地产代理 …… (141)

任务 1　新建商品房销售代理 …… (142)
任务 2　商业物业招商代理 …… (165)

附录 …… (190)

模块一

房地产经纪工作准备

房地产经纪服务行业是房地产市场的润滑剂。房地产经纪企业依靠信息优势和专业知识优势，促进市场信息的双向流动，给消费者提供全面的房产信息，缩短交易时间与成本；为开发商提供准确的市场信息和专业化的咨询意见，避免市场风险，促进快速开发与销售。

房地产经纪服务行业是人力密集型的新型朝阳服务业，以从业者为创造价值的主体，在人员扩张方面受其他生产要素的制约较少，在吸纳就业方面具有先天的优势以及巨大的潜力。该行业以知识与服务创造价值，符合新型经济发展的趋势。

任务 1　成立房地产经纪公司

学习目标

了解房地产经纪公司设立的条件和程序；了解房地产经纪机构的基本类型和经营模式；熟悉房地产经纪机构部门和岗位设置；了解房地产经纪门店选址的主要决定因素；会协助注册经纪公司；会协助进行经纪门店选址与门店布置。

任务引入

王松是广州市一名资深房地产经纪人，持有中华人民共和国房地产经纪人执业资格证和广州本地的房地产经纪人资格证。从业 8 年后，打算与朋友孙红（持有广州本地的房地产经纪人资格证）共同出资 50 万元人民币成立一家房地产经纪公司。具体出资额为：王松 40 万元，孙红 10 万元。

任莹即将从某高职院校房地产经营与估价专业毕业，已考取广州本地的房地产经纪人资格证，受王松邀请，决定协助王松筹备新的经纪公司。

任务分析

新成立房地产经纪公司，先要了解当地经纪公司设立的条件，按要求进行所需资料和经费的准备，之后申领营业执照、注册公司、办理登记备案手续。

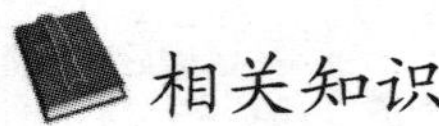

相关知识

一、房地产经纪

1. 房地产经纪的概念

我国《房地产经纪管理办法》对房地产经纪的解释如下："房地产经纪，是指房地产经纪机构和房地产经纪人员为促成房地产交易，向委托人提供房地产居间、代理等服务并收取佣金的行为。"通俗地讲，房地产经纪是以收取佣金为目的，为促成他人房地产交易而从事居间、代理等活动的经营行为。

2. 房地产经纪的基本类型

房地产经纪最主要的方式有居间、代理、行纪三种。

房地产居间是指向委托人报告订立房地产交易合同的机会或者提供订立房地产交易合同的媒介服务，并向委托人收取佣金的行为。分为房地产买卖居间、租赁居间、抵押居间、投资居间，它是经纪行为中广泛采用的一种基本形式。经纪人员与委托人之间没有长期固定的合作关系。在房地产居间业务中最常见的有两种：房地产转让居间（如房地产委托出售、委托购买或委托交换、代办房地产交易手续）、房地产租赁居间。

房地产代理是指以委托人的名义，在委托协议约定的范围内，为促成委托人与第三人进行房地产交易而提供专业服务，并向委托人收取佣金的行为。一般代理人与委托人之间具有长期的合作关系。商品房销售代理是我国目前房地产代理活动的主要形式，通常是房地产经纪机构接受房地产开发商委托，负责商品房的市场推广和具体销售工作。代理购房者申请个人住房抵押贷款是由此衍生出来的代理业务。

房地产行纪是指经纪机构受委托人的委托，以自己的名义与第三方进行交易，并承担规定的法律责任的商业行为。经纪机构与委托人一般具有长期固定的合作关系。

3. 房地产经纪的服务对象

房地产经纪的服务对象多种多样，几乎包括了房地产市场交易的所有主体。常见的有：

（1）新商品房的经营销售者、购买者；

（2）存量房的出售者、购买者；

（3）房屋出租者、承租者。

此外，还有差价换房者、公有房屋使用权转租转让者与承租承让者、房地产抵押者、房地产典当者等。

4. 房地产经纪业务的内容

（1）收集和利用信息

信息是房地产经纪企业开展业务的重要资源。信息既可为房地产经纪企业寻找服务对象，开拓业务，了解市场，又可为中介服务对象所用，通过向客户传递信息，辅助其作出交易决策。

（2）接受委托人委托

接受委托人委托须签订委托合同（或称代理合同、经纪合同）。在正式接受委托前，要了解委托方的主体资格，生产经营状况及信誉，了解委托方的意图，并衡量自身接受委托、完成委托的能力。

（3）联络交易双方

主要是通过信息传递来联络交易双方，在这个过程中，要宣传委托方的信誉和形象，宣传房地产经纪企业的声誉，宣传房地产经纪服务的内容、标准与要求等，树立房地产经纪企业的形象。

（4）公关协调

通过各种渠道收集交易双方的形象和信誉的信息，并沟通双方信息，有效组织双方交往和洽谈，营造良好的合作氛围。

（5）成交可行性分析

房地产经纪企业根据信息反馈不断地进行沟通，洞察双方意向，进行成交可行性分析，并作出判断。若有可能成交时，进一步组织协调。

（6）代理签订合同或进行咨询与监督

合同的内容主要是合同双方主体资格及交易内容的确定，如交易标的的数量、质量与规格，价款及其支付时间与方式，履行期限与地点，违约责任等。合同签订后，监督双方履约情况。

（7）实施合同

主要是合同实施过程中必要的协调与监督。

5. 房地产经纪的行业性质

（1）中介性

中介性是经纪业所具有的基本特点，在促成交易上的主要表现是：在信息集聚的基础上为交易双方提供信息沟通，为当事人提供更多选择的空间，由此伴随的专业性咨询服务对交易行为产生了促进作用。中介定位决定了房地产经纪行业的服务性质。

（2）信用性

信用性是对经纪机构和经纪人最本质的品质要求，具有对行业发展一荣俱荣、一损俱损的影响性。信用性关乎房地产经纪人的社会责任、事业生命和发展基础。

（3）专业性

房地产经纪服务是一项专业性非常强的活动，经纪人须具备多方面的知识和能力。经纪人只有依托系统的专业知识，在交易过程的各个环节严格把关，才能有效体现房地产经纪服务的作用。经纪服务须符合房地产经纪的功能定位，并符合一定的程序与质量标准。

二、房地产经纪机构

1. 房地产经纪机构的基本类型

房地产经纪机构是指符合执业条件，并依法设立，专业从事房地产经纪活动的具有法人资格的经济组织。房地产经纪机构有很多种类型。

按业务类型，可划分为以租售代理居间为重点的实业型房地产经纪机构、以房地产营销策划和投资咨询为重点的顾问型房地产经纪机构、管理型房地产经纪机构、全面发展的综合性房地产经纪机构。

按企业性质，可划分为房地产经纪公司、合伙制房地产经纪机构、个人独资房地产经纪机构、房地产经纪机构设立的分支机构。

按独立性，可划分为专门的房地产经纪机构和房地产开发企业下属的房地产经纪机构。

2. 房地产经纪机构的业务范围

（1）房地产开发前期的咨询服务

房地产开发前期的咨询服务包括投资政策咨询、项目咨询、土地政策咨询、市场因素咨询、产品定位咨询、法律法规和行业规范咨询等。

（2）建设期咨询服务

建设期咨询服务包括设计、监理、建筑施工企业的选择咨询，环保、建筑风格及建筑材料咨询，市场形势调查跟踪咨询以及开发进度跟踪咨询等。

（3）销售代理服务

销售代理服务包括广告策划；广告设计及投放安排；销售现场；销售咨询；商品房居间、代理、租赁服务；二手房中介、销售、租赁、贷款、置换服务及行纪业务等。

（4）后期代理服务

后期代理服务主要是物业管理公司的选择咨询。

3. 房地产经纪机构设立的条件

根据《城市房地产中介服务管理规定》的规定，设立房地产中介服务机构应具备以下条件：

1. 有自己的名称、组织机构。房地产经纪机构名称应当注明“房地产经纪”字样，专门从事房地产经纪活动；

2. 有固定的服务场所；

3. 有规定数量的财产和经费；

4. 有符合规定数量及资格的专业人员。

案例

各地根据实际情况，在以上规定的基础上进行了细化。以广州为例，《广州市房地产中介服务管理条例》规定，设立房地产中介服务机构应当具备以下条件：

（1）有自己的名称和组织机构；

（2）有不少于十五平方米的固定服务场所；

（3）注册资金不少于30万元，仅从事咨询业务的，注册资金不少于10万元；

（4）有房地产中介服务相应职业资格证书的人员不少于3人，其中从事房地产经纪业务的，还应当有持有《中华人民共和国房地产经纪人执业资格证书》的人员。

4. 房地产经纪机构设立的程序

申请设立房地产经纪机构依据以下流程：

（1）向所在地房地产管理部门申请核定房地产经纪机构成立的必备条件；

（2）向所在地工商行政管理部门申办名称核准手续；

（3）向会计师事务所办理验资证明；

（4）向所在地工商行政管理部门申办营业执照；

（5）向所在地地方税务部门办理税务登记；

（6）向所在地物价部门申办收费许可证；

（7）在领取工商营业执照之日起30日内，持营业执照、章程、机构人员情况的书面材料到登记机关所在地县级以上房地产管理部门或其委托机构备案。

5. 房地产经纪机构的资质划分

房地产经纪机构等级评定没有统一的标准，各地根据当地实际情况从注册资金、从业人员、办公面积、经营业务范围等方面制定了不同的房地产经纪机构资质等级的评定标准。如重庆市房地产经纪机构资质分为C、B、A三级，并实行逐级递升制；广州、北京等地的房地产经纪机构资质划分为一级、二级、三级。

案例

北京市房地产经纪机构资质划分标准

1. 一级

注册资金100万元以上；持有房地产经纪人资格证书的人员不少于70%，其中有房地产中、高级经济师资格人员不少于5名；坚持台账制度，报表及时、准确；合同规范；按规定合理收费；无违法违章行为。

2. 二级

注册资金50万元以上；持有房地产经纪人资格证书的人员不少于60%，其中有房地产经济师资格的人员不少于3名；台账、报表齐全；按规定合理收费；无违法违章行为。

3. 三级

注册资金10万元以上；持有房地产经纪人资格证书的人员不少于50%，其中有房地产经济师资格的人员不少于2名；有台账及统计报表；按规定合理收费；无违法违章行为。

6. 房地产经纪机构的经营模式

房地产经纪机构经营模式是指房地产经纪机构承接及开展业务的渠道及外在表现形式。根据房地产经纪机构是否通过店铺承接来开展房地产经纪业务，可以将房地产经纪机构的经营模式分为无店铺模式和有店铺模式。

（1）无店铺模式

该类房地产经纪机构不依靠店铺承接业务，主要靠业务人员乃至机构的高层管理人员直接深入各种场所与潜在客户接触来承接业务。这类机构通常有两种：一种是以个人独资形式设立的房地产经纪机构；另一种是面向机构客户和大型房地产业主的房地产经纪机构，如专营新建商品房代理的房地产经纪机构。

（2）有店铺模式

这一类房地产经纪机构通常依靠店铺承接业务，面向零散房地产业主及消费者，从事二手房买卖居间和房屋租赁居间、代理的房地产经纪机构。其中，又可以根据店铺数量的多少分为单店铺模式、多店铺模式和连锁店模式。

1）单店铺模式。只有一家店铺，通常是小型房地产经纪机构采取的经营模式。

2）多店铺经营模式。一家房地产机构拥有几家店铺的模式，通常情况是这些不同店铺分别由房地产经纪机构及其设立的分公司来经营，这些店铺也是他们各自的办公场所。这是一些小型的房地产经纪机构有了初步发展以后常采取的经营模式。

3）连锁店模式。大型房地产经纪机构所采取的经营模式，通常拥有十几家、几十家乃至几百家店铺，且采取信息共享、连锁经营的方式。这一模式包括直营连锁、特许加盟直营和加盟混合连锁三种模式。

案例

21世纪不动产采取特许经营模式。杭州区域分部成立于2002年9月2日，致力于21世纪不动产体系在杭州地区的推广和服务理念顺利进入杭州房地产市场。

北京千万家房产采取的是直营连锁模式。公司总部将其所拥有的50家门店分为东、南、西、北四大管理中心，对各连锁门店的业务流程实施集约化统一管理，对各连锁店的从业人员开展统一培训，公司的ERP业务系统将各连锁店业务进行联网，各连锁店收集的客户资料第一时间录入业务系统，全员共享。各连锁店店长也是由公司任命。完全的经营决策权，使公司对下属各连锁门店的管理更为直接、有效。

上述三种有店铺经营模式的比较见表1—1—1。

表1—1—1　　三种有店铺经营模式的比较

模式类型	专业化程度	规模经济	管理成本	决策效率	品牌
单店铺模式	低	无	管理和监督费用低	决策快但正确性无保证	无品牌
多店铺模式	低	小	管理费用低	决策快但正确性无保证	无品牌
连锁店模式	专业化程度高，有体制保证	信息共享；规模经济明显	管理监督成本较高，统一化管理	决策时效性差，但决策正确率高	知名度较高，获得客户信任

7. 房地产经纪公司的组织结构

房地产经纪公司的组织结构是指其内部部门设置及其相互关系的基本模式。对于小型房地产经纪机构而言，其内部的组织结构较为简单；而对较大规模，特别是大型房地产经纪机构而言，其内部组织结构的合理与否，对机构的运作效率有很大影响。通常，大中型机构的内部组织结构形式有以下几种。

（1）直线—参谋制组织结构形式

直线—参谋制又称直线—职能制。其特点是为各层级管理者配备职能机构或人员，充当同级管理者的参谋和助手，分担一部分管理工作，但这些职能机构或人员对下级管理者无指挥权。这种结构形式的职能部门和人员一般是按管理业务的性质（如销售、企划、研展、财务、人事等）分工，分别从事专业化管理，这就可以聘用专家，发挥他们的专长，弥补管理者的不足，且减轻管理者的负担。同时，这些部门和人员只是同级管理者的参谋和助手，不能直接对下级发号施令，又保证了管理者的统一指挥，避免了多头领导。

这种组织形式的缺点是：高层管理者高度集权，难免决策迟缓，对环境变化的适应能力差；只有高层管理者对组织目标的实现负责，各职能机构都只有专业管理的目标；职能机构和人员相互间的沟通协调性差，各自的观点有局限性；不利于培养高层管理者的后备人才。

（2）分部制组织结构形式

一些大型的房地产经纪机构由于规模很大，业务繁多，不适于采用高层管理者高度集权的直线—参谋制形式，就需要采用分部制或事业部制形式。这一形式的特点是在高层管理者之下按商品类型（如住宅、办公楼、商铺）、地区（如东城区、西城区、南城区、北城区）或顾客群体设置若干分部或事业部，由高层管理者授予分部处理日常业务活动的权力，每个分部近似于一个小组织，可按直线—参谋制形式建立结构。高层管理者仍然要负责制定整个组织的方针、目标、计划或战略，并落实到各分部，在他下面仍可按管理业务性质分设非常精干的职能机构或人员，对各分部的业务活动实行重点监督。

这种组织结构形式的优点是：各分部有较大的自主经营权，利于发挥分部管理者的积极性和主动性，增强适应环境变化的能力，由于房地产市场具有很强的地域性，细分市场纷繁复杂，这一点尤为重要；利于高层管理者摆脱日常事务，集中精力抓全局性、长远性的战略决策；利于加强管理，实现管理的有效性和高效率；利于培养高层管理者的后备人才。

这种组织结构形式的缺点是：职能部门重叠，管理人员增多，费用开支大；如分权不当，易导致各分部闹独立，损害组织整体目标和利益；各分部之间的横向联系和协调较难。这种组织形式适用于特大型组织，在采用时也应注意扬长避短。

（3）矩阵制组织结构形式

在实行直线—参谋制形式的组织中，职能部门按管理业务性质分设，横向沟通协调较为困难。而组织内部只有通力协作才能保证任务的完成，这就有必要按楼盘项目设置临时性机构（如××楼盘项目组），由有关职能部门派人员参加。而对于大型房地产居间机构，由于业务量大，不同区域市场特点不同，常常需要按区域分片设置常设性管理部门，并通过这些部门来整合各职能部门的人员，这样就诞生了矩阵制的组织结构形式。在一些大型的复合型房地产经纪机构，这种矩阵制组织结构就更为复杂，常常可以看到专业性职能部门、按房地产类型或区域分设的事业部和各种临时的项目部门同时并存的现象。

采用这种形式时，由职能机构派出参加横向机构（事业部或项目组）的人员，既受所属职能机构领导，又接受横向机构领导。这就有利于加强横向机构内部各职能人员之间的联系，沟通信息，协作完成横向机构的任务。事实上，矩阵制是介于直线—参谋制与分部制之间的一种过渡形态，它可以吸收这两种形式的主要优点而克服其缺点。但是矩阵制的双重领导违反了统一指挥原则，又会引起一些矛盾，导致职责不清、机构间相互扯皮的现象，所以在实际运用中，高层管理者要注意协调职能部门与横向机构间出现的矛盾和问题。

（4）网络制组织结构形式

网络制组织结构是一种最新的组织形式。公司总部只保留精干的机构，而将原有的一些基本职能，如市场营销、生产、研究开发等都分包出去，由自己的附属企业和其他独立企业去完成。在这种组织形式下，公司成为一种规模较小，但可以发挥主要商业职能的核心组织——虚拟组织，依靠长期分包合同和电子信息系统同有关各方建立紧密联系。与传统的组织结构形式中公司各项工作依靠各职能部门来完成截然相反，在网络制组织结构形式下，经纪机构从组织外部寻找各种资源来执行各项职能。

例如，房地产经纪公司可以将有些业务发包出去，特别是一些与经纪密切相关的业务，如评估业务、权证代办业务等。如果房地产经纪机构认为某些其他专业公司在这些方面比自己做得更好或成本更低，就可以将这些业务发包给这些专业机构来完成。

这种形式给予组织以高度的灵活性和适应性，特别适合科技进步快、消费时尚变化快的外部环境，组织可集中力量从事自己具有竞争优势的那些专业化活动。它的缺点是，将某些基本职能外包，必然会增加控制上的困难。因此，采用这种组织形式的机构管理人员的大部分时间将会用于协调和控制外部关系上。

每一种组织形式都有它的优点和缺点，在运用中应该根据实际情况，包括对公司的战略、规模、技术、环境等因素进行综合考虑，注意扬长避短，灵活运用，克服各种组织形式的缺陷。在组织结构的设计中，要充分考虑控制跨度以及集权与分权之间的关系。从现在流行的趋势来看，即使是在传统的职能制结构中，也开始出现控制跨度加宽，结构扁平化以及分权化的趋势。这些变化都是为了应对激烈竞争情况下出现的纷繁复杂的市场变化，尽快做出反应。这些变化与传统的组织结构形式相比更灵活。

广东中原地产是一家大型的房地产经纪公司，其组织结构如图1—1—1所示。

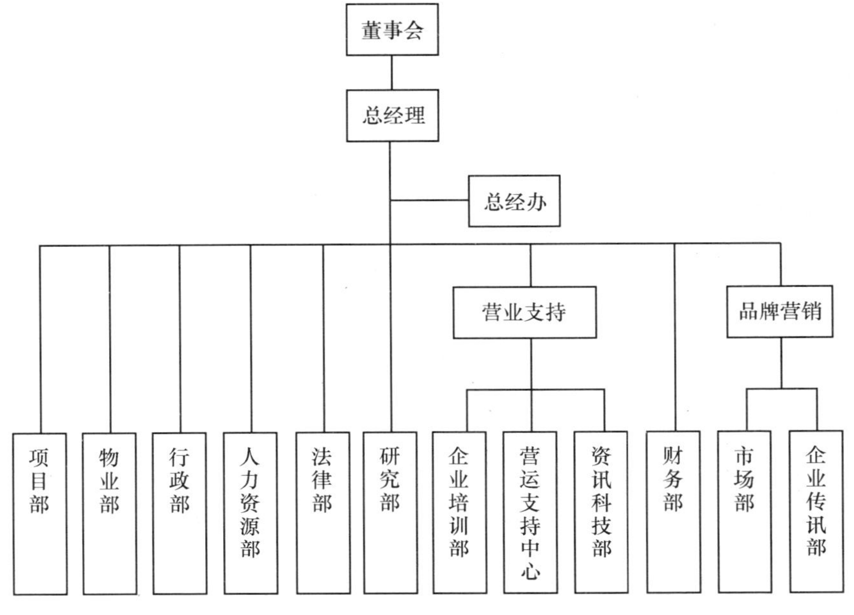

图1—1—1　广东中原地产组织机构

8. 房地产经纪机构的部门设置

房地产经纪机构的部门设置主要有四类：业务部门、业务支持部门、客户服务部门和其他部门。

（1）业务部门

一般由隶属于公司总部的业务部门和分支机构（主要是连锁店）构成。如根据房地产类型不同可设置为住宅部、写字楼部、商铺部等；根据业务类型不同可设置为置换业务部、租赁部、销售部等；根据业务区域不同可分为东区、南区、北区、西区业务部等。

（2）业务支持部门

主要是为开展经纪业务提供必需的支持及保障的一些部门，包括交易管理部、评估部、网络信息部、研展部、办证部等。

（3）客户服务部门

这是一个综合性的部门，既包含对客户服务以及受理各类客户的投诉，也包括对经纪人业务行为的监督。

（4）其他部门

是公司一些常设部门，如行政部、人事部、财务部等。

9. 房地产经纪机构的主要岗位

依据工作内容，可将房地产经纪机构的主要岗位分为四类：

（1）销售序列。包括销售员、案场销售经理、连锁店经理、销售副总经理等。

（2）研发序列。包括项目开发、市场调研、信息管理、专案研究、市场研究等。

（3）管理序列。包括部门经理、副总经理、总经理等。

（4）业务辅助序列。包括办事员、咨询顾问等。

三、房地产经纪行业管理

目前我国对房地产经纪行业管理的形式，由以政府主管部门实施管理为主，逐步走向政府主管部门和行业协会共同管理。管理的手段从以行政手段为主，逐步改为以法律手段为主，行政手段、经济手段为辅的综合管理模式。

1. 行政管理

政府的管理工作主要是法律建设，即通过制定和颁布法律、法规来进行管理。房地产经纪行业的主管部门是房地产行政管理部门设置的管理机构，管理的主要任务有：

（1）贯彻实施国家有关房地产经纪管理的法律、法规；

（2）对从事房地产中介服务的机构和人员进行资质审查，核发资质证书；

（3）依法查处违法违纪行为；

（4）在管理过程中，涉及有关房地产经纪人的经营权利、经营范围、应纳税金、交易价格及佣金收取等问题时，房地产经纪管理机构协同工商、税务、物价等部门共同处理。

2. 行业协会的管理

房地产中介行业协会是业内服务和业内外协调的自律性社会团体，同时也是政府的助手和参谋。中介行业协会的主要任务是：

（1）宣传、贯彻国家有关房地产中介管理方面的政策、法规；

（2）进行行业调研、理论探讨，向政府提出相关建议；

（3）制定行规和行为守则，规范行业行为；

（4）组织专业培训，开展交流研究活动，提高从业人员素质，促进行业的发展；

（5）协调和推动业内外的联系与协作。

四、房地产经纪门店选址

1. 门店选址的原则

门店选址是房地产经纪业务成败的关键。在门店选址时，应遵循以下原则。

（1）保证充足的客源和房源

门店必须通过实现客户与业主的交易需求来实现自身的利润目标。门店应有一定规模的目标客户，这是保证经营达到一定规模的重要条件。一般情况下，门店的影响力在区域内通常有一个相对集中、稳定的范围。多数情况是以门店设定点为圆心，以周围 1 000 米距离为半径划定的范围作为该门店的可辐射市场。

半径在 500 米内的为核心区域。门店通常可在该区域内获取本门店客户总数的 55%～70%；半径在 500～1 000 米之间的为中间区域，门店可从中获取客户总数的 25%～45%；半径在 1 000 米以外的为外围区域，门店可从中获取客户总数的 5%左右。界定区域时，应力求较大的目标市场，以吸引更多的目标客户，故门店所处位置不能偏离选定区域的核心。

（2）保证良好的展示性

存量房经纪业务门店不仅是直接承揽存量房经纪业务的场所，还是房地产经纪机构对外展示企业形象的主要窗口，因此选择店址应尽量保证其有良好的展示性。具体而言，一个好的门店必须具有独立的门面，而且门面应尽量宽一些。同时，门店前不应有任何遮挡物。

（3）保证顺畅的交通和可达性

门店周围的交通是否畅通是检验店址优良与否的重要标志之一。一般来说，要求与门店有关的街道人流量要大、要集中，交通方便，道路宽阔，车辆进出自由且停车方便，如果锁定的是高端客户群，这一点便显得尤为重要。

（4）确保可持续性经营

门店选址时，必须具有发展眼光，不仅要对目前的市场状况进行深入的研究，同时对未来的市场发展也要有准确的评估和预测。在门店的经营过程中，外部环境的变化是无时不在的，如交通状况、同行竞争等，这些可变的因素最好能在门店创建初期就有所考虑。此外，选定的地址应具有一定的商业发展潜力，在该地区具有竞争优势，以保证在以后一定时期内都是有利可图的。

2. 门店选址的工作程序

开设房地产经纪门店必须充分考虑房地产经纪机构的经营范围和目标市场定位，以符合房地产经纪机构自身的长远发展为前提，周密筹划，合理设置。具体而言，一般应按照以下步骤依次进行。

（1）区域选择

区域选择就是确定在哪个（或哪些）区域设置门店。首先要确定目标市场，找准服务对象，然后再依据目标市场、服务对象选择最佳的区域。

（2）店址选择

店址选择就是在所确定的城市区域内选择最佳位置的店铺。当门店所在区域确定后，必须进行周密的市场调查，对区域内现有的商业网点，包括竞争的门店、客流集中地段、客流量和客流走向、交通路线、停车位等进行实地调查。如果区域内有竞争对手，还要深入调查竞争对手的客户上门量、看房量等指标。

在市场调查完成充分的前提条件下，一般同一区域应确定若干备选门店（至少不低于两家），对备选门店的成本、广告性、客流量、潜在交易量等指标进行对比分析，并在此基础上测算每家门店的投资回报率，通过权衡选择最优的门店。

（3）租赁谈判和签约

确定店址，应及时与业主进行谈判。通过市场调查及筛选可确保谈判具有客观性及合理性，能切入谈判要点和重点。待双方达成租赁共识，便签订正规的租赁合同。

（4）开业准备

确定门店的具体位置后，需要抓紧时间投资改造、装修，并拟定切实可行的实施方案，以保证门店开业前的准备工作有条不紊地进行。

3. 门店的布置

（1）门店的形象设计

1）招牌的设计。通常情况下，门店的招牌位是上横招牌，即位于门店正上方的条形招牌。招牌应突出经纪机构的形象标识、业务范围及经营理念等元素，字形、图案造型要符合房地产经纪机构的经营内容和形象。

2）门脸和橱窗的设计。门脸的设计一般采用半封闭型，门店进口适中，玻璃明亮，客户能一眼看清店内情形，然后被吸引进店内。橱窗是向客户展示物业信息及塑造公司形象的窗口，设计时一定要便于客户观看，同时要突出经纪机构的特色，注重美观和品质。

（2）门店的内部设计

内部设计风格原则上要与外观风格保持一致，重视统一性、协调性，注重灯光效果，合理利用墙体等展示空间。

门店的内部设计不仅包括建筑表面的装饰，还包括内部布局的设计。门店的内部布局设计包含了内部场地的分配、通道、设备与用具的摆放等。良好的内部布局会给客户和业主带来一种宾至如归的享受。基于房地产经纪业务具有标的大、隐私性强等特点，结合经纪业务流程的特点，在布局方面应进行适当的功能区分，设置接待区、会谈区、签约区、工作区及洗手间等功能区域，满足为客户和业主服务流程的各阶段对环境的需求。在设计风格上，住宅类门店可突出居家的特征，可考虑音乐背景等的衬托，增强客户及业主的舒适感及安全感。另外，在布局设计方面还必须考虑网络及电话的合理布线、电脑配置等事宜。

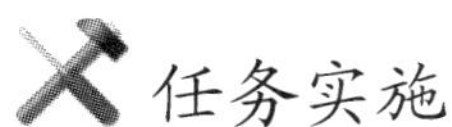

任务实施

一、了解成立房地产经纪公司的条件

王松和孙红虽然都有多年的房地产经纪工作经验，但却没有开过公司。他们先通过网络了解公司注册的相关流程，又打电话到广州市天河区工商局和房管局的相关科室进行咨询，大致清楚了成立房地产经纪公司的条件，即有确定的公司名称、至少要有 15 平方米的营业场所、至少 30 万元的注册资金、3 名持房地产经纪人资格证书的经纪人。

二、申请核准公司名称

王松和孙红在经过详细咨询后得知公司名称要预告核准。于是，他们领取并填写了《名称（变更）预先核准申请书》和《投资人授权委托意见》，同时准备相关材料。为了避免重名，他们一共准备了 3 家公司名称，分别为广州金荣房地产经纪有限公司、广州金色房地产经纪有限公司和广州金房房地产经纪有限公司。在递交《名称（变更）预先核准申请书》及相关资料和备用名称后，经核准批复的公司名称为“广州金荣房地产经纪有限公司”。之后，王松与孙红领取了《企业名称预先核准通知书》。

三、承租一临街商铺作经营地点

王松根据经验，初步选定了门店的区域——广州市天河区，然后跟孙红和任莹一起对该区域进行了周密的市场调查，对区域内现有的商业网点，包括竞争的门店、客流集中地段、客流量和客流走向、交通路线、停车位等进行实地调查，选定了 A、B 两家备选门店。经过对两家门店的投资回报率的测算，王松最终租下 A 商铺作为经营场所，与业主签订了租期为 3 年的房屋租赁合同。

四、确定公司组织结构与岗位职责

由于目前公司处于起步阶段，规模较小，人员还有待招聘。王松与孙红商定，公司的基本架构即为简单的“直线制”架构。王松为总经理兼管财务，孙红任门店经理，任莹任置业顾问，三人都持有房地产经纪人资格证，都可兼做房地产经纪业务。公司的下一步工作就是招聘房地产经纪业务人员（置业顾问）。

公司的组织结构如图 1—1—2 所示。

各岗位的工作职责如下。

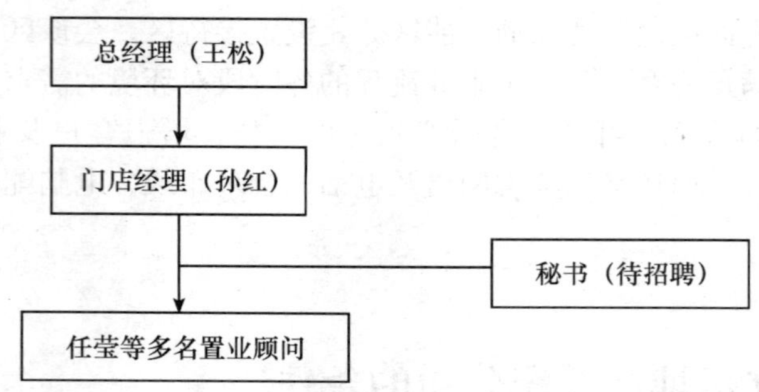

图 1—1—2　广州金荣房地产经纪有限公司组织结构

1. 门店经理

直接上级：总经理

下属岗位：置业顾问、秘书

管理受限：对本部职责范围内的工作有指导、协调、监督管理的权利

管理职责：对所承担的工作全面负责

主要职责：

（1）对门店的销售管理工作负责。

（2）负责制订门店的月、季、年度销售计划和预算工作计划。根据公司发展规划和市场预测，拟订推广计划，制定整个门店的营销、策划方案，起草本门店的各种业务文件以及制定相关管理制度，报请销售经理审核。

（3）负责置业信息的整理、分析，为总经理提供较为完备的经济数据及分析报告。

（4）负责落实各种费用的回收工作。

（5）做好置业顾问之间的协调工作，负责组织置业顾问之间的经验总结与业务交流，加强业务素质，不断提高业务水平。

（6）定期或不定期地组织对销售情况的分析和讨论。

（7）指导办理相关房产业务。

2. 秘书

直接上级：门店经理

管理职责：相关的手续，房源的保管

主要职责：

（1）掌握市场销售动态，熟悉本岗位的基本知识并能熟练地与各类客户沟通。

（2）与客户保持良好关系，树立良好的企业形象。

（3）服从工作安排，工作积极主动，具有开拓精神，不失时机地收集置业信息。

（4）汇总每天的工作情况，将置业顾问反映上来的问题做总结。

（5）负责客户的资料登记、联系、追踪、看房、签约至售后的一条龙服务。

(6) 学习销售理论，扩大知识面，提高自己的业务素质和社交能力。
(7) 负责档案管理，信息查询。

3. 置业顾问

直接上级：门店经理
管理职责：服务客户，收集房源
主要职责：
(1) 了解当前市场销售动态，熟悉本岗位的基本知识，并能熟练与各类客户沟通。
(2) 与客户保持良好关系，树立良好的企业形象。
(3) 服从工作安排，工作积极主动，具有开拓精神，不失时机地收集置业信息。
(4) 汇总每天的工作情况，将与客户的洽谈记录汇总给秘书。定期进行工作总结。
(5) 负责客户的资料登记、联系、追踪、看房、签约至售后的一条龙服务。
(6) 学习销售理论，扩大知识面，提高自己的业务素质和社交能力。
(7) 密切关注市场变化，及时熟悉相关房地产政策的变化。

五、制定公司章程

王松他们根据市工商局网站上《公司章程》的样本，经修改，制定了《广州金荣房地产经纪有限公司章程》，章程的最后由所有股东签名并注明日期。主要内容如下。

广州金荣房地产经纪有限公司章程

第一章

第一条　依据《中华人民共和国公司法》(以下称《公司法》) 等有关法律、法规的规定，由王松、孙红共同出资50万元，设立广州金荣房地产经纪有限公司（以下简称公司)，为保证本公司业务正常开展，以及公司逐步发展，特制定本章程。

第二条　本章程中的各项条款与法律、法规、规章不符的，以法律、法规、规章的规定为准。

第二章　公司名称和住所

第三条　公司名称：广州金荣房地产经纪有限公司

第四条　公司住所：广州市天河区××路××号

第三章　公司经营范围

第五条　公司经营范围：从事房地产经纪业务、房地产信息咨询（以上经营范围以工商局核定为准)。

第四章　公司注册资本及股东的姓名（名称)、出资方式、出资额、出资时间

第六条　公司注册资本：50万元人民币

第七条　股东的姓名（名称)、认缴及实缴的出资额、出资时间、出资方式、出资比例如下：

王松以货币40万元人民币，占注册资本总额的80%；

孙红以货币10万元人民币，占注册资本总额的20%。

第五章　公司的机构及其产生办法、职权、议事规则（略）

签名：王松、孙红

日期：2013年4月27日

六、刻私章

刻法人代表和其他股东的私章。

七、办理验资

凭会计师事务所出具的“银行询征函”选择银行开立公司验资户。

王松和孙红两位股东分别带着自己入股的40万元以及10万元和工商局发的核名通知、法人代表的私章、身份证、用于验资的资金、空白询征函表格，到银行去开立公司账户，并告知银行是开验资户。开立好公司账户后，王松和孙红将按自己出资额向公司账户中存入相应的金额。

八、办理验资报告

银行出具的股东缴款单、银行盖章后的询征函由银行寄至会计师事务所，王松和孙红携带公司章程、名称预先核准通知书、房租合同、房产证复印件到会计师事务所办理验资报告，交纳验资费用（注册资金50万以下约1 200元）。

九、办理营业执照、刻公章、办理组织机构代码证和税务登记证

王松与孙红准备好各项材料，到广州市天河区工商登记机关进行设立登记。资料如下：

1.《企业设立登记申请书》（内含《企业设立登记申请表》《单位投资者（单位股东、发起人）名录》《自然人股东（发起人）、个人独资企业投资人、合伙企业合伙人名录》《投资者注册资本（注册资金、出资额）缴付情况》《法定代表人登记表》《董事会成员、经理、监事任职证明》《企业住所证明》等表格）。

2. 公司章程（提交打印件一份，王松与孙红亲笔签字）。

3. 法定验资机构出具的验资报告。

4.《企业名称预先核准通知书》及《预核准名称投资人名录表》。

5. 股东资格证明。

6.《指定（委托）书》。

约5个工作日后，王松和孙红领取了营业执照。

之后，王松和孙红凭营业执照，到公安局指定的刻章社刻公章、合同章、财务章；再到天河区质量技术监督局办理企业组织机构代码证，到税务局办理税务登记证。

十、办理房地产经纪机构备案初始登记

《广州市房地产中介服务管理条例》第八条规定：“房地产中介服务机构及其分支机构，

应当自领取营业执照之日起三十日内，持营业执照复印件、企业章程、中介服务人员的执业资格证书和聘用合同等文件向市房地产行政主管部门办理备案手续。”

按照上述规定，王松在领取营业执照后，在规定时间内持申请表、申请报告、企业营业执照（复印件核对原件）、营业场所的租赁证（复印件核对原件）、法定代表人任命书及身份证明（复印件核对原件）、公司章程（加盖公章并核对原件）、公司管理制度原件、验资报告副本原件、专职经纪人的《广州市房地产中介人员从业资格证》（复印件及原件，不少于3人）、经纪人劳动关系合同原件、经纪人“三金”缴纳证明材料原件、原单位解除聘用合同证明（调令函）原件、经纪人工作简历等所需要的有关资料和证件，到广州市房管局备案。房管局在受理的同时发给备案证明。

技能训练

1. 浏览我国房地产估价师与经纪人协会的网站，了解行业动态。

2. 浏览本地房地产行政主管部门、行业协会的网站，了解本地房地产中介服务行业的现状及房地产经纪机构的经营情况。

3. 上网查找本地较大型房地产经纪机构的背景资料，了解它们的资质、企业文化和各自的优势。

4. 通过多种渠道了解本地成立房地产经纪公司的条件和流程，分组模拟成立多家房地产经纪公司，并为公司命名，为每位成员确定一个岗位。

5. 实地参观一家房地产经纪机构，简述房地产经纪机构中设置的主要部门和主要岗位。

6. 学生分组在某一区域内进行房地产经纪门店选址训练。

（1）撰写一份选址报告。

（2）绘制本公司的组织架构图。

（3）制定公司的基本规章制度。

思考与练习

1. 什么是房地产经纪服务？其服务类型有哪些？

2. 如何认识房地产经纪机构的内涵？

3. 成立房地产经纪机构需具备哪些条件？

4. 房地产经纪机构常见的经营模式有哪几种？

5. 房地产经纪机构的组织结构有哪些？

6. 我国房地产经纪管理的形式有哪几种？

7. 房地产经纪机构门店选址应遵循哪些原则？

任务2　招聘房地产经纪人员

学习目标

了解我国房地产经纪人的执业要求，掌握房地产佣金的概念和标准，明确房地产经纪人应具备的知识、能力、素质与职业道德要求，会协助公司进行招聘工作。

任务引入

在办理公司注册登记和备案手续的同时，王松与孙红已开始进行门店的装修和物色员工了。一方面，他们在本行业工作多年，有较好的人脉积累，员工的来源可以通过在行业内的朋友介绍；另一方面，他们在门店门口也张贴了招聘广告，还通过互联网发布了招聘信息。他们拟用一个星期的时间收集简历，开业在即，王松、孙红抓紧时间组织了面试。

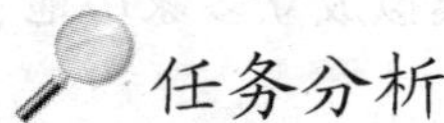

任务分析

本任务中，金荣房地产经纪公司招聘的岗位是置业顾问（即房地产经纪人）和秘书。房地产经纪人的工作具有较强的专业性，对员工职业道德和服务意识的要求很高，而且还要求持证上岗。由于公司刚刚成立，王松、孙红确定了“新老搭配”的员工构成方案，本次拟招聘员工5名，最少有3名是具有两年以上经纪工作经验的，招聘具有经纪公司工作经验的秘书1名。

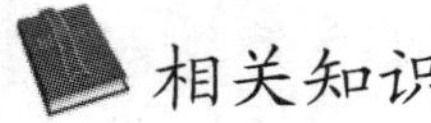

相关知识

一、房地产经纪人职业资格

我国《房地产经纪管理办法》有下列规定：

第八条　设立房地产经纪机构和分支机构，应当具有足够数量的房地产经纪人员。

本办法所称房地产经纪人员，是指从事房地产经纪活动的房地产经纪人和房地产经纪人协理。

第九条　国家对房地产经纪人员实行职业资格制度，纳入全国专业技术人员职业资格制度统一规划和管理。

我国房地产经纪人职业资格分为房地产经纪人和房地产经纪人协理两种。

房地产经纪人是指通过全国房地产经纪人执业资格考试或者资格互认，取得中华人民共和国房地产经纪人执业资格，并按照有关规定注册，取得中华人民共和国房地产经纪人注册证书，从事房地产经纪活动的专业人员。

房地产经纪人协理，是指通过房地产经纪人协理从业资格考试或者资格互认，取得中华人民共和国房地产经纪人协理从业资格，并按照有关规定注册，取得中华人民共和国房地产经纪人协理注册证书，在房地产经纪人的指导和监督下，从事房地产经纪具体活动的协助执行人员。

二、房地产经纪佣金

1. 房地产经纪佣金的概念

房地产经纪佣金又称房地产经纪服务费或房地产经纪收费，是指房地产经纪机构和经纪人员为委托人提供订约机会或充当订约介绍人、完成委托的中介服务后，由委托人按经纪合同支付的劳动报酬，在法律上叫做佣金。

佣金是经纪机构和经纪人员开展经纪业务所得到的合理合法的收入，是由劳动收入、经营收入和风险收入构成的综合体。它是对经纪机构和经纪人员开展经纪活动付出的劳动、支付的成本和承担的风险的总回报。佣金是房地产经纪人员获取报酬的唯一形式。

2. 房地产经纪佣金的形式

房地产经纪佣金可以分为法定佣金和自由佣金。

法定佣金是指经纪机构从事特定经纪服务时按照国家对特定经纪业务规定的佣金标准获取的佣金。法定佣金具有强制效力，当事人双方都必须接受。《关于房地产中介服务收费的通知》（计价格〔1995〕971号）规定，房地产经纪服务收费中的租赁代理费和房屋买卖代理费实行政府指导定价。这可以理解为：目前，我国的房地产经纪佣金实行的是法定佣金。

自由佣金是指经纪机构与委托人协商确定的佣金，自由佣金一经确定并写入合同也具有法律效力。有关法规有明确规定：房地产经纪机构可以在政府制定的指导价浮动范围内与委托人进行协商，确定具体的收取数额。这可以理解为：目前，我国的房地产经纪佣金在政府指导价浮动范围内实行的是自由佣金。

3. 房地产经纪佣金的标准

《关于房地产中介服务收费的通知》中明确规定：房地产经纪服务费根据代理项目的不同实施不同的收费标准。具体标准如下：

房屋买卖代理收费，按成交价格总额的0.5%～2.5%计取。实行独家代理的，收费标准由委托方与房地产经纪机构协商，可适当提高，但最高不超过成交价格的3%。

房屋租赁代理收费，无论成交的租赁期限长短，均按半个月至一个月成交租金额标准一次性收取。

书面咨询费：普通咨询报告每份收费300～1 000元；技术难度大，情况复杂，工作量大的约为咨询标的额的0.5%以下。各省、市另行规定的各不一样，有的地区政府未作规定，只是参照行业惯例收取，或由服务方与委托方根据业务量、难度及市场供需情况议定。

除居间服务费可向交易双方收取外，其他的劳务费都是单向收费，即向委托方收取。

因国内房地产市场尚未完全成熟，房地产经营者的经营观念、消费者的消费观念，以及政府制定法规观念的限定，以致佣金收取的比例只能维持在国际标准的低位处，目前国内房地产经纪人佣金费率在1%～3%。

三、房地产经纪人的知识、能力与素质要求

1. 知识结构

房地产经纪人知识结构如图1—2—1所示。

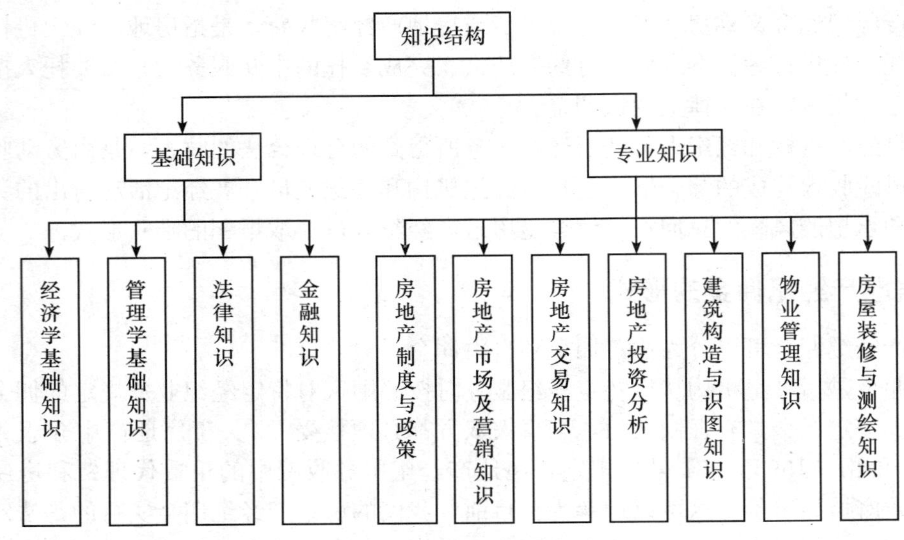

图1—2—1　房地产经纪人知识结构

2. 生理与心理素质

（1）房地产经纪人要有健康的身体和充沛的精力，头脑清醒，反应灵活，否则难以胜任此项工作。

（2）房地产经纪人要有较高的情商，拥有交际和沟通的能力，面对各种不同环境、不同客户和不同情况的应变能力等。

（3）房地产经纪人要有健康的心理，包括心理平衡性、心理承受能力、心理适应能力、心理调节能力等。平和的心态，积极进取的精神，良好的人际关系，开朗豁达的心胸，稳定饱满的情绪，坚韧不拔的意志，这些都是房地产经纪人应当具备的心理素质。

3. 基本能力

（1）拓展能力

房地产经纪的工作重心是赢得市场。房地产经纪人必须具备一定的市场拓展能力才能生存和发展。

（2）表达说服能力

房地产经纪人要与各种各样的客户打交道，面对不同的客户，要善于运用恰当的表达方式与客户沟通，并有效地说服客户，从而赢得客户的认可，最终促成交易。

（3）判断能力

准确的判断能够帮助房地产经纪人有效处理各种信息，抓住市场机遇，洞悉客户心态，以便采取相应措施，提高成功率。

（4）协调能力

房地产经纪人应当具备一定的组织协调能力，处理好买卖双方和经纪人与客户的关系，解决好交易过程中出现的各种问题。

（5）经营能力

房地产经纪人的服务是以盈利为目的的，不懂经营之道和缺乏经营能力的经纪人很难生存和发展。

（6）创造能力

房地产市场的发展需要不断创新。房地产经纪人走在市场的第一线，缺乏创造能力的经纪人，是很容易被市场淘汰的。

4. 业务技能

业务技能是指房地产经纪人员具体工作和操作中必须掌握的规定、程序、手续、情况与技巧等。包括：

（1）熟悉楼盘所在区域的规划与建设发展变化及前景。

（2）熟悉从业区域各个片区地理位置、环境、市政配套、生活配套、住宅小区配套等基本情况。

（3）熟悉从业地区的市场管理规定以及市场运作状况。

（4）熟悉从业地区房地产市场信息、楼市动态、价格行情等相关情况。

（5）熟悉从业地区的有关购房手续、银行按揭、保险、税费、物业管理等方面的内容、操作程序及相关费用等。

（6）了解从业地区房地产消费水平、消费结构、消费观念、消费心态的现状与趋势。

（7）熟悉代理楼盘产品的详细情况，包括位置、环境交通、建筑物基本情况、配套设施设备、特点、价格，了解产权状况、业主或发展商的信誉，有无法律纠纷、经济纠纷或其他问题；产品设计、生产、流通等各个环节的相关单位；熟悉竞争产品和对手；了解从业地区的房地产广告设计、媒体及其预算等情况。

（8）熟练掌握房地产销售接待、洽谈、成交的各种操作技巧。

四、房地产经纪人职业道德

在房地产经纪服务过程中，房地产经纪人员从事经纪活动不是靠资本，而是靠信誉，良好的信誉是房地产经纪存在和发展的基础。良好的职业道德是经纪人的无形资产，房地产经纪人应具有的职业道德主要包括：诚实信用、守法经营、规范服务、尽职尽责和竞争合作。

案例

张先生通过北京某知名中介买了一套二手房，因为是一家正规中介，其服务品质都还令人满意。但是因为房龄偏高，银行贷款没能够按申请金额批下来，张先生必须再补交两万元首付才行。不过因为在贷款前，中介已和张先生打过“预防针”，提前告知了足额贷款的可能性较小，可能需要补交首付款，请张先生做好准备，张先生也表示可以接受，所以他便准备第二天去中介补交首付款，但后来因为有要事，没时间去中介办理交款手续，于是就打电话给他的房产经纪人。说明情况后，对方说不如我去您那里取来帮您代缴，张先生一听很高兴，当天就将两万元钱交给了中介公司经纪人方某。方某在拿到两万元的现金后，当天就提交了辞呈，不见了人影。后来，公司追查到方某家里，他已将两万元挥霍一空，后其父母将两万元钱还给了公司。张先生的损失虽然被追回来了，但终究受到了一场惊吓。

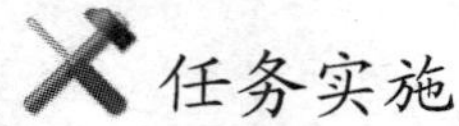

一、设定置业顾问级别

王松和孙红以前的工作单位都是大型房地产经纪公司，置业顾问的级别设置很完整，但相对也很复杂。目前自己的公司刚刚成立，他们商议，在置业顾问级别设置上尽量简便和易操作。最后，他们决定公司的置业顾问设立四个级别，即见习置业顾问、置业顾问、高级置业顾问和资深置业顾问，并制定了相应的薪资标准。

金荣公司置业顾问级别与薪资标准

置业顾问级别设见习置业顾问、置业顾问、高级置业顾问和资深置业顾问。

一、新入职员工试用期三个月，为见习置业顾问，工资 1 300 元/月（注：当地最低工资标准）。

二、试用期结束后，经考评合格，转正升为置业顾问，工资为 1 500 元/月。

三、置业顾问连续六个月销售业绩排名第一，可直接晋升为高级置业顾问；或在公司做满一年后，经考评各方面优良，可升为高级置业顾问，工资 1 700 元/月。

四、高级置业顾问连续六个月销售业绩排名第一，可直接升为资深置业顾问；或在公司做满两年，经考评各方面优良，可升为资深置业顾问，工资 1 900 元/月。

五、资深置业顾问销售业绩突出且各方面表现优秀，可考虑升为销售主管，工资 2 100 元/月。

六、资深置业顾问连续三个月销售业绩排名最后，降级为高级置业顾问。

七、高级置业顾问连续三个月销售业绩排名最后，降级为置业顾问。

八、置业顾问连续六个月销售业绩排名最后，予以劝退除名。

九、公司会将每个月的销售排名公示，并在年终酌情给予优秀个人奖金。

金荣房地产经纪有限公司

2013 年 4 月 27 日

二、确定招聘职位

王松根据公司的实际情况，决定招聘置业顾问 5 人，人员构成为“新老搭配”。确定招聘的员工中具有两年以上房地产经纪工作经验的员工不少于 3 名。另外，招聘有经纪工作经验的秘书 1 名。

按照广州市的相关规定，在广州市从事房地产中介工作须取得广州市房地产中介从业人员上岗证才能上岗。因此，王松对招聘的有经验的员工要求一定要具有从业人员上岗证。

三、发布招聘广告

孙红制作了置业顾问的招聘广告，张贴在门店的橱窗，并通过互联网发布了公司的招聘信息。

招聘启事

本公司因业务需要，现向社会公开招聘置业顾问多名。

1. 岗位职责

（1）负责客户的接待、咨询工作，为顾客提供优秀的置业咨询服务；

（2）了解客户需求，提供合适房源，进行蹉商谈判；

（3）陪同客户看房，促成业主与客户之间房屋买卖或租赁交易的达成；

（4）负责业务跟进及房屋过户手续办理等服务工作。

2. 岗位要求

（1）男女不限，年龄 18 周岁以上，高中以上学历，身体健康，五官端正；

（2）能吃苦耐劳，做事认真勤奋，热衷于业务工作，有良好从业意识和服务心态；

（3）有上进心，有较好的团队合作意识，责任心强；

（4）有强烈的成功欲望，勇于挑战高薪，具有拼搏精神；

（5）1 300 元底薪＋提成＋社保＋免费的专业培训＋晋升的机会＋国内外免费旅游机会。

具备销售或服务行业工作经验者优先，有广州市房地产中介从业人员上岗证者优先。

只要您怀揣梦想，只要您敢于挑战，公司将为您提供广阔的发展平台，助您实现梦想！

有意者请于一周内将个人简历发到：1234567@qq.com，联系人：孙小姐，电话：××××××

四、接收简历

一周时间内，孙红就收到了 50 多份求职简历。她先对简历进行了分类，经统计发现：

（1）求职者中，80％是没有行业工作经验的“新人”。

(2) 求职者中，大专以上学历的约占30%。

(3) 求职者中，24岁以下的占60%。

她将上述情况向王松做了汇报。王松和孙红商量后决定让所有递交简历的人都参加面试。孙红随即通过电话通知了所有求职人员，分两天组织了面试。

五、组织面试

面试流程如下：应聘者填写一份个人情况表（用于公司存档）——做一份调查问卷（性格测试）——向应聘者介绍公司的情况——与应聘者交流对置业顾问岗位的认识——结束。

性格测试——你适合做房地产经纪人吗？

1. 一般情况下，吃顿饭你大概需要花多长时间？

A. 4～5分钟　B. 10分钟左右　C. 半小时左右　D. 半小时以上

2. 被老师训话的时候，你会怎么做？

A. 抬头看天，不理他

B. 据理力争

C. 不管有没有错，都接受批评，然后对自己说："有则改之，无则加勉"

D. 低头挨训

3. 你的最高学历是什么？

A. 初中及以下　B. 高中　C. 大专　D. 本科及以上

4. 你认为什么是支持你工作的最关键动力？

A. 走出农村，改变命运

B. 赚很多钱，吃好吃的，穿品牌，娶漂亮老婆，住别墅

C. 参加工作你很有成就感

D. 自我实现的需要

5. 你一般几点睡觉？

A. 24点　B. 23点　C. 22点　D. 21点

6. 同一件事情，你觉得失败之后成功的人更伟大还是一直就成功的人更伟大？

A. 后者　B. 前者　C. 两者　D. 都不伟大

7. 情人节你送什么礼物给你的情人？

A. 巧克力　B. 衣服

C. 书　D. 以上都不是或者什么都不送

8. 你觉得自己长得帅不帅？

A. 一般　B. 很帅　C. 有点丑　D. 不知道

9. 工作或者学习不顺利的时候，你会怎么做？

A. 和朋友说，希望他们给出建议

B. 很快调整自己，重新面对工作或学习
C. 觉得不顺利很正常
D. 一个人慢慢消化

10. 你准备考经纪人资格证书吗？
A. 已经有了　　B. 肯定要去考的
C. 考不下来　　D. 考了也没什么意义

经过面试，王松他们顺利地挑选到 6 名合适人选，其中，有从业经验的置业顾问 3 名、秘书 1 名，刚毕业参加工作的 2 名。

六、办理入职手续

6 名新员工在公司规定的时间内全部办理了入职手续。提交了下列资料：身份证复印件、学历证书、毕业证书、中介人员（或经纪人）资格证书、照片、银行卡复印件，填写《员工登记表》，并在《新员工须知》上签字。最后，6 人与公司签订《劳动合同》。孙红认真检查了资料，全部收齐后存档。

知识链接

我国房地产经纪人执业资格考核办法

1. 房地产经纪人执业资格考试

房地产经纪人执业资格考试从 2002 年度开始实施，原则上每年举行 1 次，考试时间定于每年的第三季度。首次考试于 2002 年 10 月份举行。考试科目为《房地产基本制度与政策》《房地产经纪相关知识》《房地产经纪概论》和《房地产经纪实务》4 个科目。考试成绩实行两年为一个周期的滚动管理。参加全部 4 个科目考试的人员必须在连续两个考试年度内通过应试科目。

2. 报考条件

（1）取得大专学历，工作满 6 年，其中从事房地产经纪业务工作满 3 年。

（2）取得大学本科学历，工作满 4 年，其中从事房地产经纪业务工作满 2 年。

（3）取得双学士学位或研究生班毕业，工作满 3 年，其中从事房地产经纪业务工作满 1 年。

（4）取得硕士学位，工作满 2 年，从事房地产经纪业务工作满 1 年。

（5）取得博士学位，从事房地产经纪业务工作满 1 年。

技能训练

1. 通过招聘网站，查询你所在城市的房地产经纪公司招聘哪些职位，其岗位职责及要求是什么？

2. 查阅《房地产经纪人执业资格考试实施办法》和《房地产经纪人员职业资格制度暂行规定》，了解有关房地产经纪人考试、注册、执业方面的有关规定。

3. 在班内组织模拟面试与应聘。

4. 访问当地的房地产经纪机构，了解各公司住宅租赁、买卖经纪服务的收费情况。

思考与练习

1. 房地产经纪人职业资格有哪几种?
2. 什么是房地产经纪佣金？它分为哪两类?
3. 作为一名房地产经纪人，应该具备哪些方面的知识和能力?

任务3　培训房地产经纪人员

学习目标

掌握房地产经纪人职业必备知识，了解房地产经纪人职业发展方向，了解房地产经纪人的考核体系，能够独立进行二手房市场商圈调查，能绘制楼盘或商圈分布图。

任务引入

员工到位后，王松开始组织入职培训。虽然一半员工具有工作经验，但由于每个公司都有自己的要求和规范，为保证所有员工能够执行本公司要求和标准，王松和孙红花很大精力进行了新员工入职培训的准备，培训内容涵盖公司管理制度、礼仪规范、服务流程、销售技巧等多个方面。

任务分析

入职培训针对的群体是新员工，他们刚到公司，对公司的了解甚少，所以，通过入职培训，要让新员工了解公司的管理制度和规范的操作流程，帮助他们认识将来的发展方向，树立对工作的信心，形成具有本公司特色的服务理念。因此，入职培训的内容一般应该涵盖公司管理制度、薪酬福利制度、职业发展规划、职业技能与技巧等多个方面的内容。

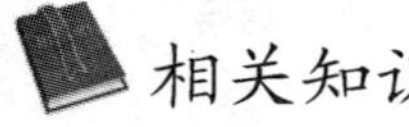

相关知识

一、房地产经纪常用术语

1. 房地产术语：商品房、商住房、写字楼、公寓、花园别墅、公房、商铺、厂房、仓库、房屋产权、建筑面积、公摊面积、房地产评估、房地产按揭、房地产登记。

2. 建筑术语：高层、多层、超高层、裙楼、标准层高、弹性隔间、开放式设计、剪力墙、消防电梯。

3. 规划术语：容积率、建筑密度、占地面积、绿化率、使用率。

4. 广告术语：DM（邮寄广告商品）、MP（报纸广告）、CP（电视广告）、POP（户外看板）、MG（杂志广告）、SP（销售时促进客户购买的假语言假动作）。

5. 经济术语：一次性付款、抵押贷款、按揭贷款、议价空间、税费、佣金。

二、房地产经纪工作流程

房地产经纪工作流程如图 1—3—1 所示。

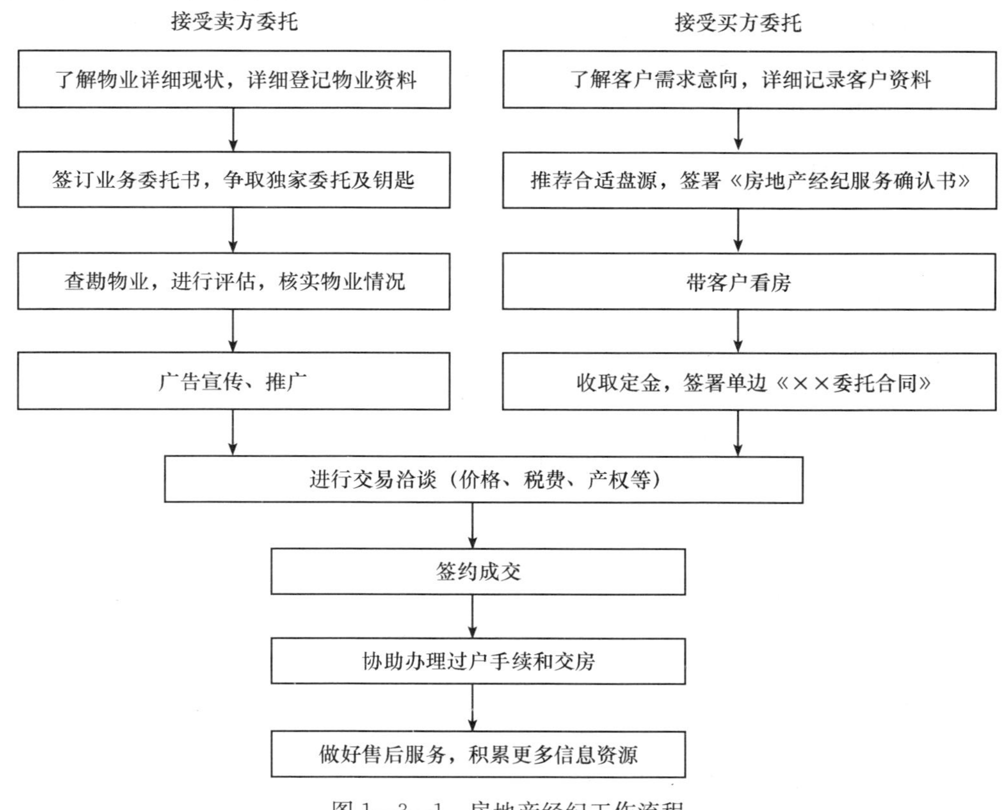

图 1—3—1　房地产经纪工作流程

三、房地产经纪业常用方法与技巧

1. 开拓房源的方法

房源是房地产经纪人的业绩生命线，只有获得相当数量的房源才有可能促成交易。房源开拓常用的方法有贴条、打业主电话和小区走访等，具体方法有：

（1）洗盘，即把整个小区业主的电话全部打一遍。

（2）多到小区附近走走，有很多房源是业主自己贴出来的。有时间去问问小区物业、保安，他们对小区住户的情况比较了解，和业主较熟，对于哪些房屋经常有人居住（自住或是租赁出去），哪些房屋长时间空置，都有比较详细的信息。对空置的房屋、经常放租的房屋可以联系业主以获得代理权。

（3）电话接待。一般公司比较大的，业主会主动打电话到离家较近的经纪公司放盘。

（4）门店接待。有些业主会自己到门店放盘，经纪人要抓住机会先到先得。

（5）和老客户维持好关系。他们在得到过满意的服务之后，会介绍给他们的朋友。

（6）有针对性地去小区贴条（张贴广告）。若客户就要指定小区的房源，公司目前没有合适的，可以到小区去贴条（最好通过物业公司进行）。

（7）充分利用网络找寻房源。部分业主因多种原因会自己把房源放到网络上，如焦点房产网、新浪网、搜房网、赶集网、房东网等，上面有很多房源信息，经纪人要经常上网搜集这样的房源信息并打电话核实，收集房源。

2. 房源发布的技巧

（1）房源的发布量一定要多，要让客户看过之后有选择的余地

客户希望看到很多供他选择的信息，所以，经纪人不能图省事，要尽可能地把手中的房源发布出来，总有客户会看中的。

（2）房源的标题要吸引人

房源标题写得越详细，客户越容易搜索到，只要有客户搜索到信息，就会有客源。

（3）房源的介绍要认真和详细

很多客户对一些不太知名的楼盘、地段、周边配套设施都不够了解，其实这些房源有的是非常优质的，这就需要经纪人去引导。如果房源介绍得不够详细，没法吸引客户，就谈不上成交了。

（4）房源发布“冷热盘”搭配

某些楼盘因为位置较偏，想买的客户不多，经纪人就是发布再多的信息也不一定有好的效果，但事实上并不是没有客户想买，只是这些客户出现的机率相对较小，等待的时间相对较长而已。经纪人如果发布一些经常有客户搜索的热门楼盘，这样能增加网络店铺的浏览量，看的人多了，看中冷门楼盘的客户自然就增加了。所以，信息的搭配也是一门学问。

（5）房源信息要图文并茂

发布房源信息最好配有图片，这样客户对房源信息的了解会更加直观，方便客户的选择、比较及决定。

3. 拓展客源的方法

（1）对于上门客户，要随时记下客户信息，之后加强与客户的联系。

（2）通过报纸、网络发布房源信息或广告，能够吸引部分客户。

（3）通过朋友介绍或回访服务过的老客户，可以获得部分新客户。

（4）整理公司以往的客户名单，对曾经在公司买卖房屋的人员名单进行梳理，并加强与这些人的联系，可以发现新的机会。

4. 电话沟通的技巧

通过电话来复盘、复客是经纪人员的常态化工作，也是经纪人寻找房源客源一种比较快捷、成本相对较低的方法。经纪人电话沟通的技巧如下：

（1）选择适当的时间打电话

太早会因客户在上班的路上或者刚刚到达公司，没有时间接电话；太晚会影响客户的休息，让人反感。所以避开休息时间，在下午或者中餐时间前比较适宜。

（2）确认此次通话的理由和目标

经纪人在与客户打电话前要想好打电话的目的和目标，言之有物，不要让客户感觉是在浪费时间。

（3）自报家门，询问对方接电话是否方便

不能开门见山就说事，结果影响客户的工作。

（4）注意电话沟通的语态

微笑着打电话和板着脸打电话，客户是会感受到的。经纪人都遇到过客户态度不好的情况，这时要调整好心态，尽量用比较柔和、舒服的语气与客户交流。

（5）进入主题前要适度寒暄，切入主题要找对切入点

经纪人在给顾客打电话时，可以先询问顾客买房后居住的舒适感或者卖房后还有什么需要服务的，不要给客户留下赤裸裸地追求佣金的感觉。进入主题后，要找到客户的兴趣点。

（6）要分步收尾

当目标没有办法一次性完成时，要分步收尾，不要死缠烂打。

5. 经纪人看房——“空看”技巧

房地产经纪人要对所有房源了如指掌，到现场看房是必不可少的一个环节。

（1）看房时不要看过就算，要列出优点、缺点，了解房屋的所有资料；看出房屋的劣势后，要委婉询问业主，与业主交流。

（2）看房时要和业主沟通，从中了解业主、分析业主，从而获得业主的心理价位；同时，多宣传公司的实力和专业性，并邀请他有空到公司坐坐。

（3）除了看户型外，还要注意房屋外部的小区整体配套，预设看房路线。

（4）为收钥匙和独家代理做铺垫，了解清楚业主看房是否方便；向业主了解最近看房情况，判断此房在市场上的反应。

（5）为下次带客看房打基础，请业主配合。

6. 带客看房的技巧

（1）带客看房要签订看房确认书，以杜绝客户“飞单”问题。

（2）提前告知业主看房时间，并将房屋整理干净，争取良好的第一印象；提前跟业主约

定在现场不要跟客户交流太多，以免双方出现太大的意见分歧。

(3) 准备好该房屋的相关查勘表及税费计算方面的表格，方便看房和计算。

(4) 最好准备三套房源，以便通过比较让客户在最短的时间内完成判断。三套房中，有一套是你最想成交的房子，另外两套是用来做“绿叶”的。三套房屋的带看顺序是：第一套是比较好的，第二套是最好的，第三套是较差的。第二套和第三套最好相距较近，方便再次查看。

(5) 时刻注意客户的表现，做到察言观色，看客户是否有不安的情绪，是否用手去摸房内的东西，是否逗留不想离开，这些信息关系到后面能否成交。

(6) 看房后一定要了解客户的真实想法，因为只有弄清客户的真实需求，才能提高工作效率。

7. 处理顾客异议的技巧

正确处理客户异议需要把握一定的原则。只有这样，才能避免在处理异议时出现差错，导致更为糟糕的结果。

(1) 事前做好准备

1) 提前预测异议。在与客户交谈之前，房地产经纪人就要先预测客户可能提出的异议，可以自己模拟客户，或者请其他同事、朋友模拟客户，让他们根据自己的思路提出问题。

2) 制定标准应答语。找到问题之后，就要想办法解决这些问题。针对每一个客户可能提出的问题，编制标准应答语。对于一些自己也不知道该如何回答的问题，要寻求同事、上司或者其他相关人员的帮助。

3) 编制成册并熟记。将预测到的所有问题及应答语编制成册，背熟。此后，在实际工作中，还可以不断充实这个“异议库”和相应的“应答库”，并制成实用的销售手册。

(2) 不要与客户争辩

“占争论的便宜越多，吃销售的亏越大”。与客户争辩，失败的永远是房地产经纪人。因此，不管客户如何批评，房地产经纪人要记住的一点就是：永远不要与客户争辩。

(3) 给客户留“面子”

经纪人要尊重客户的意见，无论客户的意见是对是错，都不能表现出轻视的样子。即使客户的意见是错的，也不能语气生硬地对客户说“您错了”“连这您也不懂”，更不能显得比客户知道得更多，“让我给你解释一下……”“您没搞懂我说的意思，我是说……”。这些说法明显地抬高了自己，贬低了客户，会挫伤客户的自尊心。

(4) 时刻保持态度诚恳

面对客户异议时，心情急躁、不舒服是正常的，但应及时调整态度，让客户感觉“你明白并尊重他的异议”。客户只有在觉得自己被尊重、自己所提出的异议被重视时，才能相信你会全力解决问题。这时才会和你说出心里话并提供更多的资料。经纪人可以从以下几方面来表明诚意：

1) 勇于承担。如“……是我们的责任”“这是我的错，……”。

2) 站在客户的立场。如“您这样考虑是很正常的，不过……”。

3）保证马上行动。如“我这就给经理打电话”“我一回去就……”。

4）说明答复或解决问题的时间。如“最迟明天下午四点钟前我会给您答复”。

（5）灵活应变

房地产经纪人每天面对不同年龄、性格、文化背景、生活习惯和社会阅历及不同消费需求的客户。要使绝大多数的客户满意，就要求房地产经纪人具有灵活的反应能力，尤其当客户产生异议时，房地产经纪人要能够迅速做出判断，及时地采取对策，既要集中注意力接待客户，又要合理分配自己的注意力。

（6）以客户为中心

在处理异议的过程中，要自始至终坚持“以客户为中心”的指导思想，站在客户的角度想问题，要习惯听“不”，认真倾听客户不满的地方，心平气和、不伤感情、认真分析客户的需求，迅速消除异议。

四、走盘（跑盘）

走盘也称跑盘，是房地产经纪专业术语，是房地产经纪人员为了对执业范围（执业商圈）内的房产、社区布局、周边配套以及社区详情有深入了解，通过实地走访勘查，达到“眼见为实”的目的进行的一项专业活动。走盘的核心在于提炼社区的卖点，让那些不了解本商圈的消费者通过经纪人的陈述并在其带领下，可以对置业商圈有一个初步认识。

1. 走盘（跑盘）目的

（1）通过走盘（跑盘）程序，帮助和督导置业顾问成为“地理通”“楼盘通”，从而尽快建立行业所需要的市场全局观念，并积累岗位所需求的基本业务信息，提高专业技能。

（2）通过跑盘熟悉所属区域的地理特征、商业特点、楼盘情况，为客户提供更详尽、专业的服务。

（3）通过跑盘程序，使跑盘人员磨练意志、端正行业观念，培养房地产经纪人员所应具备的品格素质和职业精神。

2. 走盘（跑盘）要求

（1）掌握城市结构、道路走向、道貌特征

1）所在城市共分为几个大区。

2）随着城市规划不断变迁，老百姓约定俗成的地理称谓对地理标识尤为重要。

（2）实现实地印象与地图标识间迅速自如的转换

1）地图标识方向为上北下南，每日跑盘前要先画出计划跑盘的地图；

2）在实际跑盘过程中，记录沿路的每一座物业，并整理在作业中；

3）最终在头脑中形成地图全貌和实地印象。

（3）熟悉社区或楼盘配套设施情况：幼儿园、中、小学（是否重点以及入学条件）、菜场、酒楼、休闲配套（公园、健身房）、医疗配套、生活购物（超市）等。

（4）熟知交通路线及具体公交站点，找到公交站点的位置，记录所有经过的车次和车费。

(5) 了解项目名称、地址、开发商、物业管理、管理费用、停车费用、小区内各个楼栋的分布位置、社区绿化、建成年代、居住居民的主要组成、户型面积、市场售价、租价等。

(6) 了解小区的产权状况、换手率、生活成本及周边物价等。

3. 需要的工具

地图、纸、笔、公司的跑盘表格。

4. 走盘的要点

(1) 多看

对于走盘过程中的一些楼盘或者房屋的特点一定要进行详细的观察。比如，房屋的外装修、房屋的户型结构特点、小区规划、周边公共交通、物业管理公司及其水平、居住人群特点等，这些都是影响房屋价值和购房决策的因素。

(2) 多记

好记性不如烂笔头。房地产经纪人在走盘的过程中千万不要完全信赖自己的记忆力，要多用记录本记录。在走盘的过程中会看到很多的信息，这些信息在今后很长一段时间都要用到，因此要记录下来，平常可以多温习查看。

(3) 多问

在走盘的过程中，房地产经纪人还要做到多问。不管是什么样的信息，只要是和区域内房地产有关的都要注意。询问的对象不仅包括业主，还包括小区附近的商业服务人员、保安人员、物业管理人员等。

五、房地产经纪人的职业发展规划

随着房地产交易量日益扩大，房地产经纪人从业人员队伍迅速发展成为一支数以十万计的职业大军，在房地产开发、销售、租赁、购买、投资、转让、抵押、置换及典当等各类经济活动过程中，经纪人以第三者的独立身份，从事顾问代理、信息处理、售后服务、前期准备和咨询策划等工作。

1. 行业现状

目前加入房地产中介行业的从业者大部分为大、中专及其以下文化水平的毕业生或者社会人员。这是因为中介行业有着一些特殊性。

(1) 进入门槛相对较低

目前，按照各个不同的地区要求，只要能够取得房地产从业资格证就可以在本地区从事房地产经纪业务，而考取从业资格证一般只要高中或者中专文凭就可以。

(2) 工作强度比较大

由于工作业绩压力较大，不管是高级经理还是一般置业顾问，只要客户有需要，就必须马上赶到，并且一天要带领客户多次看房，工作强度大。

（3）薪酬起伏大

由于薪酬采用的是底薪加提成的制度，底薪一般很低，在大城市一般也不过2 000元/月，所以要拿到高薪只有依靠自己努力去开单，冲业绩。

（4）社会地位不高

由于房地产经纪人承受的压力较大，人员良莠不齐，出现了一些“吃单”、不平等合同等现象，引发社会反感，很多消费者对中介敬而远之，对中介的电话、询问也是要么不搭理，要么恶语相向。

这些问题不能完全归结于房地产经纪人，我国房地产业的繁荣发展，房地产经纪人做出了不可磨灭的贡献。要改善这些问题，不仅仅依靠行业，依靠房地产经纪人本身，也要依靠社会和国家管理制度的设计。作为房地产经纪人员，也不必看到这些问题就退缩。房地产经纪行业还是有着很大的吸引力，房地产经纪人员也有很大的发展空间。

2. 发展空间

（1）积累资金创业

在网络、报纸上经常出现百万中介、亿万中介，虽然不是每一个中介都能够取得如此好的业绩，获得丰厚的收入，但是在市场行情较好的情况下，中介的收入水平确实会比其他行业高出很多。2009—2011年，中介行业经历了全国房地产价格的迅速上涨和交易规模的急剧扩张，大部分中介都取得了相当好的业绩。很多房地产经纪人在获得一定的资金基础之后，转而开设了自己的公司。

（2）由业务转管理

同其他行业相比，房地产经纪人的晋升几乎完全依赖于本人的业绩。业绩好，就可以晋升，所谓的潜规则少了很多。可以从一线的业务人员转为公司的管理人员。这是房地产经纪人职业发展的一般路径。中介公司的职位一般分为助理置业顾问、置业顾问、高级置业顾问、客户经理、分行经理、高级分行经理、区域经理、高级区域经理、市场总监、副总经理、总经理等。

（3）积累人脉转行

房地产经纪人员由于业务关系，会和非常多的人打交道，而部分人会成为熟客，甚至成为朋友。这些人在城市中处于中等以上的层次，因此会给房地产经纪人员带来很多的机遇。抓住这些机遇，可以自主创业，可以另寻高就。就目前来说，如果个人能够继续进修文凭，房地产经纪人还可以从事的相关行业有银行贷款房地产抵押贷款业务、房地产评估咨询、房地产开发策划、房地产培训等相关工作。

无论什么职业，都需要有良好的职业规划以及对规划的严格执行。在根据自身条件和爱好等因素确定今后的发展方向之后，就要认真做好自己的日常工作，这是职业发展的基础。

任务实施

一、制定培训计划

1. 培训目标

公司的归属感，让员工知道为什么而做，职业技能培训可以让员工尽快熟悉工作，创造业绩，知道如何去完成工作。为保证公司服务的一致性，让员工尽快熟悉公司环境，熟练掌握房地产经纪业务的各项技能，孙红组织了员工培训。

2. 培训计划

孙红制订了新员工的培训计划。由于员工的业务知识参差不齐，“有老有新”，孙红决定采用差别化的培训方式，先对全体员工进行公司管理制度的培训，再针对“职场新人”进行经纪基础知识的“扫盲”培训，最后是统一的流程和技巧培训。培训计划见表1—3—1。

表1—3—1　新员工培训计划表

培训时长	主讲人	培训人员	培训内容
0.5天	王松	全体员工	公司管理制度、薪酬与奖励制度
0.5天	王松	全体新员工	房地产经纪人的职业发展规划
1天	孙红	职场新人	房地产经纪基础知识
0.5天	孙红	职场新人	中介管理软件操作
1天	孙红	全体新员工	房地产经纪工作技巧
5天	—	外聘全体新员工	走盘（跑盘）
0.5天	王松	全体新员工	考核与交流

二、介绍公司管理制度、薪酬与奖励制度

王松对新员工介绍了公司的管理制度、薪酬待遇与奖励制度等。

1. 考勤制度

（1）上下班时间及迟到、早退、旷工

1）公司上班时间、用餐和休息时间的安排。

2）迟到和早退情况的处理。

3）旷工情况的处理。

4）未打卡等特殊情况的处理。

5）外出登记。

（2）休息安排

员工每月有4天带薪休息，可串休但每天必须有人值班。

（3）请假处理

员工请假需提前一天和上级报告，病假提前30分钟。

（4）法定节假日

国家法定休假日安排带薪休息，但门店每天不少于3人值班，值班人员值班当天享受双薪。

2. 日常工作制度

（1）着装、礼仪标准用语

1）公司员工必须着装整洁。男职工上穿衬衣西服下穿西裤，女职工可穿中长款裙子，脚穿皮鞋，佩戴公司统一的工牌、领带，女职工佩戴工牌即可。

2）见到上级应主动打招呼，对同事要友好、团结，对业主客户应恭敬有礼、热情接待，禁止和业主客户争吵，严重者开除。

3）店内电话接待应用标准用语："您好，金荣公司××为您服务"，转接同事用语："好的，请稍等"。

（2）工作量化要求

1）新增。置业顾问每人每周需新增10套有效房源，每人每周新增5个客户（转盘也算新增房源），不得提供虚假房源。新录入的房源必须是目前正在出租或出售的现房，暂时不租售的，应暂缓录入，错盘（指房源虽有效，但录入的小区名不对或单元门不对或房间号不对）将被删除，不算新增；经核实房源暂时不租售的却录入有效状态，将视为虚假房源。新入职人员10天后进行考核。

2）钥匙。置业顾问每人每月需收取两把钥匙，租赁买卖不限。收取钥匙以"钥匙委托协议"为准，特殊情况须告知门店经理与业主核实确认，并第一时间在房源跟进中体现（有钥匙委托协议但没打跟进公告的，只能分一半钥匙盘费）。新入职人员30天后进行考核。

3）跟进。置业顾问每人每天有效房源跟进10条以上，跟进内容不能粘贴复制，新入职人员10天后进行考核。跟进内容为关机、未接、停机、空号类不算有效跟进。有效跟进标准如下。

租赁房源跟进体现：具体价格、付款方式、具体看房时间、办公还是居住、家具家电情况、对客户自身的要求、具体的到期时间、中介费情况等（可以是体现其中一两项，越全越好）。

买卖房源跟进体现：具体价格、付款方式的要求、全款或贷款、具体看房时间、房本有没有超过五年、有无贷款、家具家电情况、装修情况等（可以是体现其中一两项，越全越好）。

4）带看。置业顾问每人每周必须有5组以上带看，租赁、买卖不限。带看需填写"看房确认书"并由客户签字（可有效减少客户跳单心理），门店经理检查监督看房单，每周交给秘书统一存档。

5）实看。当天没有带看业务的置业顾问须实看一套房源，要求画户型图和准确记录房屋特征，由门店经理检查监督。

（3）店面环境及公司形象

1）店面及店内环境要求干净、整洁，各自座位保持整齐不乱放。店面卫生由置业顾问轮流值班负责，由秘书统一排班，经理和秘书监督，总经理若发现店面卫生不合格，经理处罚30元、秘书连带处罚20元。

2）店面广告窗由经理每周组织保洁一次，房源广告每周更新一次过期房源。

3）值班人员下班时必须检查店内所有电器和灯是否关闭，门是否锁好。因检查不到位对公司造成严重损失的要承担赔偿责任。

4）在公司外不得有任何有损公司形象的行为，严重者开除并赔偿公司损失。

（4）禁止项目

1）工作时间、工作区内禁止吸烟、吃饭喝酒、睡觉、玩游戏、看八卦新闻、看视频、打闹嬉戏、用公司电话私聊，也不可恶意诋毁同行，一经发现将予处罚，情节严重者给予开除处理。

2）公司员工对所有关系公司权益、利益的内部信息有无条件保密的义务，泄露者给予开除处理，严重者还须赔偿公司损失。

3）公司员工禁止押房、做私单，一经发现立即开除。

4）由于房地产业务人员流动较大，我公司员工不得代业主或客户保管其私人财物，如因此出现法律责任，公司概不负责。

3. 薪酬及奖励制度

由于公司刚刚成立，为吸引并能留住更多的优秀人才在公司发展，公司实行人本化管理，提成比例比行业标准略高，具体如下。

（1）工资架构

工资架构见表1—3—2。

表1—3—2　金荣公司员工工资架构

<table>
<tr><th></th><th>业绩</th><th>（分段）提成</th><th>底薪（元/月）</th><th>备注</th></tr>
<tr><td rowspan="6">置业顾问</td><td>6 000元以下</td><td>10%</td><td>1 300</td><td rowspan="6">置业顾问新入职30天内无责任底薪为1 300元/月</td></tr>
<tr><td>6 000～15 000元</td><td>15%</td><td rowspan="2">1 500</td></tr>
<tr><td>15 001～35 000元</td><td>20%</td></tr>
<tr><td>35 001～65 000元</td><td>25%</td><td rowspan="3">1 700</td></tr>
<tr><td>65 001～120 000元</td><td>30%</td></tr>
<tr><td>12 001元以上</td><td>35%</td></tr>
<tr><td></td><td>业绩</td><td>（通）提成</td><td>底薪</td><td>备注</td></tr>
<tr><td rowspan="4">经理</td><td>人均6 000元以下</td><td>6%</td><td rowspan="2">3 500</td><td rowspan="4">本提成指本经理管辖内总业绩乘以提点</td></tr>
<tr><td>人均6 000～35 000元</td><td>8%</td></tr>
<tr><td>人均35 001～65 000元</td><td>10%</td><td rowspan="2">4 500</td></tr>
<tr><td>人均65 001元以上</td><td>12%</td></tr>
<tr><td>秘书</td><td></td><td></td><td>2 400元/月</td><td>试用期2 000元/月</td></tr>
</table>

（2）业绩分配

1）系统内房源被成交的，盘源提供者可分得本次交易佣金25%的业绩；钥匙方可分得本次交易佣金10%的业绩；独家委托的房源委托方可分得本次交易佣金5%的业绩。

2）如成交后隐瞒未分“委托方”业绩的，一经发现将强制分出应分业绩的双倍。

3）月度、季度、年度奖励。置业顾问月度业绩前三名且够4万的：第一名奖励600元，第二名奖励300元，第三名奖励100元；季度业绩前三名且够12万的：第一名奖励1 000元，第二名奖励500元，第三名奖励200元；年度业绩前三名且够48万的：第一名奖励2 000元，第二名奖励1 000元，第三名奖励500元。

（3）成交

1）每成交一单合同，门店经理须编辑简明的短信群发至公司全体员工。

2）签租赁合同必须留存房产证复印件和双方身份证件复印件；若有共有权人，共有权人的证件及房产证复印件都要；如有委托人的，委托人的身份证件也要留存。

3）续租的客户须签订公司统一版本的续租合同，不允许擅自制作合同版本。

4）店内每成交一单合同，无论有无收取中介费，必须填写成交报告纸制版，由秘书24小时内扫描并发送给总经理。

5）每月的合同书及附件、收据本，秘书按11号、21号、次月1号送至总经理审查。

6）合同中的填写线内无内容的，一律用大斜线划掉；如有涂改的部分，甲乙双方须紧贴修改部分签字；确认主合同签字的地方最好留甲乙双方的手印，以防止潜在的恶意纠纷。

（4）佣金

佣金打折低于8折时必须向总经理请示。

租赁单佣金标准：租期为一年的，收取一个月租金的标准；租期为两年的，收取两个月租金的标准，依次类推。

买卖单佣金标准见表1—3—3。

表1—3—3　　买卖单佣金标准

成交总价	佣金标准	其他服务	备注
500万元及以下	2.0%	过户服务费：500元/单 贷款服务费：300元/单 办理入住费：200元/单	少数特别复杂的住宅买卖经纪服务，经交易各方同意，可适当上浮，上浮幅度不超过10%
500万～2 000万元	1.5%		
2 001万～5 000万元	1.0%		
5 000万元以上	0.5%		

注意：佣金收据须填写工整，客户方留存第二联；收据除了客户留存页不允许有撕毁，如果填写错误需要作废的，划大斜线注明作废。丢失一份处罚当事人200元。如客户要发票的须到财务部开具。

4. 网络、杂志广告管理制度

（1）广告费用

1）公司为减轻业务人员的经济负担，每月配有1 500元的广告使用费（不可支取现金），每月按广告媒介方出据的发票为准报销。未使用完的费用月底清零，超出部分由个人承担。

2）使用网络端口的，每日必须更新2套以上房源，由经理监督检查。

（2）检测报表

1）使用网络端口的，每周由门店经理统计网络端口使用检测报表，如发现房源库存未达到90%以上的、优质房源未达到90%以上的、刷新未达到总刷新量的90%以上的，要予以处罚；内容、照片等严重虚假者，将予处罚。新开通的端口第一周免考核。

2）使用杂志类广告的，每月必须更新广告版面一次，版面内容由总经理审批通过方可发布。

5. 业务系统管理制度

（1）房源的录入、转盘标准及时效

1）房源必须按照公司张贴的标准录入，原则上栋座号1—3位，单元号1—2位，房号2—4位，没有栋座号的栋座录为0，没有单元号的单元录为0，房间号后两位代表几号房间，前面数字代表层数（如6层的3号房应录为603号；20层的4号录为2004号，再如有些小区房产证写着12A05实际上是13层的1305号；12B05实际上是14层的1405号），拿捏不准的一定要咨询门店经理。业主电话录入必须真实有效。

2）房源的交易方式：同一套房源的出租盘、出售盘应分开录入，方便精确管理。录成“租售盘”的将作为错盘删除。

3）转盘标准：如核实出系统内非有效状态的房源考虑出售或45天内到期继续出租的，要第一时间打跟进。转盘必须写明本房目前的价格、看房时间、转盘理由（比如本房源为暂缓状态；或本房源客户违约现在重新交易等），否则不予转盘并告知秘书，由秘书统计后交由经理调整，经理应定期对已经被出租或出售的房源调转状态。

4）为便于准确查找房源，公司将把房源状态划分为有效（正在寻找客户的出租出售的房源）、我租（我公司出租的）、我售（我公司出售的）、暂缓（是本房业主但暂时不租不售）、无效（重盘、错盘、电话已过期），置业顾问跟进分类时写明房源状态，便于转盘。暂时不租不售的房源不能录入有效状态，否则按虚假房源处理。

5）置业顾问对本人录入的房源信息必须经常维护，与业主拉近关系，掌握房源第一手信息，为公司成交提供便利。

（2）客源的录入标准及跟进时效

1）新客户须第一时间录入系统，以防遗忘丢失。客户电话录入必须真实，发现虚假电话将予以处罚。

2）客户必须紧跟。录入的客户应经常维护跟进；已经成交的客户至少每三个月电话沟通一次，由经理监督。

3）关于离职人员的房客源。如有离职人员，经理应将办理离职手续并把离职人员的房客源转至其他置业顾问名下，接手人员需第一时间打跟进写明房屋“来源”和房源目前详细情况；如未跟进的，视为放弃本盘，其他人员成交后不用分盘费。

4）关于特殊房源设置：如有特殊情况需要设置房源特殊状态，须向总经理报告设置。

6. 业务培训及会议制度

（1）业务知识、技巧及分享

1）每天门店经理需开早晚会安排、指导及总结工作。

2）每周由门店经理组织业务知识与技巧培训或分享，总经理应不定期参加。

（2）周总结、月总结

1）每周一早上9：30和周四17：00，由总经理组织全体员工开会，主要探讨本周工作重点、精品房源交流及周末安排。

2）每周一早上10：00门店经理组织秘书开会，秘书可反映店内工作状况及领取办公用品。

3）每月10号左右公司开月会，总经理做月总结，调整方向，安排工作和奖励业绩突出者及分享成功经验。

7. 档案管理制度

（1）合同及其附件管理

1）店内合同书及盖章的文件由秘书管理，置业顾问需预领的，要在秘书处做登记。

2）成交合同的钱款，由门店经理或总经理统一收取。

3）签合同必须留存房产证复印件和双方身份证复印件做备案用，若因资料不全无法备案而被政府检查部门处罚的，当事人、经理将承担一定责任。

4）秘书每日必须审查店内盖章文件并详细记录，不允许滥用，更不可丢失，否则当事人将处罚100～1 000元不等。

5）秘书对公司一切文件必须建档归类、安全存放并做详细记录。

（2）楼盘资料管理

1）楼盘资料由秘书管理，如需领用在秘书处登记，用后及时归还。

2）如需购买最新楼盘信息，由门店经理向总经理申请，总经理批准后购买报销。

（3）员工档案及其他

员工入职资料（劳动合同、身份证复印件、暂住证复印件、照片等）及其他档案统一由秘书建档保存，以免遗失。

8. 办公用品供给制度

（1）工作必需品的领发

1）员工名片如需新增，由置业顾问告知秘书，由秘书统一订制，新入职的员工到岗5天后可申请定做名片、工牌。店内需预留空白名片，费用由公司承担。

2）店内办公用品量由秘书做月预算，统一采购分配。

3）员工的领带、工牌和公司Logo标，员工入职当天公司免费发放；但若丢失则按一条领带20元、工牌一块10元、Logo标每颗10元的标准补发；若因正常使用损坏的，可向秘书免费换领。

（2）办公用具的维护

1）店内如有需要维修更换的办公设施，由秘书安排维修人员维修。

2）如有故意损坏公司公共设施行为的，当事人将作价赔偿。

9. 人事管理制度

（1）招聘

1）置业顾问的招聘由总经理和门店经理组织。

2）公司员工介绍“新人”入职的，在“新人”签第一单合同时，公司奖励介绍人100元。

（2）入职

1）业务人员面试由经理完成并留存简历表，由秘书复印并存档。

2）符合入职条件需要办理入职的，由秘书安排好时间，约入职人员携带其身份证原件、暂住证原件和一寸彩照两张及电子版在公司办理入职手续并签订《劳动合同》。

3）重要提醒：每月25日及以前入职的，本月工资次月10日可发放；若当月26日及以后入职的，工资将累计至次月，待次月工资发放时一起领取。

（3）离职

1）员工离职需提前7天向经理报告并填写“离职申请”，由经理报告总经理安排面谈，了解原因，尽量协调。如执意离职，应办理离职手续并交接。

2）入职未满10天离职的，公司不予发放工资。

3）不提前写离职申请直接离职的，当月工资不予发放。

4）佣金未收回的，提成不予发放；离职人员的工资发放日和在职员工发放日一样。

5）公司请退或开除的员工，工资在三个工作日内结清。

10. 售后服务制度

回访成交的客户、业主。经理应监督对成交的客户定期回访，询问情况，挖掘潜在需求，为公司争取更多的回头客和转介客户。

三、经纪人的职业发展规划

1. 了解房地产经纪工作

王松首先介绍了经纪人一天的工作，并播放了一段某经纪人员一天的工作和生活轨迹的视频资料，让新入职的员工对经纪工作有个大致的认识。

2. 帮助员工进行职业发展规划

王松与新入职员工畅谈当前房地产经纪行业发展现状，并以自己的切身体会为例，鼓励他们一步一个脚印地从置业顾问做起，慢慢发展，新员工信心满满。

四、房地产经纪基础知识的培训

主要对没有从业经验的“新人”进行与房地产经纪工作有关的基本概念的学习和解释，

具体内容见相关知识第一部分。

五、学会使用房地产中介管理软件

孙红组织 6 位新员工进行了中介管理软件的操作训练，公司使用的是房友中介管理系统。首先，她把软件的功能和使用方法演示了一遍，如图 1—3—2 所示。演示的过程中给出多个实例。之后，给员工分配任务，让员工回到自己的办公电脑上进行操作。经过一天的训练，新员工基本都可使用公司的业务软件了。

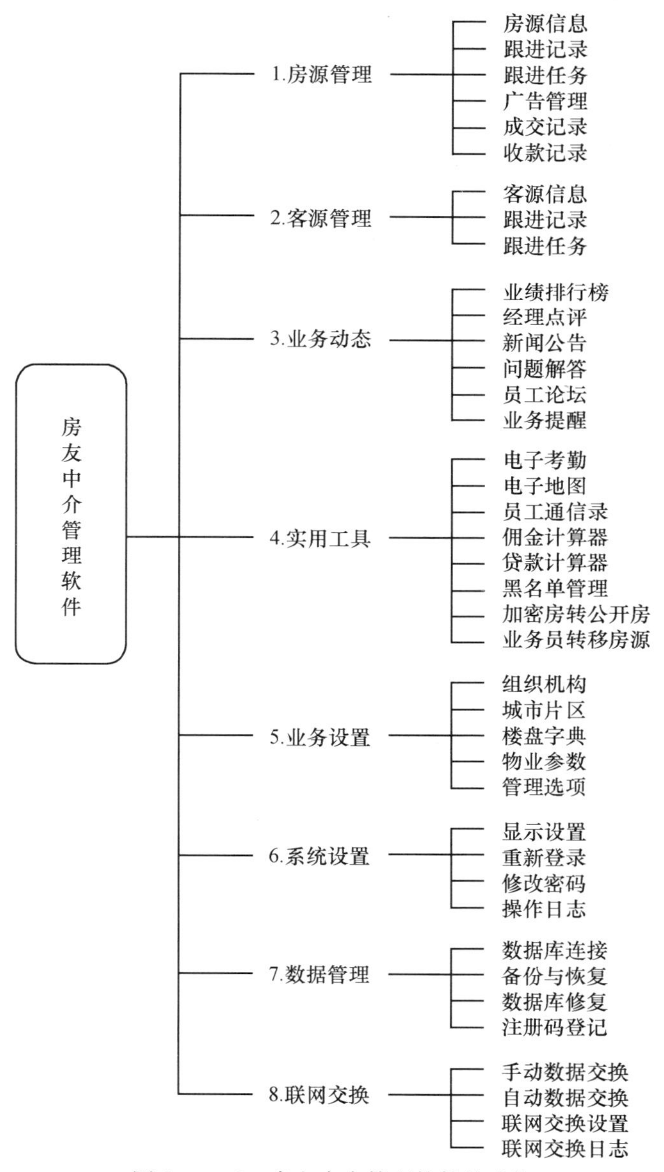

图 1—3—2　房友中介管理软件的功能

六、熟悉房地产经纪工作技巧

孙红通过讲座的形式，结合播放相关视频资料，详细讲解了经纪工作各流程、各阶段的技巧与方法，让员工们获益匪浅，具体内容请参考相关知识。

七、走盘（跑盘）

培训的最后一环是走盘。孙红首先向新员工阐述了走盘的作用，告诉他们走盘是所有加入房地产行业的营销人员的必修课，是其成长为使客户信赖的专业房地产顾问的最基础的和不可或缺的步骤，不管新老业务员，这都是一个必不可少的过程。为使“新人”的走盘更有成效，孙红安排一位有经验的员工与一个“新人”结对进行走盘。

6 名新员工两两结对，组成三个小组，开始了为期 5 天的走盘。他们是这样做的：

1. 研究走盘区域（见图 1—3—3），确定行走路线，提前熟悉范围。通过地图对即将走盘的区域有大体的范围和方向认知，选择好合适的路线，通常可选择直线式行进、小块区域分区式、先大范围再小区域式等不同的路线。对比较复杂的区域，还要注意识记比较典型的地标式建筑。

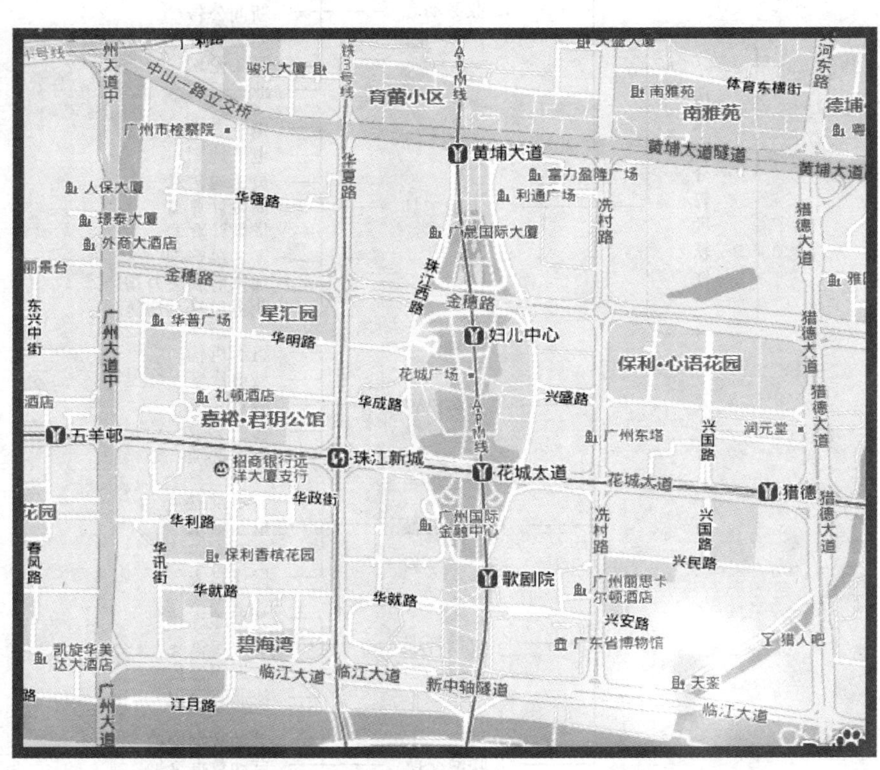

图 1—3—3　走盘区域

2. 准备好纸笔、相机、地图及记录表。

3. 实地走盘。按照《跑盘指引》的要求，重点对主干道的社区生活配套、标志性物业、政府机关、大型公共设施和在建、筹建及待建物业等内容进行调查并详细记录。对一些比较复杂的或者比较典型的楼盘的信息也要进行详细的记录，有条件的还要拍些照片。

4. 每天 17：00 左右，三组人员回到门店集中，交流走盘心得，孙红借机检查他们的走盘情况，并适当鼓励新员工的工作热情，激发“新人”的积极性；同时，还要指出和分析不足，让新学员第二天可以带着问题跑盘。

5. 5 天结束后，三个小组按照孙红的要求绘制成了楼盘分布图，完成项目调查作业。分布图的标识大到大型购物商城，小到便利店、理发店等，都一并标出。此外，他们还对正在筹建中的物业及待建空地的情况进行了解，并在跑盘地图上做出标识。

新员工经过这样的锻炼，已经基本熟悉门店周边楼盘的分布情况。同时，通过 5 天的磨合，新员工之间也增进了相互了解，培养了合作的精神。

八、新员工考核

1. 态度考核

(1) 能否自觉、尽职尽责地工作，能否自始至终地表现出负责的态度；
(2) 能否进行自我管理，能否自主、自立、自信地处理业务。

2. 能力考核

(1) 开展工作所需要的业务知识、相关知识的掌握程度；
(2) 是否熟练掌握本岗位技能；
(3) 在执行任务时，是否能从容应对出现的变化。

3. 作业考核

(1) 是否依照计划目标将任务完成，使其质量达到要求的标准；
(2) 任务完成的过程或结果是否正确，是否都达到标准的要求。
6 名新员工全部通过了考核，正式上岗。

技能训练

1. 组织讨论“以后我将如何成为一名优秀的房地产经纪人”?

2. 全班分组，每组收集一个房地产经纪工作技巧的案例，体会、学习和交流。

3. 进行房地产中介管理软件的操作训练。

4. 全班分 3 人小组，分角色模拟完成房地产经纪的主要过程。

5. 全班分组进行走盘训练，由老师指定走盘区域，学生实地走盘后绘制房地产分布图。通过训练，熟悉该区域的楼盘情况。老师对走盘情况进行考核和评价。

思考与练习

1. 房地产经纪人应该理解哪些相关概念？
2. 请叙述房地产经纪工作的基本流程。
3. 房源收集、房源发放、客源积累、与客户电话沟通、处理异议各有什么技巧？
4. 房地产经纪人的职业发展可以选择哪些方向？
5. 何谓走盘？走盘的目的是什么？走盘的要点有哪些？

模块二

房地产居间业务

房地产居间业务指经纪人员或房地产经纪机构向委托人提供房地产租赁买卖信息并订立房地产交易合同的媒介服务，并向委托人收取佣金的行为。该业务是房地产经纪机构的核心业务，包括房地产租赁居间业务及房地产转让居间业务。

任务1　房屋租赁居间

学习目标

了解本地房屋租赁的相关法规、规定，熟悉当地房屋租赁的业务流程，会审验出租物业及出租人资格，会进行房源客源配对，会洽谈价格、撮合成交，会代为办理出租登记。

任务引入

公司开业之后，业务逐步展开。一天，任莹接待了一位想要租房的客户张小姐。张小姐是一家外企的高级管理人员，刚被总公司外派来广州公司工作，工作地点就在珠江新城的某写字楼。由于在广州的时间可能会比较长，张小姐想租一套优质的小户型单位。在认真听取了张小姐的需求描述后，任莹找到了几套房源并推荐给张小姐挑选。

任务分析

本任务是一个典型的房屋租赁案例。张小姐到经纪公司来租房，置业顾问应该详细、清晰地了解客户的租房需求，如对区域、地段甚至某个住宅小区是不是有特殊的要求，户型与面积，愿意支付的租金，最关心的是环境、交通、配套还是其他方面等问题都要先行了解，再针对其重点需求作出有针对性的推荐，在客户确定意向单位后带领客户现场看房，达成租赁意向后洽谈租约、租金等具体事宜，组织签订《房屋租赁合同》。现在，对任莹来讲，最关键的是要帮张小姐找到合适的房源。

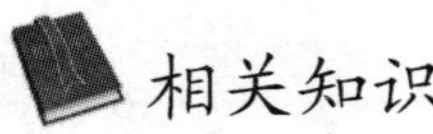

相关知识

一、房屋租赁的概念及分类

1. 房屋租赁的概念

房屋租赁是房地产市场中一种重要的交易形式。《中华人民共和国城市房地产管理法》（以下简称《城市房地产管理法》）第五十三条规定："房屋租赁，是指房屋所有权人作为出租人将其房屋出租给承租人使用，由承租人向出租人支付租金的行为。"房屋租赁，出租人和承租人应当签订书面租赁合同，约定租赁期限、租赁用途、租赁价格、修缮责任等条款，以及双方的其他权利和义务，并向房产管理部门登记备案。

2. 房屋租赁的分类

按房屋所有权的性质，房屋租赁分为公有房屋的租赁和私有房屋的租赁。其中，公有房屋租赁带有一定的福利色彩，出租人和承租人之间有一定的特殊关系，故此类房屋租赁一般不经过房地产经纪公司。

按房屋的使用用途，房屋租赁分为住宅用房的租赁和非住宅用房的租赁，其中，非住宅用房的租赁包括办公用房和生产经营用房的租赁。如果承租房屋用于办公，则必须选择非住宅用房，否则无法办理营业执照。

二、房屋租赁政策

随着我国经济的快速发展，与实体经济联系较为紧密的房屋租赁市场表现活跃，与之配套的房屋租赁政策也不断得到完善。目前，我国用于规范房屋租赁行为的法律法规有《城市房地产管理法》和《商品房屋租赁管理办法》等。房地产经纪人在从事房屋租赁居间业务时，必须了解相关的房屋租赁政策，其中较为重要规定的有：

1. 私有房屋出租人必须持有《房屋所有权证》，承租人必须持有身份证。

2. 出租住房的，应当以原设计的房间为最小出租单位，人均租住建筑面积不得低于当地人民政府规定的最低标准。厨房、卫生间、阳台和地下储藏室不得出租供人员居住。

3. 承租人转租房屋的，应当经出租人书面同意。

4. 共有房屋出租时，在同等条件下，其他共有人有优先承租权。

5. 房屋租赁当事人应当在订立房屋租赁合同后到租赁房屋所在地（直辖市、市、县）人民政府建设（房地产）主管部门办理房屋租赁登记备案。

同时，为规范房屋租赁行为，各地根据实际情况出台了地方性法规。例如，广东省出台了《广东省城镇房屋租赁管理条例》，广州市也制定了《广州市房屋租赁管理规定》。房地产经纪人在办理相关业务时，要参考当地的房屋租赁政策。

三、经纪机构办理房屋租赁业务的流程

房屋租赁业务涉及房地产经纪公司、出租方、承租方和城市房屋租赁管理部门，其基本流程如图 2—1—1 所示。

四、承租业务的办理

1. 承租人确定承租意向

（1）经纪人接待客户

房地产经纪人在接待客户时必须给对方留下良好的第一印象，客户才会有信心委托你。承租人咨询的主要途径有：上门咨询、电话咨询和网络咨询。房地产经纪人接待放盘客户的

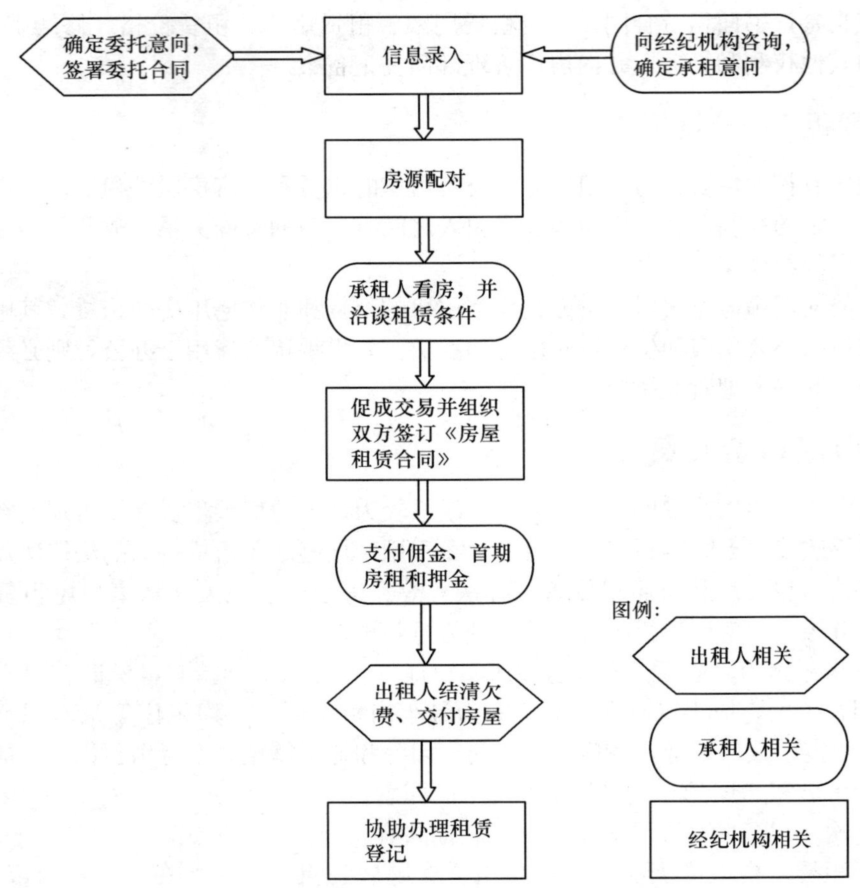

图 2—1—1　房屋租赁业务办理流程

服务行为标准见表 2—1—1。

（2）经纪人了解客户的需求

成功的经纪人要善于察言观色，注意客户的一言一行，利用引导和提问技巧充分挖掘客户的需求，以便对客户有一个客观、真实的全方位认识，从而提供个性化服务。客户的需求要素分为三个层次，包括：

1）基本信息。基本信息包括客户姓名、性别、年龄、籍贯；家庭地址、联系方式；家庭人口、子女数量、年龄、入学状况、职业、工作单位、职务；文化程度等。

2）需求信息。包括租房原因、所需房屋的区域、类型、房型、面积；目标房屋的特征，如卧室、浴室、层高、景观、朝向；特别需要，如车位、通信设施、是否有装修；预期价格、付款方式等。

3）深度信息。深度信息需要经纪人自身的分析，包括决策人、干扰因素等。

（3）客户资料的收集与管理

经纪人将通过各种方式收集到的客户资料统一输入计算机，经纪机构每个级别的业务员

表 2—1—1 房地产经纪人接待客户（租赁）服务行为标准

类型	服务原则	基础服务行为标准	服务态度要求	操作要求/客服提示
上门咨询	主动、热情、专业	门口接待 1. 30 秒内主动上前接待、问好 2. 双手送上名片并自我介绍 3. 做简单了解后将客人引入店铺内 店内接待 1. 微笑指引客人坐下 2. 双手递上温水 3. 礼貌询问如何称呼客人 4. 耐心听取客户需求，从中挖掘、探查出更多真实的信息，了解客户的真实想法 5. 对佣金收取标准进行说明	举止有礼，态度真诚，主动招呼，面带微笑	不得多个经纪人同时上前抢着为同一个客人服务
电话咨询		1. 电话铃响三声内接听 2. 自我介绍及询问对方称呼 3. 简单了解客户需求，指引客户约时间到店内进一步洽谈 4. 对客户提出的问题或要求快速响应，不拖延，不推诿，不使用“没有了”“不知道”等消极词汇	一一回答，音量适度，语速适中，语调温和	如铃响超过三声才接听时，应表示抱歉
网络咨询		1. 收到 E-mail 或站内短信息须在 12 小时内回复或主动电话联系 2. 电话沟通时，若非本人跟进的项目须说明原因，要介绍跟进情况给客户 3. 电话沟通的要求同电话咨询	及时联系，注意礼貌用语	1. 每天至少查收三次站内信息和一次 E-mail 2. 秉承诚信原则，充分理解客户“隐私安全需求”及“被尊重需求”，未经客户同意，不得发布客户及房屋的相关信息

均有不同的权限查看这些资料。应注意，客户需求信息的了解需要多次沟通，修改分析。经纪人在了解到新的信息之后，要及时对客户资料进行增加、删减或修改，每次修改都要署名。

（4）客源房源配对

客源房源配对是促成交易的关键步骤，具体的操作流程如下：

1）经纪人通过公司的管理软件查看已登记的客户资料。

2）找到需求与委托人提供的房源相当的客户信息，并做好记录。

3）对客户资料进行筛选，选择出 3～5 位客户。

4）分别与客户联系，介绍该房源的情况，询问客户的意见。

5）如有客户有意向，马上约定看房时间，并通知委托人；若客户均无意向，则返回客源系统继续匹配目标客户。

2. 承租人看房并洽谈条件

（1）带客看房是经纪人对客户进行深入了解的最佳时机，它将直接影响到成交与否。带客看房的过程中应注意以下问题。

1）在约定时间前到达，避免业主和客户直接见面。不能迟到，更不能失约。

2）看房前必须对带看的房源进行进一步的了解，如所属小区的规模，周边环境，交通情况等，从而设计一条合理的看房路线，规避房源的不利因素。

3）带客户看房前一定要让客户签署《看房确认书》，以避免客户看完房后不配合。

4）每次带看的房子不能过多，最多三套，一般的顺序为：较好、最好、最差。

5）向客户介绍房源时，一定要在实事求是的基础上更生动地解析房子的方方面面，引导客户亲身体验，激发客户的生活化联想，提升客户的购买欲。

案例1

（经纪人带着客户王先生夫妇来到××小区的1106房，查看房源情况）

王先生：（走进客厅）这个客厅太大了吧，不是很浪费吗?

经纪人：王先生，您的性情直爽亲和，您人缘肯定非常好，有很多至交好友，平时朋友们来家里聚聚，这个大客厅不仅能给客人们提供充分的活动空间，而且它的大气和豪华肯定会让您的朋友称赞不已的，您说是吧？而且，客厅方方正正，王太太可以随心摆设装点，这个客厅会很有品位。

（2）经纪人在面对客户议价时，应遵循以下原则：

1）不要有底价观念，不要轻易让价。

2）一定要在客户有租赁决定权力的情况下再进行议价。

3）强调产品的优点及价值，抑制客户议价的念头。

4）制造房源的无形价值，例如风水、人文、名人效应等。

5）抓住机会让客户下诚意金。

案例2

王先生看房后对房屋比较满意，有承租的意向，但此时王太太对房屋提出了一些小问题，经纪人回答：“另一套房要好很多，没有这个问题。”但新推荐的房子，由于面积、价格与王先生的要求有出入，就此引出了更多的问题，最终导致无法促成交易。

3. 承租人与出租人签订《房屋租赁合同》

承租人与出租人就出租条件达成一致后，经纪机构应组织双方签订《房屋租赁合同》，承租人、出租人及经纪机构各持一份。《房屋租赁合同》（见本书附录一）主要条款有：

（1）当事人姓名或者名称及住所；

（2）房屋的坐落、面积、装修及设施状况；

(3) 租赁用途；
(4) 租赁期限；
(5) 租金及交付方式；
(6) 房屋修缮责任；
(7) 转租的约定；
(8) 变更和解除合同的条件；
(9) 双方的权利义务；
(10) 违约责任；
(11) 当事人约定的其他条款。

4. 承租人支付佣金、首期房租和押金

(1) 承租人应按租赁合同的约定向出租人或者经纪机构交纳房屋的首期租金和押金，缴费时应先确认收款人的身份，并要求开具收据或发票。

(2) 承租人应向经纪机构交纳佣金，佣金标准依据承租人与经纪机构事先约定。

五、出租业务的办理

1. 经纪人查验出租人资格及放租房屋

(1) 经纪机构审查出租人的委托资格

1) 若委托人为国内居民，应验证其身份证。

2) 若委托人为我国港澳台同胞、华侨或外国居民，应验证其护照。

3) 当委托人是企业或机构单位时，经纪人应审查其法人资格（查验《企业法人营业执照》或《中华人民共和国组织机构代码证》）与具体经办人的法人能力（查验企业或单位出具的委托证明及代理人的身份证明）。委托证明必须注明代理人的姓名、委托代理的范围、权限、有效代理时间及委托日期等，并有委托单位和法人代表的签名盖章。

(2) 经纪机构审查放租房屋

1) 审查委托出租房屋的权属情况，看房屋是否符合国家政策规定的出租条件，具体条件如下：

①有房屋产权证。

②房屋为共有产权的，有共有人同意租赁的证明。

③将住宅或其他用房改作经营用房出租的，应提交规划和房管部门同意的证明。

④将房管部门直管公房内的场地出租的，应提交经房管部门同意的证明。

⑤住宅用房的租赁是否符合租赁政策。

⑥房屋能正常使用。

2) 审查房屋是否属于国家政策规定不得出租的房屋。根据《商品房屋租赁管理办法》规定：公民、法人或其他组织对享有所有权的房屋可以依法出租，但有下列情形之一的房屋不得出租：

①属于违法建筑的；

②不符合安全、防灾等工程建设强制性标准的；

③违反规定改变房屋使用性质的；

④法律、法规规定禁止出租的其他情形。

（3）出租人与经纪机构实地看房、评估，洽谈出租条件

1）经纪人在看房前应准备好名片、地图、计算器、手机、笔、笔记本、卷尺、相机等工具，以备准确记录房屋及周边配套的基本情况。

2）经纪人要了解房屋所在小区的水、电、气运行情况，落实水、电、气、物业管理等费用，做到心中有数，避免拖欠。

3）在看房的过程中了解出租人放盘的目的，与出租人协商房屋的月租金、付款期限及付款方式。

2. 出租人与经纪人签订委托合同

（1）出租人填写《放盘登记表》（见表 2—1—2）

表 2—1—2　　某房地产经纪公司放盘登记表

下面所填写内容中打＊项为必填项

<table>
<tr><td>＊来源</td><td colspan="2">□电话　□上门　□网收</td><td>登记日期</td><td>年　月　日</td><td colspan="2">经办人：________
盘源编号：________</td></tr>
<tr><td colspan="7">＊行政区域：□天河　□海珠　□越秀　□白云　□南沙　□花都</td></tr>
<tr><td colspan="7">＊物业类别：□住宅（□商品房　□房改房　□安居房　□解困房　□集资房　□自建房　□其他）
□写字楼　□商铺　□厂房　□仓库　□地皮　□车库</td></tr>
<tr><td colspan="7">＊物业地址：＊楼盘名称____________栋____________楼层________单元__________
＊楼盘地址：____________________房产证地址：____________________</td></tr>
<tr><td>＊面积</td><td></td><td>坐向</td><td></td><td>＊间隔</td><td colspan="2">房　厅　卫</td></tr>
<tr><td colspan="4">＊租金：　元/月</td><td colspan="3">＊押金：　元</td></tr>
<tr><td colspan="7">中介代理费（佣金）：月租金的____%</td></tr>
<tr><td colspan="7">装修：□豪华　□普通　□交楼　□毛坯
＊家电情况　□齐全（□空调　□冰箱　□电视　□洗衣机　□热水器　□厨具　□衣柜　□床　□餐桌）□无</td></tr>
<tr><td>电梯</td><td>□有　□无</td><td>管理费</td><td>元/平方米（元/月）</td><td>产权情况</td><td colspan="2">□房产证　□预售契约</td></tr>
<tr><td>＊业主姓名</td><td></td><td>电话 1</td><td></td><td>电话 2</td><td colspan="2"></td></tr>
<tr><td colspan="2">＊代理人姓名</td><td colspan="2"></td><td>电话 1</td><td></td><td>电话 2</td></tr>
<tr><td colspan="7">备注：</td></tr>
<tr><td colspan="7">本人现委托××房地产经纪公司出租上述物业，并同意确认以上条件。
业主（代理人）签名：　　　　　　　　日期：</td></tr>
</table>

《放盘登记表》应该包含以下内容：

1）业主资料。业主的姓名、联系电话、通信地址等，必要时还可以要求业主留下身份

证号码，以保证其资料的真实性。

2）房屋状况。房屋的位置、产权证（如房地产证、土地使用权证等）、产权性质（如商品房、已购公有住房、经济适用住房等）、面积、用途、户型、楼层、朝向、装修、家具电器、物业管理收费标准及是否抵押等，要求尽可能详细。

3）放盘要求。业主所定的出租价格（是否包税）、租客要求、交房日期、税费支付方式等。

4）房源的其他信息。如信息来源、业主是否愿意独家代理、是否愿意放钥匙等。

（2）经纪机构与出租人签署《居间委托合同》

《居间委托合同》的主要条款包括：

1）委托人（出售或出租）、居间方的姓名或名称、住所；

2）居间房地产的坐落与情况；

3）委托事项；

4）佣金标准、数额、收取方式、退赔等条款；

5）合同在履行中的变更及处理；

6）违约责任；

7）争议解决的处理办法；

8）其他补充条款。

3. 出租人与经纪机构、承租人进行物业交验，交付房屋

（1）出租人将未结清费用提前结清。

（2）经纪人应当认真检查房屋设施，对厨卫设施、各类电器、门锁窗户等当场试用。

（3）经纪人将房屋内所有设施、表底、物品等列出交割清单，让双方签字确认。

（4）如发现房屋设施不能正常使用，出租人应与承租人书面确认并约定修理时间。

六、房屋租赁登记的办理

在租赁双方签订《房屋租赁合同》后，经纪机构应协助出租人办理房屋租赁登记备案，房屋租赁登记备案的流程（以广州市为例）如图 2—1—2 所示。

1. 准备好租赁登记所需的证件资料

（1）《房屋租赁登记表》（一式两份，见表 2—1—3）

（2）《房屋租赁合同书》（一式三份）

（3）出租房屋方须提交的材料

房地产权证书或证明其产权的其他有效证件（指红线图、《建筑许可证》或已开具付清房款的购房合同书复印件），验原件（注：暂未取得合法产权证明文件的出租房屋须提供房屋所在地村（居）委会以上级别的单位证明另行申报办理登记手续）。

（4）私人房屋出租须提交的材料

1）房屋所有权人身份证复印件（验原件）；

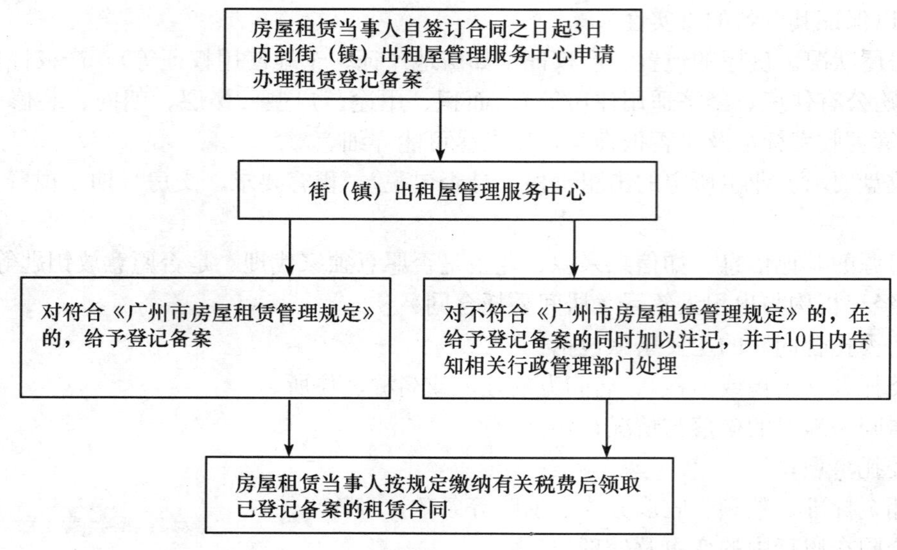

图 2—1—2　广州市房屋租赁登记备案流程

表 2—1—3　　　　房屋租赁登记表

编号：

<table>
<tr><td colspan="2">出租人</td><td colspan="3">（章）</td><td>法人或负责人</td><td colspan="2"></td></tr>
<tr><td colspan="2">出租人身份证号码</td><td colspan="3"></td><td>电话号码</td><td colspan="2"></td></tr>
<tr><td colspan="2">代理人</td><td>身份证号码</td><td colspan="2"></td><td>电话号码</td><td colspan="2"></td></tr>
<tr><td colspan="2">房屋出租期限</td><td colspan="6">自　年　月　日至　年　月　日</td></tr>
<tr><td rowspan="5">出租房屋基本情况</td><td>房屋坐落地址</td><td colspan="6"></td></tr>
<tr><td>房地产权利证书或其他有效证件</td><td></td><td>证件号码</td><td colspan="2"></td><td>土地来源</td><td></td></tr>
<tr><td>土地使用年限</td><td colspan="6">自　年　月　日至　年　月　日</td></tr>
<tr><td>房屋结构</td><td colspan="2"></td><td>房屋用途</td><td colspan="3"></td></tr>
<tr><td>房屋出租面积</td><td></td><td>楼层总数</td><td></td><td colspan="2">所在楼层</td><td></td></tr>
<tr><td colspan="2">出租人</td><td colspan="6">签章　　年　月　日</td></tr>
<tr><td colspan="2">代理人</td><td colspan="6">签章　　年　月　日</td></tr>
<tr><td colspan="2">房屋租赁管理部门意见</td><td colspan="6">签章　　年　月　日</td></tr>
<tr><td colspan="2">备注</td><td colspan="6"></td></tr>
</table>

2）属共有房屋的须提供共有人身份证复印件（验原件）以及共有人同意出租的书面证明原件。

（5）单位房屋出租须提交的材料

1）法定代表人证明书原件；

2）单位法定代表人身份证复印件（验原件）；

3）属委托下属单位经营的房屋出租须提交房屋所有权人书面委托证明书原件；

4）已作为资产抵押的房屋出租须提交抵押权人同意其出租的书面证明书原件。

（6）承租房屋须提交的材料

1）承租方为个人的须提交：身份证复印件（验原件）；计划生育证明复印件（验原件）。

2）承租方为单位的须提交：法定代表人证明书原件；法定代表人身份证复印件（验原件）；委托他人办理登记的须提交法人代表授权证明书以及受委托人的身份证复印件（验原件）（注：承租方以新成立的企业名称申请登记须提交：工商部门批准设立的《企业名称预先核准通知书》以及法定代表人身份证复印件，完成工商注册后补办相关手续）。

2. 办理租赁登记手续

（1）提出申请，提交有关文件、资料

租赁当事人到租赁管理所领取《××市××区房屋租赁登记表》（一式两份）和《房屋租赁合同书》（一式三份），按《××市房屋租赁条例》如实申报填写，同时提交相关文件、材料。

（2）登记审查

租赁管理所受理租赁当事人提交的资料，收件人开具收件回执，即《房屋租赁申请登记证件收据》，于2日内对资料进行审查，并派专人到出租房屋现场查看，符合登记条件的，将有关资料输入计算机数据库或填写《房屋租赁合同登记表》。

（3）合同登记

租赁管理所自接到租赁申请登记文件、资料之日起3个工作日内给予明确答复是否予以登记。符合规定的，由所长或指定的合同登记员在合同文本上签名、编号，加盖“××市人民政府房屋租赁管理合同登记专用章”，给予租赁登记，核发《房屋租赁证》；不予受理的，开具《房屋租赁登记退案通知》；不符合登记规定条件的，发出《不予登记回复》，同时抄送相关行政主管部门。

（4）租赁当事人缴纳税费并领取《房屋租赁证》

广州市租赁当事人须缴纳相关的税费为：

1）房屋租赁手续费，每宗80元，由出租人承担。

2）代地税局征收房屋租赁合同的印花税，按租赁合同租金总额的千分之二征收，租赁双方各承担一半。

（5）租赁管理所立卷归档

经登记《房屋租赁合同书》提交的资料，由租赁管理所按一户一档的原则建档保存。

（6）办理后续手续

租赁当事人在办好房屋租赁登记手续后，凭市、区租赁管理所已办理登记的租赁合同到公安（消防）、工商、税务、劳动、计生等有关部门办理相关手续。

3. 变更、解除和终止房屋租赁合同

合同的变更，是指合同尚未完全履行之前，双方当事人协商一致，依照法定的条件和程序，对原合同的内容进行增加、减少或改变。变更只能是对合同部分内容的改变，不能对整个合同的内容进行改变。

合同的解除，是指合同尚未履行或尚未完全履行之前，双方当事人协商一致，依照法定的条件和程序，终止合同的关系。

合同的终止，是指合同完全履行完毕，双方当事人依照法定的条件和程序，终止合同的关系。

办理房屋租赁合同变更、解除和终止登记应提交的文件、资料：

（1）《变更、解除、终止租赁合同申请表》（表2—1—4）。

表2—1—4　　房屋租赁变更登记表

<table>
<tr><td>申请人（　　）</td><td colspan="2"></td><td>身份证号码</td><td colspan="2"></td></tr>
<tr><td>出租房屋坐落</td><td colspan="5">区　　办事处　　　居委会　路　　号</td></tr>
<tr><td>申请时间</td><td colspan="2">年　月　日</td><td>所有权证号</td><td colspan="2">号</td></tr>
<tr><td>房屋所有权人</td><td colspan="5"></td></tr>
<tr><td>原承租人</td><td colspan="2"></td><td>身份证号码</td><td colspan="2"></td></tr>
<tr><td>申请事由</td><td colspan="5"></td></tr>
<tr><td>原租赁期限</td><td colspan="5">年　　月　　日至　　年　　月　　日</td></tr>
<tr><td>变更租赁期限</td><td colspan="5">年　　月　　日至　　年　　月　　日</td></tr>
<tr><td colspan="3">房屋所有权人意见：

签名（盖章）：　　　年　　月　　日</td><td colspan="3">房屋所有权人意见：

签名（盖章）：　　　年　　月　　日</td></tr>
<tr><td colspan="3">审查意见：

签名：　　　　年　　月　　日</td><td colspan="3">审查意见：

签名：　　　　年　　月　　日</td></tr>
<tr><td>合同签证时间</td><td colspan="3">年　　月　　日</td><td>租赁证号</td><td>号</td></tr>
</table>

（2）房屋租赁合同和《房屋租赁证》。

（3）符合下列情形的，还须相应提交下列文件、资料。

1）在租赁期内发生房屋产权转让须变更出租人的，须提交产权转让后的产权证明文件、新的出租人身份证明或合法资格证明。

2）原由个人承租，现变更为由承租人组建的公司承租的，须提交公司的合法资格证明。

3）租赁当事人因单位名称变更或出现合并、分立、转制等情形的，须提交有关上级的批文和新单位的合法资格证明。

任务实施

一、接待客户

张小姐在金荣公司附近的写字楼上班。某日下班路过公司，看到门口的水牌后，稍作停留，似乎有些兴趣。任莹见到有客户，立即起身打招呼，并递上名片进行了自我介绍。张小姐指着水牌上的一套户型问租金的情况，任莹告诉她价格区间，明确说明价格是可以谈的，并请张小姐到公司里面坐着谈。张小姐随任莹进入门店，其他员工向她微笑点头示意。就座后，任莹跟张小姐初步沟通，得知张小姐是一家外企的高级管理人员，刚被总公司外派来广州公司工作，工作地点就在附近的某写字楼。由于在广州的时间可能会比较长，张小姐想租一套优质的小户型单位，要求楼龄五年以下，周边交通方便，配套齐全。在认真听取了张小姐的需求描述后，任莹找到了几套房源并推荐给张小姐挑选，并向她解释了租房佣金的收取标准。

二、房源客源配对

根据张小姐的要求，任莹在公司的房源信息系统里进行了搜索，找到了 5 套房源。介绍了房屋的面积、户型、价格等基本情况后，张小姐对其中的 3 套房屋表现出较大的兴趣，任莹马上邀请张小姐现场看房。任莹首先电话联系房源条件较好的业主周先生，约定第二天上午 10 点看房。

三、带领实地看房

第二天上午 9 点 45 分，任莹带着笔记本、笔、计算器、房屋户型图、《看房确认书》在公司门口等待张小姐，在张小姐签了《看房确认书》后，任莹带着张小姐去周先生的房屋。沿途任莹对周边的环境、配套设施进行了简单的介绍，重点介绍张小姐注重的交通及商业配套设施。

10 点，任莹带着张小姐到达周先生的出租房屋。任莹介绍了房屋的基本情况后，张小姐仔细查看了房屋的内部环境。看房后，张小姐提出房屋的装修略显陈旧，不太符合其对生活品质的要求，希望再比较一下。于是，任莹马上又带着张小姐去看了另外两套房屋（一套条件好但价格高，另一套价格低但条件差）。

四、洽谈租约

经过一番比较后，张小姐最满意的还是周先生的房屋，但提出希望添置空调，并将租金稍降一些。于是任莹与张小姐回到经纪公司就租约情况进行洽谈。张小姐表示准备长期租住（价格合适的话起码会租两年或者更长时间）。任莹马上就张小姐的情况与周先生进行沟通，周先生表示如果租住时间较长，愿意将租金由 3 500 元/月降到 3 300 元/月，并可以添置空调。经过任莹的协调，双方约定租金为 3 300 元/月，租住时间为两年。

注意

房屋的租赁期限不得超过土地的使用年限；《合同法》第 214 条对租赁期限作了最高不得超过 20 年的限制，超过 20 年的部分无效；租赁期限 6 个月以上的，应当采用书面形式。

五、签订租赁合同

双方就租金意见达成一致后，任莹约张小姐和周先生来经纪公司签订《租赁合同》。张小姐须带身份证（原件），周先生须带房产证原件和身份证。如果周先生房产证上业主有多人，所有业主都要来经纪公司签订合同，如果共有人无法到场，须提供由本人签署的委托书。

六、支付押金与佣金

1. 签订合同时，张小姐应支付按金、租金和佣金。目前行业较多的做法是“两按一租半月佣”，即收取两个月的租金作为按金（保证金）和一个月的租金。“两按一租”由业主收取，承租人另支付半个月的房租作为佣金。本案中，张小姐首次应支付的款项合计 11 550 元，以后每月租金都要按时交给业主周先生。

2. 签订合同时，业主周先生支付半个月的租金 1 650 元作为佣金给经纪公司。

经纪公司收到上述费用后，分别开具佣金发票给张小姐和周先生。周先生开具押金的收款收据给张小姐，在合同期结束时，押金由业主周先生退回给张小姐。

七、协助租赁双方结清物业、水电等费用，并交付房屋

1. 任莹列出一份详细的家私清单，注明具体情况，请租赁双方签字确认。

2. 任莹与张小姐、周先生一同到出租房屋现场对房屋内的物品进行试用，并对水电表数进行登记，经双方确认签字，并写入《房屋租赁合同》。

3. 交钥匙给张小姐。如果周先生的房屋在合同约定的交房时间之前有欠费的行为，由他负责支付。在张小姐接收房屋之后所产生的费用由张小姐负责。

八、办理租赁登记

任莹协助双方签订了房屋租赁合同后，将后续工作移交给公司专职人员，由其协助客户办理租赁登记。

知识链接

广州市、北京市、上海市的地方性房屋租赁政策

为加强房屋租赁管理，许多城市都出台了地方性的房屋租赁法规。作为房地产经纪人，必须了解当地的房屋租赁政策，例如出租房屋的要求、房地产中介机构的义务、房屋租赁登

记的流程等。本部分选取了广州、北京、上海三个主要城市最新的地方性房屋租赁政策，供同学们参考，其他城市的政策请自行查阅。

一、广州市地方性房屋租赁政策——《广州市房屋租赁管理规定》

1. 关于出租房屋的要求

具有下列情形之一的房屋，不得出租：

（1）未取得房地产权证书或无其他合法权属证明的；

（2）权属有争议的；

（3）司法机关或行政机关依法裁定、决定查封或者以其他形式限制房地产权利的；

（4）共有的房屋，未经其他共有人书面同意的；

（5）属于违法建设的；

（6）属于危险房屋的；

（7）不符合消防安全标准的；

（8）已发布房屋拆迁公告的；

（9）其他法律、法规、规章禁止的。

2. 关于房屋租赁登记

（1）房屋租赁双方当事人应当自签订、变更合同之日起 3 日内，到房屋所在地的街道、镇出租屋管理服务中心办理房屋租赁登记备案手续。

（2）房屋租赁双方当事人终止房屋租赁合同的，应当自房屋租赁合同解除、终止之日起 3 日内，书面告知房屋所在地的街道、镇出租屋管理服务中心，办理注销登记备案手续。

3. 关于房地产中介服务机构和人员的要求

房地产中介服务机构提供租赁经纪服务的，应当告知房屋租赁当事人办理房屋租赁登记备案手续，并每半个月将通过本机构中介服务签订房屋租赁合同的双方当事人姓名、房屋所在地的具体情况告知市房地产租赁管理所。逾期不报送的，处以 1 万元罚款。

二、北京市地方性房屋租赁政策——《北京市房屋租赁管理若干规定》

1. 关于出租房屋的要求

（1）禁止将违法建筑和其他依法不得出租的房屋出租。

（2）不得将厨房、卫生间、阳台、地下储藏室等作为卧室出租供人员居住。

2. 关于房屋租赁合同登记

（1）出租人应当自订立房屋租赁合同之日起 7 日内，到房屋所在地的基层管理服务站办理房屋出租登记手续。

（2）房屋租赁合同变更或者终止的，出租人应当自合同变更或者终止之日起 5 日内，到房屋所在地的基层管理服务站办理登记变更、注销手续。

3. 关于房地产中介服务机构和人员的要求

（1）房地产经纪机构从事房屋租赁居间活动，应当书面告知租赁当事人到房屋所在地基层管理服务站办理房屋出租登记手续；提供房屋租赁经纪委托代理业务的，房地产经纪机构应当按照房屋租赁登记的要求，办理房屋出租登记、变更、注销手续，或者按照市建设（房屋）行政管理部门的规定通过房屋租赁合同网上备案系统填报相关信息。否则，处 200 元以上 500 元以下罚款。

(2) 从事房屋租赁经纪业务的机构应当依法成立，取得营业执照，符合国家和本市规定的条件，并应当自成立之日起 30 日内，将机构和从业人员的基本情况等信息报送所在区、县建设（房屋）行政管理部门。

(3) 从事房屋租赁经纪活动的人员，应当取得相应的房地产经纪资格证书。未取得房地产经纪资格证书的人员，不得从事房屋租赁经纪活动。房地产经纪机构使用未取得房地产经纪资格证书的人员从事房屋租赁经纪活动的，处 1 万元以上 3 万元以下罚款。

三、上海市地方性房屋租赁政策——《上海市居住房屋租赁管理办法》

1. 关于出租房屋的要求

(1) 出租房屋的结构及附属设施应当安全、牢固，具备供水、供电等必要的生活条件。

(2) 违法建筑、危险房屋、改变用途的房屋，以及不符合安全、防灾等工程建设强制性标准的房屋等，不得用于出租。

(3) 出租居住房屋，应当以一间原始设计为居住空间的房间为最小出租单位，不得分隔搭建后出租，不得按照床位出租。

(4) 出租居住房屋，居住使用人的人均居住面积不得低于 5 平方米。

2. 关于居住房屋租赁合同登记备案

(1) 租赁当事人应当在租赁合同订立后 30 日内，到租赁房屋所在地的社区事务受理服务中心办理合同登记备案。

(2) 通过房地产经纪机构订立租赁合同的，登记备案由房地产经纪机构代为办理。否则，由区、县房屋行政管理部门责令限期改正；逾期不改正的，处以 3 000 元以上 3 万元以下罚款。

3. 关于房地产中介服务机构和人员的要求

(1) 代办租赁合同登记备案是房地产经纪机构的一项法定义务。

(2) 对于不符合本规章规定的居住房屋租赁业务，不得提供经纪服务。

(3) 不得对租赁当事人隐瞒真实的房屋租金等信息以赚取差价。

(4) 房地产经纪机构或者房地产经纪人员承租其居间、代理的居住房屋的，不得收取佣金。

技能训练

1. 学生以小组的形式，对所在城市各区房屋租赁市场近 2 年的租金情况进行调查，对租金的变化情况进行分析，并尝试总结租金变化的原因。各小组将工作成果制成 PPT 在课堂上展示。

2. 在教师的指导下，三名学生为一个小组，分别扮演经纪人、委托人和承租人，模拟办理房屋租赁业务的全过程，必须包括接待客户、带客看房、洽谈租金、签订合同等环节。

3. 分组模拟代办房屋租赁登记手续的全过程。

4. 搜集 1～2 起近年来发生的房屋租赁纠纷案件，进行小组讨论。

思考与练习

1. 房地产租赁业务包括哪些环节？
2. 租赁业务中审查项目有哪些？
3. 房地产经纪人员核实委托出租房屋时应注意哪些方面？
4. 房地产经纪人员带客看房需注意什么？
5. 办理房屋租赁登记需提交哪些资料？

任务 2　房地产转让居间的客户接待与洽谈

学习目标

会收集和发布房源信息，会规范接待客户，会进行房源、客源配对，会带领客户实地看房，会撮合交易，会指引签订三方合同。

任务引入

某日，任莹通过电话联系到一位业主郑先生，他正好有一套房想出售，于是，任莹邀请他来公司放盘并办理了相关手续。收进新的房源后，任莹要在第一时间把房源信息发布出去，然后寻找买家，力争早日促成交易。

任务分析

本案例为典型的房地产转让居间案例，即我们通常所说的二手房买卖居间业务。二手房买卖的核心是先要有房，所以高性价比的房源是经纪公司竞争的关键。寻找好房源是置业顾问日常工作的一个重要组成部分。有房源之后还要找客源，若能将房源和客源很好地配对，就具备了成交的基本条件，也只有在买卖双方的要求比较一致的基础上，才有可能出现后面的带领客户看房和洽谈工作。

相关知识

一、业主放盘

1. 获得业主放盘的途径

获得业主放盘是中介十分重要的工作，是后续工作的基础。大型房地产中介公司和小型房地产中介公司的最大区别就是房源量的多少。中介掌握房源的多少和可能成交的业务数量在一定程度上是成正比的。下面介绍几种目前比较有效、使用较多的获得业主放盘的途径。

（1）走盘

走盘就是对中介门店区域内房地产状况进行走访、调查，了解各个楼盘的内部设施、户型、楼栋分布以及周边的配套设施等。在走盘的过程中，通过收集业主和房源的信息，进而联系业主，获得房源。

（2）电话或者信息

通过其他途径获得小区业主的电话之后，给业主打电话或者发送信息，询问是否有放盘的意向。

（3）业主上门

业主通过公司广告或者朋友介绍等其他途径上门或者打电话来放盘。

（4）老客户介绍

这种方式是通过中介人员的优质服务而获得的。一次优质的服务可能会带来更多的机会。所以，服务的过程也是争取机会的过程。

（5）网络寻盘

现在网络上的资源极其丰富，中介要充分利用网络资源。中介可以通过在网络上浏览相关楼盘业主本人或者其他中介放盘的资料，从而争取业主把房源委托给自己出租或者转让。

2. 业主放盘的流程

（1）业主出示有关证明文件，如房产证、业主证或者复印件等。业主放盘的时候无法提供证明的，可以在和业主去看房时让业主提供，但在签订合同之前一定要提供证明并验核。另外，通过城市房屋管理部门的网站查询房源信息的真实性是一种快速有效的方式。

（2）根据房产证内容填写业主的物业资料。在业主没有提供相关证件之前，可以根据业主提供的资料填写，待业主提供资料并现场查看物业后再进一步核实。

（3）向业主介绍本分行的基本情况及二手房交易的业务流程。

（4）业主填写一份放盘登记表（俗称“落盘纸”），签名确认后，房地产中介人员将委托申请书交给经纪公司。

（5）说服业主留下房屋钥匙方便客人看房，并签订收据（俗称“放钥匙条”），盖上公章后交给业主。说服业主“放钥匙条”是房地产经纪人员十分重要的一项工作，为后续带客看房带来很大的便利，但是又不是很容易（业主一般希望可以选择多家中介公司）。在说服的过程中一般可以采取以下一些策略。

案例1

“先生，您放心，我们公司对钥匙的管理非常规范。我收了您的钥匙，会给您开具一张‘放钥匙条’，对您的财物我们会妥善保管的。如果有什么物品在此期间丢失，我们会负责任的。”

“先生，您把钥匙放在这里，主要是我们想尽快帮您把房屋出售，拖得时间长了，您也不方便。”

“先生，您把钥匙放在这里主要也是为了不打搅您。不然我们带客看房还要麻烦您来开门，给您添麻烦。我们过两个小时就有个客户要来看房的，您的房子就很符合他的要求。”

“先生，您就把钥匙放在我们这里吧，您要相信我们的实力，我们客源很多，可以尽快按照您说的那个价格转让出去。您如果不相信，就先放一个星期，一个星期您的房子肯定有人会买的。”

放钥匙条

××××公司　　　　收　据

总部：　市　区　路　号　　电话：　　传真：

收匙分行：＿＿＿＿＿＿＿＿联系电话：＿＿＿＿＿＿＿＿

收匙日期：201＿＿年＿月＿日

兹收到　　　先生/小姐，交来　区　　　单位钥匙　条。

物业资料：面积　　　平方米，间隔　　　，联系电话　　　，

价格：□售：售价（　币）　　元；□租：租金（　币）　　元。

室内配套：（□电话　□空调　□家电齐　□部分家电　□吉屋　□其他）

备注：

此据！

业主确认：

交匙人：（□外借　　□不外借）

××××公司

经手人：＿＿＿＿＿

（6）业主与房地产中介人员进行出售条件协商。在这个环节里，作为中介人员，可以为业主放盘提供一些建议，但是千万不要直接武断地否决业主的想法。

案例 2

“先生，您的这个价格可能稍微高了一些，一万三了。虽然您的房子挺好的，但是你们这个小区的房屋目前的价格普遍还只有一万二。降一点点可能会好卖很多的。”

“先生，您的这个价格就太便宜了哦，即使您急着用钱。您确定要以这个价格出售吗？其实再增加 10 万元，也会很快卖掉的，目前这个价格会让很多人抢破头啊。”

“先生，您如果要求一定要一次性付款的话，您这个价格可能高了一些。还有没有谈的空间？”

“先生，如果我们按照您的要求卖出房屋后，您可不可以支付一半的佣金，买家付另外一半？”

（7）房地产中介人员与业主就经纪方式、佣金标准、服务标准、拟采用的合同类型及文本等关键事项进行协商，达成委托意向。

（8）房地产中介人员到现场勘查物业，核实并确保待售物业产权的真实性、合法性和有效性。查勘物业的过程也是房地产经纪人员详尽了解物业的过程。尽量深入、细致地记录物业的装修、设备、家具、电器等情况，为后续推介房源做好扎实的基础。

（9）房地产中介人员将待转让的房屋及其业主个人资料输入数据库。

二、买方询盘

1. 发布房源

房源发布的方式主要有：

（1）网络

网络是目前使用率很高的一种发布房源的方式，较大的中介公司都会开设自己的网站。网络的优势是成本低，见效快，范围广。不用去找客户，等着客户来找你。网络优势明显，但是也有不足。一是网络资源太多、信息鱼目混珠，影响了中介的信誉；二是竞争激烈，如何从大量的信息中脱颖而出，是对信息发布者的一个重要考验。所以构思一个好的标题就很重要了。一般来讲，撰写一个好的房源标题至少要满足以下几个要求：

1）面积、价格不可或缺。低廉的价格最容易吸引眼球。

2）优点（一个或几个）要明显。顾客会和同小区或者附近的楼盘房源比较，要具有比较优势。

3）易懂、简洁、最好押韵，有新意。

案例3

“温馨两居，70平，70万”——价格优势吸引

“稀缺房源，地铁上盖，90平，电梯房，125万”——交通优势

“郊区大盘，环境优美，100平，90万，一次到位”——环境优势

“广州价格低洼区房源，50平，45万，真实房源”——投资潜力优势

“总价很低的名校学区房，真正稀缺，40平，80万”——学位优势

“3楼南向，最好的楼层，最好的朝向楼梯房，使用率高达90%，70平方米，80万，超值!!”——朝向楼层优势

（2）报纸

在城市当地发行量较大的报纸发布房源信息。这种方式覆盖面也比较广，针对城市的潜在客户，但是一般信息传播的效率不高，而且成本较高。一般为较大型的中介公司使用，大型公司在发布房源的同时，也可以起到提升公司影响力和形象的作用。

（3）给潜在客户电话

在公司的内部数据系统中查找曾经在公司买房或者来咨询过买房的顾客，通过电话询问近期是否有买房的意向。

（4）群发信息

给公司有联系方式的潜在客户发送信息，告知房源信息。这种方式比较便捷，但是也需

要一定的成本。

2. 客户电话询盘

（1）客户通过网络查看到房源信息，或者直接打电话来门店咨询房源信息。

（2）房地产中介人员接电话，第一时间记下客户的电话。

（3）详细了解客户对房屋面积、朝向、户型、总价等方面的要求，在自己的工作本上做好详细记录，并约好时间来公司面谈。

（4）向客户推介自己手上的房源或者比较熟悉的与客户要求接近的房源。如果没有合适的房源，就将客户的要求输入公司的数据系统进行查询。

（5）尽可能通过公司的数据库查询到更多的房源，让客户比较、选择。

案例 4

中介："您好，这里是×××地产，有什么可以帮到您？"

客户："您好，我想买套房，在网上看到你贴出的出售房源信息。"

中介："哦，您看中的是哪一套呢？"

客户："是海天花园的一套 90 平方米，9 楼，130 万元的。"

中介："海天花园那一套啊，那一套很好。业主刚刚放盘，超值。"

客户："我想问问，那套房的楼龄有多久了，朝向是朝哪个方向，房产证有没有过五年的？"

中介："房屋楼龄有 8 年了，朝向是东南向，这个朝向在小区是最好的，刚好对着小区里面的花园，不过房产证没有过 5 年的。"

客户："没有过 5 年啊，那交税要不少钱啊！"

中介："不过，这个房屋本身的价钱很便宜的，总的算来也还是很划算的。有些房屋证过了 5 年的，价钱会贵一些，业主放盘的时候也会考虑的。不过您要是要证过了 5 年的，我可以帮您再找找看，我们还有很多的房源。您是要买多大面积的，总价大概多少？"

客户："我就想买个 3 间房的，80～90 平方米，总价在 130 万以内吧。"

中介："您等等，我在系统里面给您查查看……我们这里还有 3 套符合您的要求，不过只有 1 套是证过了 5 年的，但是房子都很不错的。其实刚刚您看到的那个房子很不错的。要不您到我们店里，我带您去看看这几套房子？"

客户："也好，我明天下午去吧，大概 4 点钟左右。"

中介："先生，您贵姓啊？打过来的电话是您的手机号码吗？"

客户："我姓李，这个手机号码就是我本人的。"

中介："好的，李先生，明天您过来的时候记得提前给我一个电话，或者我明天中午给您一个电话确认一下吧。"

3. 客户现场询盘

现场询盘除了接待部分不同以外，其他流程与电话询盘基本相同。但是面谈的时候可以更加近距离地观察顾客的反应，应该更加注重双向交流。

（1）接待客户。

（2）详细了解客户对房屋面积、朝向、户型、总价等方面的要求，在自己的工作本上做好详细记录，并约好时间来公司面谈。

（3）向客户推介自己手上的房源或者比较熟悉的与客户要求接近的房源。如果没有合适的房源，就将客户的要求输入公司的数据系统进行查询。

（4）尽可能通过公司的数据库查询到更多的房源，让客户比较、选择。

案例5

顾客上门，中介出门接待。

中介："先生，您好，您是想放盘还是买房？"

顾客："我想买，看看有没有合适的。"

中介："那您是需要多大面积的呢？"

顾客："两间房，三间房的都可以。"

中介："我们这里有一套小两房的，非常好，68平方米，总价85万元，四楼"（试探客户的具体目标）。

顾客："面积小了一点，还有没有大一些的？"

中介："有！我们有一套三间房的，105平方米，145万元，电梯楼。"

顾客："总价稍微高了一些，有没有100万元左右的"（得到顾客的具体目标是100万元以内的两间房或者三间房）。

三、客源、房源配对

1. 收集海量的房源和客源

客源与房源配对的一个重要前提就是收集海量的房源和客源。一般情况下，房源比客源更加重要，特别是在房地产市场价格上扬的情况下。"没有卖不出去的房子，只有卖不出去的价格"。很多中介人员没有注意到的一条十分重要的顾客心理规律就是：在看房的过程中，顾客逐步降低自己的要求，更改自己定好的目标和条件。所以把握好顾客的这种消费心理，在合适的时机把最合适的房源推荐给客户，会迅速地达成交易。

2. 精准地记录每个房源并输入系统数据

在房源与客源配对的过程中，对房源的了解程度是配对成功与否的基础，也是体现房地产中介人员专业性的地方。从房龄、户型、朝向、小区的规划、附近的市政配套发展规划等都要如数家珍，信手拈来。

3. 详细了解顾客的基本要求，选择性地推介房源

顾客的基本要求通常是能够初步地筛选出合适的房源，减少实地看房的次数。而中介人员也要通过沟通交流更多地了解顾客的信息，有针对性地推介房源。可以通过提问的方式来获知顾客的实际需求。

案例 6

“您是刚刚结婚，那您是要买两间房还是三间房呢?”

“您想换房啊，我们这里三间房和四间房的房源还有不少，您看三间房够不够?”

“您要是想投资的话，我们这里的小户型比较适合您。总价低，出租和增值空间都是很好的。”

4. 客源与房源配对的基本策略

（1）优先考虑户型、总价因素。户型反映了买家的基本居住功能需求，总价包含买家的支付能力，这是购房的两个刚性条件。

（2）先推介差一些的，再推介好的房源。从心理上给客户一个惊喜，使其更加重视和容易接受好房源。

（3）对客户按照急切程度进行分类。对不同急切程度的顾客推介房源要有所区别，心理急切的顾客更加容易“将就”。

（4）注意观察顾客对推介房源的态度。对于顾客犹豫的要加大推介力度；对于顾客直接否决的果断舍弃；对于顾客十分喜欢的要尽快促成下定。

四、带领实地看房

带客看房是经纪业务成交的关键步骤。有两点要特别注意：首先看房的顾客是确定要买房的，只是还没有找到合适的（或者说合意的）；其次是经纪人有机会让顾客找到合适的，除了房子本身的好坏，中介合理的推介分析显得非常重要。带领实地看房一般包括以下步骤。

1. 准备行销的工具

这些工具一般包括名片、工作记录本、客户资料册、笔、计算器、皮尺、简单的美容工具。行销工具中必备的是笔和工作记录本。经纪人员随着经验的增加，应该学会一些基本的技巧和知识。比如，装修材料的识别、房屋尺寸目测、常见的建筑风格、水电气、电信等设备设施。

2. 看房路途中可以为客户介绍周边配套和小区设施

在带客去看房的过程中，很多房地产经纪人员忽略为客户介绍周边配套和小区设施这个环节，其实这个环节非常值得利用。介绍周边的相关配套设施不仅可以有效地推介房源，而且可以和顾客拉近距离，增强相互之间的信任感。

案例 7

“先生，您看，这里交通线路有 5 条，基本可以到市区的各个地方了，交通非常方便。附近的银行也很多，中、农、工、建四大国有银行在这小区周边步行 5 分钟的范围都能找到。小区的旁边还有一个大型的菜市场，菜市场的旁边就是大型超市‘好又多’。这些让您的生活非常便利。小区靠近这边的大马路，有一排的配套商铺，什么理发店、便利店、烟酒

店、餐饮店都有。基本上生活所需，可以全部在附近搞定了。”——介绍周边的配套

“先生，您看小区里面绿化很好的，园林式的设计，像个公园一样。里面还有很多供老人和小孩游乐休闲的设施。您儿子这么可爱，您晚上可以多带他出来散散步，或者周末在小区里面就可以陪他玩玩。您自己在哪里上班啊?”——介绍小区的实施并了解顾客的信息

“您买这个房子是为了您的小孩吧，看他的样子应该快上小学了。小家伙很活泼可爱啊!”——间接了解顾客的购房原因

“您真厉害哦。现在一个人能够买房的真的不多呢，真是年轻有为。您是做什么的啊?上班离这里不远吧?”——随意提问，了解客户的信息

“今天的天气真是热啊。我带您去看的这个房子楼层很好，视野开阔，通风采光非常好。我上次也是热天去看的，感觉风很大，都不用开空调了。”——利用合适的环境条件推介房源

3. 实地看房讲解

实地看房不仅仅要重视带顾客去看，更要重视合理的讲解推介。一般要注意以下几点。

(1) 介绍要详略得当，突出优点

房屋的优点方面尽可能地多介绍一些，房屋的缺点方面可以稍微少介绍一点。

(2) 弱化缺点

房屋总是有些缺陷的，但是房地产中介人员在顾客提出问题的时候不能忽略缺点，甚至否认缺点，这会让顾客产生强烈的不信任感。正确的做法是，把缺点和主要的优点摆在一起，让缺点没有那么明显，使其对房屋价值的影响程度降到最低。

(3) 迎合买家的主要需求点

顾客在购房的过程中，有哪些方面是重点考虑的，要找出这些重点因素，有针对性地推介。

(4) 从买家的视角讲解房源

在推介房源的时候，要顺着买家的思路走，从他（她）的角度看问题。比如，当买家说到客厅面积的时候，你可以为买家想想看客厅的家具如何摆放比较合理，能够充分地利用空间，为买家勾勒一幅美好的图景。

案例 8

“这套房子面积 85 平方米，房屋和大厅的面积配比非常的合适。大厅约 35 平方米，方正宽敞，主卧约 25 平方米，比较好摆放家具；次卧可以放一张床，还可以摆一个小书桌。厨房和卫生间虽然面积不是很大，但是紧凑而不局促。同时这个房子还是朝南向的，采光和通风都非常好。这个朝向的房源一直非常紧缺的。”——从家具摆设介绍房屋空间优点

“我们这个房子主要就是户型十分的方正，利用率很高，虽然房子不是很大，但是使用起来不会有浪费。我们看了这么多房子，这个小区这个户型是最方正的了。”——户型使用性能

“这个房子您刚刚也提出来了，就是内部保养得不好，看起来旧。其实房龄还只有 10 年。这个价格其实很实惠，您想想要是精装修的，起码要贵 10 万元，还不一定能买到。我

想10万元装修，肯定可以装修得很好的。所以您一说，我马上带您来看，这个房子非常值得买的。”——性价比比较

“我知道您想买三间房的，但是这个小区三间房的户型实在是放盘的太少了。您太太坚持要朝南的，我就推荐您买这个了。虽然是两间房，但是房屋保养得非常好，价格也合适，您可以考虑先住着，以后等机会再换一个。”——贴近顾客的主要需求

4. 实地看房后，填写《中介服务协议》并签名确认

在实践中，有些小型中介公司要求带客看房只签一个“看楼纸”，留下顾客的姓名、电话就可以。大型中介公司使用《中介服务协议》，相对要规范、正式。协议格式如下。

中介服务协议

No. ________

甲方：××房地产经纪有限公司

乙方：　　　　　　　　身份证：　　　　　　　　电话：

经甲乙双方友好协商，现甲方为乙方提供物业中介服务，甲方在乙方授权下为乙方在__________物色适当的物业（住宅/写字楼/商铺/厂房）（下称物业）。

一、甲方在本协议签订后为乙方提供以下物业中介服务：

1. 介绍物业的相关资料（以业主提供的资料为限）；

2. 带乙方或其授权代表实地视察物业；

3. 促进乙方或其授权代表与物业的业主达成买卖/租赁协议。

二、在本协议签订后，如乙方或其授权代表成功与业主或其代理人就甲方推荐的下述物业达成买卖/租赁协议的当天，乙方承诺向甲方支付中介代理服务费及咨询费共为成交价的3%/一个月租金。

三、乙方完全知悉并不反对甲方或会同时向物业的业主收取中介服务费及咨询费。

四、甲方资料来源于业主，对资料的准确性，乙方须亲自做实地视察。

五、乙方承诺在本协议签订一年内：

1. 保证不会直接或通过第三人与甲方推荐的下述物业的业主或其代理人联系，以及就上述物业签订买卖/租赁协议。

2. 保证即使甲方推荐的下述物业最后由乙方的亲属、授权人、委托人或代理人购买/租赁，均视为甲方已促成此次交易。如乙方出现上述行为，则仍需负责向甲方支付上述中介代理费及咨询费。

六、本协议自签订之日起生效。

所介绍及视察物业的地址

（1）________________________________

（2）________________________________

（3）________________________________

（4）________________________________

(5) ____

本人就以上__________________物业实地视察完毕，特此确认。

乙方签名确认：________________

甲方：××房地产经纪公司

甲方代表：　　　　　　　　　　　　　　　　　　　乙方：

日期：　　　　　　　　　　　　　　　　　　　　　日期：

五、撮合交易

撮合交易离成功只有一步之遥了，但是也不能掉以轻心。因为买卖双方在心理上还有张最后的底牌，经常会出现撮合不成功，功亏一篑的情况。一般在此环节的基本工作流程如下。

1. 询问买方的个人条件，看是否被限购、意向的付款方式等。

2. 联系业主，告知买家有购买意向，就买家付款的方式与业主初步沟通，并约来门店面谈的时间及需带齐的相关证件。

3. 联系买方，告知业主初步同意卖房，约来店面谈的时间，提醒需要携带的证件和定金。

4. 在约定时间接待买卖双方到门店进行洽谈。洽谈时，先简单介绍买卖双方，增强双方的了解和信任，然后让双方就价格、付款方式、交房过户时间等进行谈判。当出现僵持问题时，经纪人要协调。在僵持问题解决之后，经纪人组织双方签订《承诺书》，买家下定金，卖家收取定金。

在撮合交易的过程，一般可以采取以下策略：

(1) 经纪人要分别给买卖双方做工作，进行劝解，不能让双方赌气；

(2) 岔开话题，缓和气氛，让双方更多了解，增进理解；

(3) 观察哪一方更加急切，从急切的一方下手，让其先稍微让步；

(4) 让其他同事来帮忙，或者送一些水、水果等食物缓解气氛；

(5) 找出僵持的问题，尝试有没有解决的可能。

案例 9

“陈先生，您也知道，目前这个小区的房源比较少，我们也为您争取到了最优惠的价格了，您仔细考虑一下，不能因为几千块钱错失了一套好房子。终究房子还是要自己住得舒服，再说以后升值就不只有这么一点钱了。”

“李小姐啊，陈先生也是很有诚意买您的房子。你们好像都是四川人吧，老乡啊。大家就看在老乡的份上，各让一步啊。”

“大家先吃点水果，喝点水。买房子卖房子，大家不用太着急。大家有缘，尽量成功，万一不能成交，也没有关系。大家也可以做个朋友。”

“陈先生，您一次性付款，自有资金不够的话，能否找亲戚朋友借一些，业主这个价钱还是很便宜的。反正您贷款下来后，就可以很快把钱还给他们了，现在按揭商业贷款最快一个月就可以审批下来了。”

六、签订合同及支付首期款项

1. 签订《承诺书》后，经纪人在承诺书约定的时间内经反复沟通，促使业主与买家达成买卖协议。

2. 经纪人员约买家和业主来公司签订由经纪公司提供的《房屋买卖合同》，该合同为三方合同，一式三份，买卖双方及经纪公司各执一份，买卖双方签名，盖公司公章。

3. 经纪人员与买卖双方到相关房地产交易中心办理递件手续。如果买家或者卖家有多个权利人的，要全部到场，合同要全部权利人签字才能生效。买卖双方要携带的证件及资料有：

（1）买方应提供户口本、身份证、房产证明原件与复印件、首期款、购房缴税发票。

（2）业主应提供身份证原件与复印件、房产证原件与复印件、购房缴税发票原件、卖房缴税发票。

4. 房地产经纪人员告知买卖双方办理过户的基本流程（不同地区的流程会有所不同，要查看当地房地产交易管理中心的相关规定），帮助买卖双方办理相关手续。

5. 签订合同的注意事项

当前各地都有《房屋买卖合同》的范式样本。在签订合同时需要特别注意的方面有：

（1）合同不能随便涂改，有更改必须签名确认。

（2）合同上填写部分不能写错，特别是房号、成交金额、佣金金额、交楼时间等，一定要反复检查。

（3）合同中的重要条款一定要和买卖双方解释清楚，比如房屋交易方式、付款方式、水电费、是否带车位、违约责任等。

七、交易风险防范

1. 房源信息不准确引起的风险

房源信息不准确指的是中介公司或经纪人因为客观条件的限制或主观原因，对房源的相关信息掌握得不全面。常见的是房屋的质量、产权、入市许可等问题，因为二手房是否为非法建筑或已被列入拆迁范围、房屋权属是否有争议、是否已经抵押或涉案被查封、产权共有人的意见等均为影响房屋能否入市交易的重要因素。

防范措施：

（1）利用网络从相关政府部门网站进行查询。这是一种比较快捷有效的方式。

（2）一定要对房源进行实地查验。通过实地查验可以了解房屋的基本结构、设施设备、成新度、是否有严重质量问题等。

（3）制定严格谨慎的房源审核制度，在获得房源的同时要获得相应的房产产权证明。

2. 房屋保管带来的责任风险

在独家代理业务当中，有些业主在将房源委托给中介公司进行销售或租赁时，会将该房源的钥匙交予中介公司保管。经纪人为了带客户看房时的方便，也会主动向业主提出将房屋的钥匙交予公司保管，并承诺确保房源的安全性。经纪公司一旦接受了业主所委托房屋的钥匙，就要对该房屋履行保管责任，该房屋若是发生财产失窃或是被人为损坏等情况，所造成的损失由经纪公司负责赔偿。特别是对于一些装修较为豪华、家具电器较为名贵的物业来说，经纪公司所要承担的风险就更大。

防范措施：

（1）在获得房源时详细登记业主的房屋保养情况，屋内设施电器等物件。

（2）严格管理钥匙，拿放登记。

（3）带客看房注意提醒顾客不要损坏屋内的设施设备，在试用相关设备时一定要小心谨慎。

3. 经纪人承诺不当带来的风险

承诺不当是指经纪公司在提供服务时为了促成交易，向客户作出一些属于居间服务范围之外的承诺。比如，有些经纪人在与客户交往时为迁就客户，随意作出一些承诺，或在协议中写下某些难以兑现的条款，这些承诺可能会增加公司不必要的工作量或成本支出，一旦中介公司无法兑现承诺时，会引起客户的不满或投诉，令中介公司陷入被动的境地，甚至引起法律上的纠纷，造成不必要的经济损失，也会给经纪公司的形象带来一定的损害。

防范措施：

（1）细化工作细则，规范经纪人员的工作内容。

（2）建立请示制度，对某些范围之外的服务承诺必须要先请示上级领导。

（3）加强培训，强化经纪人员的专业素质。

案例10

经纪公司因承诺“自找麻烦”

客户方先生委托经纪公司出租房屋，提出需要公司门店提供代收租金的服务。该门店从未开展过此类的延伸服务，本打算拒绝，但方先生说他生意很忙，经常出差，自己无法收取租金，如果门店无法提供代收租金的服务他就撤回委托。门店为了促成交易，答应了方先生的要求，并在委托协议上注明“代收租金”。此后，门店每个月都多了一项代收租金的工作，并且不时因为承租人或者出租人的原因无法顺利收取租金，经常陷入租赁双方合同履行的争议中，造成了不必要的时间和精力的浪费。

4. 交易资金监管不当引起的风险

交易资金的安全是二手房交易的核心问题。房地产交易必须由买卖双方在签订房屋买卖合同、按要求交付房款后，才能到房地产登记部门办理产权登记、审核、过户等手续。在交付房款至房屋过户完毕这个过程中就形成了时间差，极容易导致合同欺诈行为的发生。为保障交易安全，房地产经纪人员通常会接受买卖双方的某些委托代管款项，如定金、房款、交易费用等，在合同条件成立的情况下依合同约定代为支付上述款项。一旦监管不当就会给买卖双方造成损失，同时也会给经纪公司带来损失。

防范措施：

（1）建立规范财务制度，集中收支保管相关资金。

（2）严格公司管理，收支资金必须两人以上，相互监督。

（3）把现金与票据管理严密结合，分开管理，票钱必须对应。

案例11

房款监管不当引起的纠纷

某经纪门店促成了一单房屋交易，买卖合同约定，首期款项于合同成立时由买方交给经纪公司，等卖方解除房屋上设定的抵押时由经纪公司直接转付给卖方。卖方按照约定，在很短的时间内解除了房屋上设定的抵押并向经纪公司发出了付款通知，但买方要求门店暂缓付款，待他收到银行贷款的批准通知书后再付。门店就买方这一要求征求卖方意见，卖方口头同意但未作书面确认，门店按照买方的意思暂时扣下了首款。但当银行贷款通知书出来时，卖方却以买方没有按时支付首期款要求买方承担违约责任。门店的大意和过失造成了买方的违约，最终要为买方的损失承担法律责任。

5. 经纪人或中介公司职业道德风险

部分经纪人为了个人的利益，置经纪公司的利益于不顾，做出损害公司利益和形象的行为，如欺瞒客户、霸王条款、私自收取客户房款后逃跑、为了个人的利益将房源或客户资料外泄、利用公司的房源与客户资源私下促成交易为自己赚取佣金、私自抬高房源的售价赚取“差价”等。在一些财务监管制度不够完善的公司，经纪人的“可乘之机”更多，风险发生的机会也就更大。

防范措施：

（1）严厉打击，决不姑息。

（2）建立抽查举报制度，对成交的买卖双方进行电话回访调查，同时为客户提供举报途径和奖励。

（3）完善公司内部管理制度。

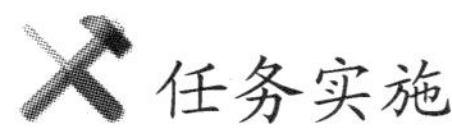

任务实施

一、业主放盘

任莹按照王松的指导去门店周边的十多个楼盘实地查看，把楼盘周边配套和小区的设施详细地记录下来，并熟记于心。同时和周边楼盘的保安大哥熟络，方便以后带客看房。在查看的过程中，任莹从保安大哥那里还获得了不少的信息，了解到哪个楼盘现在出租的比较多，哪个楼盘自住的比较多，哪个楼盘的入住率比较高等。通过这些信息，任莹就更加容易寻找房源了。

经过一个星期的走盘，任莹终于熟悉了周边的楼盘分布和市政等配套设施。就开始按照王松给的客户名单，给可能放盘的业主打电话。在经过了一天的努力，打了将近200个电话之后，任莹终于有了收获，业主郑先生打算放盘。

以下是任莹和郑先生的对话。

“您好，请问您是郑先生吗?”

“您好，我是，请问您是哪位?”

“郑先生，您好，我是金荣地产的任小姐。不好意思，打搅您了。最近行情不错，您在保利花园的房子有没有意向放盘呢?”

“嗯。现在什么价位?”

“保利花园目前的均价在一万八。具体要看看您的房子，如果保养好，装修好，价格还可以高一些。”

“哦。也行，那就先放出去试试看。”

“好的。那您的房子房号是多少，有没有时间让我们看看呢? 我们到时候也好给您建议一个具体的放盘价格。”

“时间啊，明天下午我有时间。下午3：00，我在家里等你吧。”

“好的，没有问题。那我们明天下午三点准时过去。到时候麻烦您把房产证给我们也看看。”

“好。”

“谢谢您。那我们明天下午三点见。谢谢。”

第二天下午快到三点时，任莹给郑先生打了一个电话，确认郑先生在家及具体地址。任莹就在王松的带领下去郑先生家里现场查看。

到了郑先生家里之后，任莹和王松先看了郑先生拿出来的房产证和身份证。然后王松让任莹对房屋里面的装修、设施设备进行登记，并拍照。

房屋的基本情况为三房二厅一卫二阳台，建筑面积98平方米，朝向东南，电梯楼第15楼，精装修，9成新，产权证过5年，非唯一住房，4台空调，一台海尔冰箱，一个美的微波炉，整体式厨房，客厅有一套白色布艺沙发，一个白色玻璃茶几，一台平面TCL电视，餐厅餐桌一套（一桌4凳），3间卧室各有一张床，主卧和次卧各有一张写字台。卫生间喷洒淋浴，一台电热水器，坐式马桶。

王松向郑先生介绍了公司办理二手买卖业务的基本流程和收取佣金的标准。介绍完后，王松让任莹把随身携带的放盘登记表填写后，请郑先生签字，留下电话。鉴于目前房屋为空置状态，王松希望郑先生可以留下钥匙。

“郑先生，您看是否把钥匙放在我们公司?”

“钥匙还是不用吧。我这里虽然没有人住，但是还有不少的电器。”

“这个安全您放心，我们经常带人来看房，让您的房子更加安全。当然，我们看房的过程中，一定会保管好您的财物的。您看，我们现在都进行了详细的登记，如果真的有损坏，我们会给您赔偿的”。

“这样啊……”

“其实，另一方面我们也是想减少您的麻烦，要不然每次看房都要您亲自来开门，怕您不方便。您的钥匙放在我们这里，我们大家都比较方便是不是?”

“呵呵。我确实也是比较忙。这样吧，我就把钥匙放在你们公司，但是你们一定要保管好我的东西。”

“那是必须的。我们会给您一张放钥匙条，对于钥匙，我们公司会严格保管的。要不然，您和我们一起到公司去，很近的，走路也就是 10 分钟。顺便把您的放盘价定下来。”

“好的。”

三人回到公司，任莹给郑先生开具了房钥匙条，复印了产权证明文件。然后王松就和郑先生确定最终的放盘价。

“我这个房子你们也看了，我打算放 200 万元。看有没有人买吧。”

“郑先生，您急不急着卖呢?”

“不是很急，有人买，就卖了。”

“郑先生，其实是这样的。目前这个小区的价格在一万八，您的房子在小区靠里面一些的位置，离外面的主干路比较远，又是朝南的，楼层也比较好，整体上来说，还是很难得的一套房子。一般来说，比平均价肯定要高些，但是您这个价格还是稍微多了一些。从今年年初到 8 月份，这个小区的价格基本比较平稳了。原来是因为地铁没有通，现在已经通了，价格就不会上涨太多了。所以，按照我们这边成交的情况来看，您的房子我们建议您放 180 万元。”

“180 万元？比我预期的少了很多哦。之前有中介给我电话说可以卖到 200 万元。”

“郑先生，负责任的说，我们金荣虽然规模不是很大，但是我们就是想以信誉起家。有些中介给您说的，这是个虚价。您去真的放盘的时候，就不一定能够到这个价钱了。再说，叫价和成交价还是有很大区别嘛。成交了，才是真实的价格。”

“那这样吧，先放 190 万元。有合意的买家再说吧。”

“那好，我们先给您放这个价格。您放心我们也一定会为您争取到最好的价钱。”

在郑先生确定放盘价格后，王松和任莹送郑先生出公司。

然后，王松让任莹把郑先生的房屋资料整理一下，通过国土局网站查询了房源的真实性，再把资料尽快输入到公司的系统。

二、买方询盘

在任莹把房源资料输入到公司数据系统之后，王松让任莹第一时间把郑先生的房源发布出去。王松给了任莹一份公司潜在客户的名单和联系方式。

任莹首先在网络上通过自己注册的账号发布了一条信息，标题为：保利花园，优质学位，装修保养好的稀缺三房。后面附有房源面积、户型、价格、照片等信息。

接下来任莹又给近期来公司咨询过的买方客户打电话，告知最新的房源信息；给曾经来公司买卖过房屋的客户发送了房源的放盘信息。之后，任莹收到了一个顾客的回电，顾客是一位姓岳的女士，她是通过信息获得的消息。岳女士想买一套三房、带学位的房子，而且这个房子离她上班的地方比较近，恰好符合她的要求。

“您好，是金荣房地产公司吗，我看到你们刚刚给我发的信息，在保利花园有一套三房的房子，是不是啊?”

“是啊，我们刚刚收到的房源。请问您贵姓?”

“我姓岳。”

“岳小姐，您好。我是金荣地产公司的置业顾问任莹，您可以称我小任。”

“小任啊，你给我说说这个房子的基本情况吧。”

“房屋的基本情况为三房二厅一卫两阳台，98 平方米，朝向东南，电梯楼第 15 楼，精装修，9 成新，保养得挺好的。另外房间里面还有一些电器，如果您要买的话，业主应该会随房赠送一些。目前价钱是 190 万元。”

“190 万元，这个价钱有点贵啊。据我了解，这个区域没有这么贵吧。”

“岳小姐，价钱方面可以等您看好了房子以后跟业主再谈谈。不过，这个房子我刚刚也和您说了，朝向好，楼层好，位置好，又有学位，保养也好，所以比平均价钱是要稍微高一些。”

“保利花园的房子我还是知道的，均价也就一万八左右吧。你这个都快两万了。”

“价格方面，业主应该还可以再谈谈。不过这个房源确实比较难得，这个小区因为去年通了地铁，转让的不多。房源比较稀缺，这类户型更是少。您也知道，买房子关键还是要房子好，是不是？房子好，住得好，就不是一两万块钱的事情了。”

“你说的这么好。我先去看看吧。这个小区我比较喜欢，离我上班的地方比较近，你们还有没有这个小区的其他房源，带我一起去看看。”

“那您总价大概预算多少?”

“200 万元左右吧，三房、四房都可以。”

“好的。您来店里，我带您全部看一下。您明天来吗?”

“明天不行，有个会要开。后天下午有时间，我过去吧。下午 4：00 直接到保利花园大门口等吧。”

“您知道怎么过来吧?”

“知道，我上班经过那个小区，还去看过一次房。”

“那就好。到时候见。谢谢。”

“好，再见。”

三、客源、房源配对

在了解了岳小姐的要求之后，任莹从公司的系统里面进行了筛查，又找到了两套比较适合岳小姐要求的房源。房源基本情况如下。

房源 1：四房两厅两卫两阳台，120 平方米，总价 210 万元，精装修，9 成新，朝西北，20 层，5 台空调，整体式橱柜。目前空置。

房源 2：两房两厅一卫一阳台，90 平方米，总价 170 万元，精装修，8.5 成新，朝东南，25 层，3 台空调，整体式橱柜。有人租住，但可以随时搬出。

四、带领实地看房

两天后的下午 3：00，任莹先给岳小姐打了一个电话，询问岳小姐是否今天会按时到，得到肯定答复之后，任莹在 3：45 分去保利花园大门口等岳小姐。一会儿，岳小姐就到了。

“岳小姐，您好。您真准时啊，刚好快四点了。”

“您好。怕塞车，所以提前了一点点。”

“那好，岳小姐，现在我带您去看房子吧。”

任莹带领岳小姐往小区里面走。边走边和岳小姐交谈。

“岳小姐，这个小区的情况您比较熟悉了吧。”

“来过一两次，也不是太熟，不过离单位近，小区看起来也不错。”

“这个小区是 2002 年修建的，目前楼龄普遍 10 年。小区的面积比较大，占地面积有 50 多万平方米，全部是高层电梯楼，有 20 栋。不过小区里面看起来还是蛮宽敞的，道路也比较宽敞。在市区来说，这个楼盘算是比较大的了。”

“这个小区我也是觉得布局还蛮不错，而且绿化比较好。”

“是。这个小区当时规划比较好，所以现在这里的入住率挺高的，主要都是自住的。所以人员不会太混乱。”

“这个小区不是有学位吗，哪个学校?”

“这个小区里面有个幼儿园，旁边有两所小学，一所是区属的公立涛田小学，一所是市属的四中，省一级中学。两所学校离小区都很近，小学就在小区的右边，中学离小区有 4 个公交车站。这个小区有三个出入门，我们刚才走的是正门，左右两边还各有一个东门和西门。您小孩上学也可以从东门或者西门出，那边有小路可以到学校的。”

“这里生活应该还是比较方便的吧。我看在正门口人也挺多，正门口右侧 200 米还有地铁站。”

“是。刚刚建的时候这里还是挺荒凉的，现在，这里也是市区了。正门口对面有好几家银行，工行、建行、中行；小区里面有个小肉菜市场；小区东门出去右拐有个比较大的菜市场，您也看到了小区正门口还有很多的店铺，卖衣服的、天天洗衣、沙县小吃店、7—11 便利店、湘菜馆、粤菜馆挺多。一般来说，生活基本可以在小区和周边解决了。要是想去远一点，在门口坐地铁或者公交都可以，公交可以到市区的各个地方了，有 10 条线路。”

“公交我坐的多，比较清楚，还是比较方便。”

“您就在附近上班，以后住在这里，那就很方便了。上下班不用那么辛苦。冒昧问一句，您是做什么工作的? 你们几点钟上班啊。”

“我在软件公司上班，我们 9 点钟上班。”

“高科技的啊，您看起来很有气质的。高级知识分子就是不一样啊。”

“呵呵。年纪大了，就只剩下气质了。”

“那也不是，气质可不是年龄可以堆积出来的。还是要有内涵的。”

“小姑娘还挺会说话的哦。”

“我这也不是什么奉承话，也不是碰到谁都说她气质好的。”

……

聊着聊着他们到了第一套房子那里（房源1：四房两厅两卫两阳台，120平方米，总价210万元，精装修，九成新，朝西北，20层，5台空调，整体式橱柜。目前空置）。任莹首先把房屋的基本情况向岳小姐说了一下儿。

岳小姐一边看，任莹一边在旁边儿进行讲解。

“岳小姐，您看这个房间面积就比较大，也比较适合您。有小孩，以后要是老人来住的话，还可以有一间可以做书房或者客人来住。”

“稍微贵了一些，有点超过我的预算了。房子还行。”

“关键是以后住的舒服嘛。您看这个卫生间，干湿分隔的，业主装修得还是蛮好的，您买了以后都不用再装修了。客厅的面积也挺大的，以后小孩的活动空间也会大一些。这个厨房也是整体式的，厨具都是品牌的。”

“厨房我肯定还是会自己再装修一下，这个颜色我不喜欢，而且看起来已经比较旧了。”

“嗯。那个也行，不用花太多时间，找个做橱柜的，定制一下，很快就能安装好的。您看，这个景观阳台，面积有8平方米了，可以在这里摆个桌子，看看风景。”

“嗯。阳台还不错。不过这个生活阳台就太小了，放了一台洗衣机之后，估计也不能放其他的什么东西了。”

“这个是稍微小了一点儿。不过反正这里也就是洗衣服，其他的也用不着，所以设计的时候就把面积放在其他地方，这样更加实用一些。”

“主卧还行，这个房间就太小了一些，放了床之后，其他的东西就放不下了。”

“这个房间是小了一些，不过您可以考虑作为书房，放一张写字台。这个房间刚好又是正对小区里面的，也比较安静。”

“嗯。整个房子还是可以，就是价钱高了一点。我再看看其他的吧。”

“好。我们现在就去。”

第二个房源就在旁边的一栋楼，任莹前一天联系了住户，就直接前往看房了。第二套房的基本情况是：两房两厅一卫一阳台，90平方米，总价170万，精装修，8.5成新，朝东南，25层，3台空调，整体式橱柜。由于第二套房子里面有人住，岳小姐和任莹进去看了一下以后很快就出来了。

“岳小姐，这套怎么样？面积不大，总价也低了一些。而且还是朝东南的，通风采光都非常的不错。”

“嗯。房子我觉得也还是可以，不过户型不合适。我现在有小孩，虽然是为了小孩的学位换房，但是太小了以后又会比较麻烦。”

“您说的也是。不过，这个房子的性价比还是比较高的。您也可以考虑考虑。”

“行。我们还是先去看看那个三房的吧，我觉得三房可能比较合适。”

很快，任莹带着岳小姐来到了郑先生的房子那里。

“岳小姐，这套房应该是最适合您的了。所以，我第一时间就带您来看房。其实我们也是刚刚才收到的。昨天有个客户看了一下，也觉得挺满意的，说明天想好了给我答复。其实这个户型和朝向的房子在这个小区一直是稀缺的，很好卖。您先看看，这个面积不是很大，但是房间都很方正，面积配比也比较合适。您看这个客厅和餐厅的长方形，又不是狭长的，宽度也挺好的，大概是 4 米左右，长度大概是 10 米。这样您摆放了沙发和电视机以后，中间看起来还是比较宽敞的，很实用。阳台又是东南朝向，这个小区最好的朝向了，正对着小区里面的人工湖，既安静，空气又好。

主卧和两个次卧面积相差不大，不过主卧放下 1.8 米的床还可以放一张写字台的，衣柜是做到墙里面去了的，节约了空间，还是挺宽敞的。整个房屋业主刚刚做了装修，因为本来是要自己住的，后来因为小孩考上公费留学了。所以就懒得搬了，卖了算了。

卫生间和厨房都保持的挺好，因为业主自己没有住，以前就是他家一个亲戚住了一段时间。电器也很齐全，如果您需要的话，业主说电器也可以随房转让的。”

“电器倒是小事，我自己原来也有。少点钱更好。不过空调倒是我自己不用安装了。”

“是啊。这个空调都还蛮新的。不仅仅是省了一些钱，主要是给您省了很多的时间，装空调也挺麻烦的。”

“呵呵，是啊。嗯，这个房子价格有没有少点儿?”

“这个房子情况您看了，心理也有数了。之前您不是也看过一些房子了，我们前面也看了两套，您就知道，其实这个价钱还是比较公道的了。”

“如果价钱少点，我就可以考虑买。”

“只要您对房子满意了，我们公司尽量给您去争取，行不行? 应该还是有一点空间的，但是空间也不会太大了。要不然，我们一起回公司，我给业主先打个电话问问，怎么样? 如果他有时间的话，我们干脆就谈一下。我们也希望能够尽快帮您促成。”

“好。”

……

五、撮合交易

任莹让岳小姐填写《中介服务协议》并签名确认后，就带领岳小姐返回公司。在路上，任莹给业主郑先生打电话，告知有位岳小姐看中了房子，问郑先生是否有时间见个面儿，谈一下。郑先生刚刚好要到房子这边来有点事，就见面直接谈了。王松在任莹回来以后，就告诉任莹，他一会儿带着任莹一起参加洽谈。

郑先生：“不好意思，让你们等久了。”

任莹：“没关系。您也挺快的。郑先生，这位是岳小姐，她对您的房子挺满意的。岳小姐，这位是郑先生，他就是房屋的业主。你们先谈，我去把岳小姐的资料复印一下。”

郑先生：“岳小姐，你好。我的房子挺不错的吧。”

岳小姐：“你好。是，我觉得还比较满意。就是价钱您能否再稍微优惠一点儿?”

郑先生：“价钱啊，其实也挺便宜的了。我前两天听说有个和我一样的房子，195 万元卖了。我 190 万元放在他们这里，我还觉得太低了。”

岳小姐：“这个传言不能相信啊。我还听说下个月房价要开始大跌了，我都犹豫了。说实话，您的房子确实还是比较好，所以我动心了，我还是很有诚意买的。”

郑先生：“岳小姐，我知道你有诚意，其实我也是有诚意卖的。不过价格太低了也不行，我白白损失了。再说，现在物价飞涨，我们这个小区的配套也那么好，以后这个房子肯定会升值的。”

岳小姐：“是。您这个房子应该比您买的时候升值好多吧。您就少赚一点吗。”

郑先生：“那你不能和以前比啊。咱们要按照现在的市场价格来嘛，是不是？”

王松：“二位别忙着说话，先吃点水果。我看二位挺有缘分，刚刚好郑先生也来附近有事，机会难得。岳小姐，您看，您觉得多少钱合适？”

岳小姐：“185 万元。我也不是狮子大开口，少很多。但是一套房子一两百万的，少 5 万块钱应该还是可以的吧？”

郑先生：“5 万？一下子少这么多，还不多啊。呵呵，你也太狠了吧。这个价钱我觉得少太多了，那没有办法了。”

王松：“那郑先生您看您少多少？”

郑先生：“2 万元，188 万元，这是最少的了。”

任莹：“我刚刚给岳小姐复印资料的时候，发现二位老家都是湖南衡阳的，而且你们现在住的小区也是同一个小区，真是太巧了。”

郑先生：“哦，是嘛。岳小姐是衡阳哪里的？”

岳小姐：“衡阳市区的。”

郑先生：“真是巧啊，我也是。不过你的普通话比我讲得好，没有听出你的口音啊。”

岳小姐：“你也讲得挺好的。你现在也是住在武泰园小区吗，我住 C 栋。”

郑先生：“我住 D 栋。还真是呢，在同一个小区，不过以前好像不怎么熟悉哦。”

岳小姐：“天天上班，可能时间也对不上。哈哈，缘分还真是奇怪啊。”

王松：“看来两位今天的交易肯定没有问题了。”

郑先生：“既然大家都是老乡，又住在同一个小区，那就好说了。”

岳小姐：“呵呵，是啊。郑先生，那您就给个实在价格，我们懒得磨时间了。”

郑先生：“可以稍微再少一点儿。不过，你也知道，目前房地产的市场行情，我的房子还是不错的，我确实也不愁卖。但既然大家这么有缘分，以后也是朋友了，就再少一个 1 万块吧。”

岳小姐：“郑大哥，我叫您大哥吧。您也是爽快人，我也不多说了。其实您也知道，我还要缴纳税费和中介费，要不这样，您看我给您 185 万元，其他的税费和中介费等杂费我全出了。您看如何？”

王松：“郑先生，其实这样也可以，其实您其他的费用算起来也差不多要 2 万多块钱的。”

郑先生：“那我先问问我太太吧。”

过了一会儿，郑先生与太太商量好了，以 185 万元成交。

六、合同签订及首期款项支付

经过三方最后确定，岳小姐先给郑先生定金 2 万元，两天后双方到公司携带证件签署合同。定金的收据由经纪公司出具，郑先生签字。

两天后，买卖双方带齐所有证件到公司签署三方合同，并复印相关资料。然后在任莹和王松的带领下，先到税务所缴纳税费，再到房地产交易中心过户。

过户完后，岳小姐支付了郑先生首期款，郑先生签写了收据。岳小姐也支付了中介的一半佣金。

在签署合同的过程中，任莹重点为双方解释了合同的几个款项。

1. 双方是自愿平等交易的，违约要承担违约责任。买方违约则定金不再退还，还要支付中介佣金；卖方违约要双倍返还定金，并且要支付中介佣金。

2. 交房的日期为岳小姐的按揭贷款同贷书下来后的5个工作日内。

3. 房屋买卖的同时随带部分电器家私，合同后附有清单。

4. 房屋交易的具体款项数字和房号。

5. 在交房前的房屋使用产生的水电费、物业费等由卖方承担并结清，卖方户口在交房后一个月内迁出。

最后，让双方仔细阅读了合同，双方签字，生效。

技能训练

1. 以小组为单位，对老师指定的某个区域的房地产状况进行走盘，绘制房地产分布图，并熟悉该区域的房地产状况，教师对熟悉程度进行考核。

2. 每位同学就自己走盘的区域搜集的房源，写5个房源广告，在网站注册后将房源信息放到网站上。同时学习如何编辑网站上的房源信息。

3. 两人一组，分角色扮演经纪人和业主，模拟业主放盘的整个过程。

4. 两人一组，分角色扮演经纪人和买家，模拟买家询盘的整个过程。

5. 三人一组，分角色扮演经纪人、业主、买家，模拟洽谈至签约的整个过程。

6. 撰写一份房源讲解稿并进行讲解训练。

7. 自己下载一份本地区的房地产交易合同范本，阅读并填写完整。

思考与练习

1. 获得房源的途径有哪些？发布房源的途径有哪些？寻找顾客的途径有哪些？

2. 在三方洽谈时，经纪人员一般可以使用哪些技巧？

3. 查询当地的相关政府网站，写出二手交易买卖双方需要的证件，哪些需要原件？哪些需要复印件？

4. 中介人员在工作中，要注意遵守职业道德，可能陷入的风险有哪些？如何避免？

任务3 房地产转让居间的交易手续办理

学习目标

会引领代办各项交易手续，会正确计算交易税费，会进行佣金结算，会指引办理按揭贷款，会对客户售后服务，有风险防范意识。

任务引入

岳小姐和郑先生签订三方协议达成交易，接下来任莹就要帮助买卖双方完成付款、缴税、过户、物业交验等手续了。

任务分析

在这个任务中，最重要的是按照相关的规定及时帮助买卖双方办理相关的手续，同时做好买卖双方的沟通协调工作。比如在付款的方式上要协调双方达成一致，并签署收据等；在缴税环节要告知双方应缴的税种、税率以及最后由谁来支付；在过户时要告知双方携带哪些证件，基本的流程有哪些；在物业交验的时候，要按照事前签订的三方合同严格执行，如果有异议，中介要协调双方达成一致，保证买卖双方最后能够完整快速地办理完相关的手续。

相关知识

一、交易款项及税费的交付

在买卖双方达成交易，确定了付款的方式，买家在过户后就要支付交易款项以及缴纳各种房地产交易税费。

1. 付款的方式

目前付款的方式主要有三种，分别是一次性付款、分期付款、按揭贷款。

（1）一次性付款

买家不用贷款，使用自有资金一次性付清所有的款项。对于一次性付款的，在房屋付款过户之后，马上就可以交验房屋。这种付款方式比较简便快捷，但是由于目前房价较高，总价值大，所以一般能够一次性付款的比较少。

（2）分期付款

在业主允许的条件下，买家分期付给业主款项，直至全部支付完毕。分期付款方式实现的前提是买卖双方能够充分的信任，所以多见于关联交易。

（3）按揭付款

在买家支付首期款之后，从银行贷款支付剩余的资金，而后买家再以月供的形式还清银行的贷款。这种付款的方式比较普遍。在买家要办理按揭付款时，经纪人员要注意是否有限贷政策。按揭付款与分期付款的不同，主要在于债权人不同，分期付款的债权人是原业主，按揭贷款的债权人是银行。

在帮助办理买卖双方付款的时候，要从经纪人员专业的角度给买家提供一些付款方式的建议。

案例1

“由于业主不同意按揭，但是房屋确实低于市价不少，您可以考虑先借，然后把房屋抵押给银行来还钱。做一个时间差，这样可以省下不少钱。”

“其实如果您可以公积金贷款的话，比一次性付清好。因为公积金贷款的利率比较低，您完全可以把钱投资到其他的渠道。”

2. 交易款项的流程

（1）经纪人员提前与买卖双方沟通，确定付款的时间、地点、数额。

（2）经纪人员按照双方沟通的数额开具收据，先由经纪人员保管。

（3）买方转账给卖方，卖方确认数额。

（4）经纪人将收据给卖方签字确认后交与买方（如果是贷款的，待银行或者公积金中心出具同贷书后，买家将同贷书给予卖方，卖方把收据给予买方）。

3. 缴纳税费

（1）缴税人的确定

经纪人员在过户前，要先和买卖双方协调好谁缴纳税费。关于谁缴纳税费有以下几种情况。

1）买方全缴。在卖方市场的情况下，通常由买方承担全部的税费。

2）卖方全缴。在买方市场的情况下，通常由卖方承担全部的税费。

3）买卖双方按照规定缴。在市场波动不大的情形下，按照当地的规定，双方各自承担相应的税费缴纳。

不管是在什么情况下，也是有特例的，关键是买卖双方协调。某些时候，业主价格叫价较高的情况下，卖家也会承担部分或者全部的税费。买方考虑的是买房屋和各种税费支出的总额，卖方考虑的是实际得到的总额。

（2）缴税标准

房地产买卖的缴税标准在全国各地有很大的差别，原因是房地产买卖的税费主要属于地方税。税种和税率都有不同，并且经常会随着地方对房地产政策的变化而有所调整。表2—3—1是目前广州地区二手房房地产交易税表，供参考。

表 2—3—1　　广州地区二手房房地产交易税

二手房交易费用计算表（2012 年）

交易主体	费用名称	收费标准	金额	备注
房产信息	现交易合同金额（元）：		现交易双方在房地产交易中心签订的合同金额	
	原房产发票金额（元）：		原卖方购买房产时的发票金额	
	买卖实际成交金额（元）：			
	房产面积（平方米）：			
交易主体	费用名称	收费标准	金额	备注
买方	契税	1.0%		首次购房 90 平方米以下普通住宅
		1.5%		90～144 平方米普通住宅
		3.0%		非普通住宅
	合同印花税	0.05%		
	产权证印花税	每本 5 元		
	房屋所有权登记费	80		
	首次置业证明（首次置业）	40 元		每份 40 元
	交易手续费	平方数＊3 元		
	中介费	0～3.0%		2008 年 2 月，广东省物价局规定“买卖双方合计支付中介佣金不得超 3%”
	查册费	20～120 元		1. 查历史交易记录收费 20 元/宗； 2. 查单纯房屋产权 40 元/宗； 3. 查有抵押的房屋产权 70 元/宗； 4. 查有查封情况的房屋产权 120 元/宗（以上可组合）
	小计			
卖方	个人所得税	0%		5 年（含 5 年）以上家庭唯一生活用房
		1%		
	营业税	0		5 年（含 5 年）的普通住房
		买卖差价＊5.6%		超过 5 年（含 5 年）的非普通住房或者不足 5 年的普通住房
		5.6%		不足 5 年的非普通住房
	交易手续费	平方数＊3 元		
	中介费	0～3.0%		2008 年 2 月，广东省物价局规定“买卖双方合计支付中介佣金不得超 3%”
	补分摊面积费用（房改房）	10.0%		1. 分摊面积交易评估价＊10%（10 层以下的多层建筑）； 2. 分摊面积交易评估价＊20%（10 层以上（含 10 层）的高层建筑）

续表

二手房交易费用计算表（2012 年）				
卖方	土地出让金（房改房）	1.0%		交易评估价格 * 1%（原以成本价购买的，增值部分全部归个人所有；以标准价购买的，增值额的 20%交回原产权单位）
	小计			
合计（元）				

二、按揭

1. 按揭贷款的种类

按揭贷款一般可以分为三类（本质上是两类）。

（1）商业贷款

以所购的房产为抵押物，向商业银行申请贷款。具体贷款的年限和贷款的数额参考各个地区各银行的具体规定（不同的银行、不同的地区贷款的政策不同）。

（2）公积金贷款

在贷款人符合公积金贷款前提下，以所购房屋向当地公积金中心申请贷款。贷款的成数、最高贷款额、贷款的期限等要参考各地区公积金管理中心的相关规定。

（3）组合贷款

组合贷款即商业贷款一部分，公积金贷款一部分。一般使用此种贷款是由于公积金贷款的额度不够。

上述三种按揭贷款，商业贷款申请较快，公积金贷款申请较慢。在具体的操作中，由于公积金贷款业务办理的时间较长，二手房往往选择商业贷款，但是商业贷款比公积金贷款的利率要高。

2. 按揭贷款操作流程

二手楼贷款的流程一般分为以下几个步骤：借款人申请贷款—银行审批—交易过户—办理抵押登记及房产保险—银行放款—借款人按期还款—贷款还清—注销抵押登记。

二手楼贷款程序及费用参考表 2—3—2，以商业贷款为例。

表 2—3—2　　二手房贷款程序及费用

程序	手续	时间（工作日）	费用
1. 贷款及初步评估申请	1. 提交银行所需个人资料 2. 签署按揭合同及相关资料 3. 签署授权委托书 4. 预交按揭费用	1	初步评估费：300 元（如接受贷款则在评估费中扣除） 查案费：100 元（如退案，以上费用不作退还）

续表

程序	手续	时间（工作日）	费用
2. 资料调查、贷款受理及批复	1. 房屋评估 2. 分行调查及审批 3. 银行出具《同意贷款意向书》 4. 办理授权委托书公证 5. 缴齐按揭费用及预缴税费	3～5	评估费：评估价的5‰ 公证费：600元 保险费：（贷款额×1.2×0.1%×贷款年限×折扣） 折扣：1～5年9折，6～10年8折，11～20年7折 代理费：贷款额的1.2%（最低收费2 000元） 印花税：贷款额的0.05%
3. 房屋交易	按揭公司专人到房管局办理	按房管局规定时间	买卖双方约共支付评估价格的1.8%（按房管局规定缴交）
4. 抵押登记及发放贷款		1～2	他项权利登记费

3. 二手楼按揭需要提供的资料

（1）买方

身份证明文件原件、户口本原件、婚姻状况证明文件（结婚证正本或未婚证明）、近半年来的收入证明（如单位证明、存款证明）、现金流水或大额存折，如有第二套物业可以提供作为参考。注意：收入证明的金额必须是月供额的2倍以上。

（2）卖方

业主及配偶身份证原件、户口本、婚姻状况证明文件、房产证原件。我国港澳人士提供回乡证；外籍人士提供护照及公证翻译本；台湾人士提供身份证、护照和台胞证。

4. 按揭费用计算

案例2

陈小姐购买的房屋成交价为200万元，评估价为180万元，客人要求10年商业性按揭贷款，贷款金额为100万元。按揭相关费用如下。

初评费：300元

查案：100元（转按揭200元）

贷款手续费：100万元×1.2%＝12 000元（不低于2 000元）

评估费：180万元×0.5%－300元＝8 700元（不低于1 000元）

他项权利登记费：250元

保险费：100万元×1.2×0.1%×10×0.9＝10 800元

委托公证费：200元

贷款合同印花税：100万元×0.005%＝50元

合同公证费：400 元

5. 按揭月供的计算

按照上题的贷款金额计算。

（1）等额本息法

计算方法：贷款额×每万元的月供额

如，商业性贷款 100 万元，10 年（查万元月供表，参考 2012 年 7 月 6 日商业贷款基准利率，年利率 6.55%，月供额为 113.802 5 元）

每月还款额：100×113.802 5＝11 380.25 元

（2）等额本金法

计算方法：每月本金＝贷款额/期数

第一个月的月供＝每月本金＋贷款额×利率

第二个月的月供＝每月本金＋（贷款额－已还本金）×利率

如：商业性贷款 100 万元，10 年，年利率为 6.55%，月利率＝年利率/12＝0.545 8%。

每月本金：100 万元/120＝8 333 元

第一个月的月供＝8 333＋1 000 000×6.55%/12＝13 791.33 元

第二个月的月供＝8 333＋（1 000 000－8 333）×6.55%/12＝13 745.85 元

三、登记手续办理

在过户登记手续办理方面，各个地方的规定有一定的差异，但是大体的流程相同。这里以广州市为例，其他地方可以参考各地的相关规定。

1. 办理过户登记手续的条件

持有房地产证的房屋出售，交易当事人应当签订书面合同，并申报成交价格，到市房地产交易中心申请办理交易过户和登记手续，购房者领取房地产证。

若属抵押（按揭）购房，在办理交易过户同时办理抵押登记，核发《房地产他项权利证》给银行。

2. 二手房办理交易需要提供的资料

（1）广州市房地产证买卖登记申请表

（2）广州市房地产买卖合同

（3）房屋买卖征询意见通知（房屋属共同共有或出租或房改房的）

（4）房地产证（如两人以上共有，提交共有证）

（5）测绘分户图（按申请户数）

（6）买卖双方身份证明

（7）解困房买卖合同（属解困房）

（8）地价评估答复书（未办土地有偿出让手续的房地产）

出售或购房一方属单位者，还须提供以下资料：

（1）营业执照复印件

（2）法定代表人授权委托书

（3）法定代表人和代理人身份证明

（4）有关部门同意出售或购买的证明

属抵押（按揭）购房者，还须提供以下资料：

（1）广州市房地产他项权利登记申请表

（2）抵押物价值评估书或双方确定价值协议书

（3）抵押合同和主合同

（4）主管部门或董事会同意抵押的证明

（5）金融机构法人资格证明

（6）金融机构法定代表人授权委托书

（7）金融机构法定代表人和代理人身份证明

3. 网上交易的流程

鉴于目前全国正在主推网上登记，这里以广州市为例介绍网上交易登记的流程。

（1）房源验证

卖方须向经纪公司提供产权登记字号、产权证号码和产权人姓名等进行房源信息匹配校验，校验通过后录入房源的相关信息（如房屋地址、面积、放盘价格等）。

（2）网上放盘

房源校验成功并录入房源放盘信息后，由经纪公司在系统上录入经与卖方共同约定的《房地产中介服务合同》相关条款，经双方确认后，打印合同和放盘资料，并由双方签名。为避免操作失误，经纪公司可先打印合同草稿交给卖方核对，核对无误后再确认打印正式合同。

《房地产中介服务合同》确认打印后，系统会自动将房源的放盘信息公示在“阳光家缘”网站和房地产中介协会网站。

（3）交易签约

经纪公司促成交易后，由经纪公司在系统上录入与买卖双方共同约定的《存量房买卖合同》相关条款，确认并打印合同后由三方当事人签名。为避免操作失误，经纪公司可先打印合同草稿交予买卖双方核对，核对无误后再确认并打印正式的合同。

（4）资金托管

签订《存量房买卖合同》时，买卖双方可根据需要选择是否通过资金托管的方式交割交易资金。如需办理的，应在《存量房买卖合同》中选择“资金托管”和办理的银行，签订《存量房买卖合同》后前往银行办理交易资金托管手续。

（5）转移登记手续

买卖双方持网上打印的《存量房买卖合同》，身份证明、房地产权证等相关材料前往房屋所在地的房地产交易登记部门，办理转移登记手续。

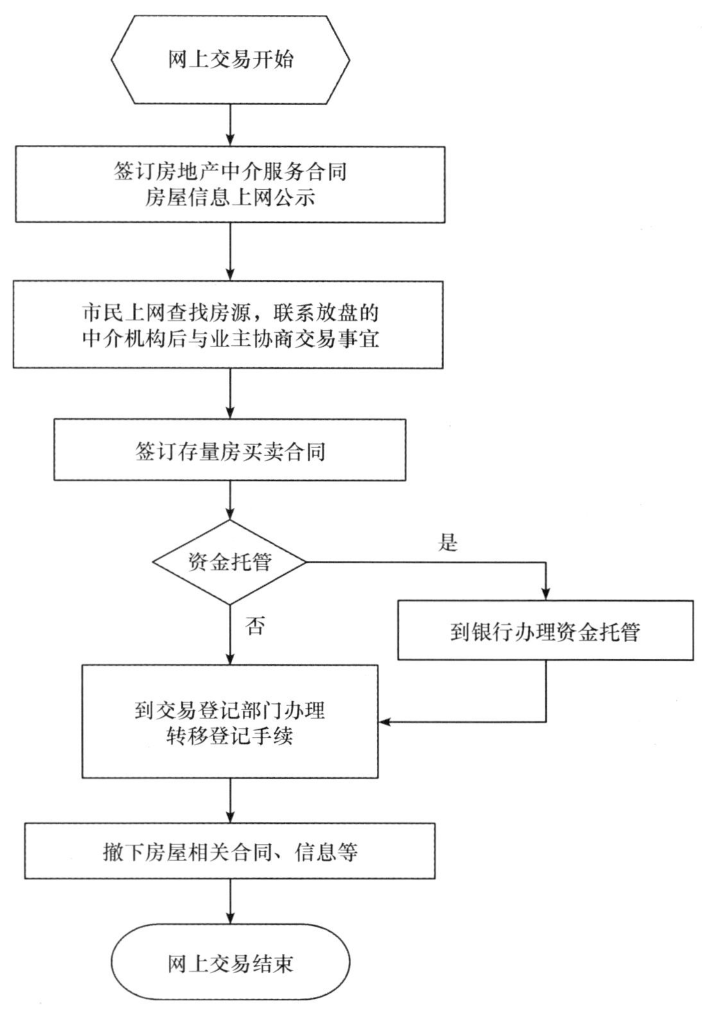

图 2—3—1　房地产经纪促成的房地产网上交易登记办理流程

四、物业交验及后续服务

在交易双方办理过户手续后，经纪人员要帮助买卖双方交验物业及办理水电物业费用等的结清。

1. 向卖方确认交房时间。

2. 通知买方。

3. 交房时，经纪人员协助买方对照三方协议中的物品清单清点房屋内的设施设备。

4. 如果出现清单与物品不符的情况，与卖方沟通，要求与清单一致。

收楼确认书

甲方：________________________________（即【卖方】【出租方】）

乙方：________________________________（即【买方】【承租方】）

见证方：××××经纪有限公司

甲乙双方经友好协商，就位于__________之物业（下称“该物业”）达成交易。现甲乙双方均在场见证下，同意并确认以下内容。

一、电表数：__________度

二、水表数：__________度

三、煤气表数：________度

四、现已检查并同意以该物业之现状收楼，该物业之现状是指：

□不带家私电器、不带租约。

□有家私电器（详见《家私电器清单》），并确认已移交、接收家私用电器清单所列之全部家私电器，且确认全部家私电器均能够正常使用。

□有租约，并确认甲方已将租约的保证金人民币________元移交给乙方，甲方【已】/【未】协助乙方与租户签订新的租约。

五、现确认该物业在________年____月____日前所产生的一切相关费用（包括水费、电费、煤气费、电话费、有线电视费、物业管理费、垃圾费等）及一切相关债权债务（包括产权纠纷、债务、税项、租赁及清还抵押等）均与乙方无关，由甲方支付及清理。自________年____月____日起所产生的有关费用由乙方支付。

六、乙方已确认收到甲方交来该物业的全部钥匙（共____条）。

七、本确认书一式三份，自签订之日起生效，均具有同等法律效力，甲乙双方各执一份，另一份交由见证方持有。

八、备注：____。

甲方：　　　　　　　　乙方：　　　　　　　　见证方：

日期：　　　　　　　　日期：　　　　　　　　日　期：

5. 经纪人员协助卖方向买方提交结清物业费、水电费、电话费等费用的证明资料。如果卖方没有及时结清的，要求卖方及时结清。

6. 房款尚有部分未结清的，督促买方结清余额。

7. 协助买方到小区物业管理处办理维修基金、水、电、煤气和有线电视等的过户手续。

五、交易风险防范

房地产经纪人员要时刻警惕，避免以下常见交易风险的发生。

1. 宏观政策、法律法规的风险

我国房地产经纪业尚处于初级发展阶段，相关的法律法规、行业规范及市场经验都比较缺乏。而房地产行业又是国民经济的重要组成部分，随着市场发展，国家在不断调整、制定新的政策法规，这样，使房地产经纪业在较长时间处于一个不确定的环境中，这就是经纪业面临的政策、法律风险。一般来说，主要的风险有政策前后房屋价格出现变化、税费金额或者征税对象出现变化、房屋交易程序出现变化、房屋权利出现变化等。

2. 房屋被查封、无法赎楼、无法办理按揭等交易风险

如果因客观因素导致交易无法进行时，经纪公司应注意：

（1）看是否能够尽量采取补救措施，使交易继续进行。

（2）若实在无法进行，做好买卖双方的沟通、解释工作，促使双方解除合同，化解纠纷，以便另寻其他交易的机会。

（3）交易时，经纪公司应尽到谨慎审查义务，如及时查档、及时询问并打印卖方还贷清单、买方房产及信用状况，以免承担赔偿责任。

3. 不良客户带来的风险

经纪公司在与客户打交道时，常因不良客户的不当行为而发生风险事件，比如有些客户利用伪造证件诈骗，经纪人如果防范心理不强，或是业务操作不规范，就有可能让他们诈骗成功，从而给公司带来名誉、金钱方面的损失，严重的可能还会牵扯刑事案件。

“跳单”是经纪公司经常遭遇损失的重要原因。所谓“跳单”，是指买卖双方通过经纪的居间服务联系上之后，跳开经纪人和公司，自行成交或委托其他经纪公司代办过户服务，以此逃避佣金或少付佣金。

（1）为防止客户“跳单”，经纪人在带客户看楼前，要求其签订《看房确认书》，承诺不会与业主私下交易。

（2）在发生交易前，经纪公司对房源的产权人身份等进行确认，防止某些业主虚报其物业权属资料；在收受买方订金之前，经纪人对该房源的产权证、产权人身份证或其合法代理人身份证等进行确认，以辨别真伪。

（3）经纪人经常要带客户去看楼，有些不法分子假扮成要看楼的“客户”，然后在看楼过程中，伺机抢夺经纪人的财物等，甚至危及经纪人的生命。为防范这种风险，经纪人在带客户看楼之前，应对客户的身份资料进行详细的登记；另外，外出看楼前在门店留下记录及预计返回时间，以方便同事及时发现异常情况；或者两名经纪人员一起带客户去看楼。

4. 违约风险

如买卖或租赁一方违约导致交易无法履行时，若发生诉讼常常会把经纪公司列为第三人，经纪公司应注意：

（1）经纪公司是否也存在违约情形，如是否有逾期放定、逾期赎楼、丢失重要文件资料

等情形，经纪公司的违约是否与一方的违约存在因果关系，如不存在，经纪公司一般不会承担法律责任。

（2）经纪公司应及时发送履约催告函、告知函等文件，并注意保留一方违约或守约的相关证据，以保护履行方，同时也是防范自身风险。

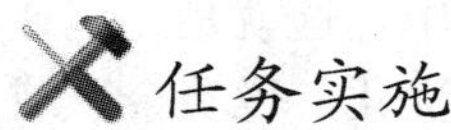

任务实施

一、交易款项及税费的交付

在了解了岳小姐的情况后，经过与郑先生商量，确定了付款的方式。

王松："岳小姐，您是一次性付款还是按揭付款？"

岳小姐："按揭。我可以公积金贷款的，第一套房没有使用公积金贷款。"

王松："哦。那就好啊。公积金贷款还是要省很多的哦。那您计划首付多少钱呢？"

郑先生："公积金贷款现在比较难办啊，时间比较长呢。我还以为你是要商业贷款呢。"

岳小姐："您放心吧，我有个朋友在公积金管理中心，我会让他帮我尽快办理好的。他说争取一个月办下来。先付六成吧。不是规定二套房必须要首付六成吗？"

王松："嗯，好。185 万元，六成就是 111 万元。"

岳小姐："那就首付 115 万元吧，剩下的贷款。"

王松："那好，岳小姐，过户那天您就准备好 115 万元给郑先生。郑先生，您也不要急，岳小姐应该可以很快办下来的。她已经给您 115 万元了，剩下的部分应该也不用担心的。"

郑先生："呵呵，开个玩笑。岳小姐也不是那种不守信用的人，我不担心，只是不想时间拖得太长。"

岳小姐："放心，我也想快点住进来呢。"

王松："莹莹，你给岳小姐计算一下税费吧。公司有表格，你按照表格一项项计算就可以了。"

任莹："好的。"

接下来任莹就给岳小姐计算税费，她开始还是先按照买卖双方各付来计算，然后进行加总。具体计算见表 2—3—3（计税标准参考广州市规定，其他地区要参考当地税费征用的规定）。

表 2—3—3　　二手房交易费用计算表（2012 年）

二手房交易费用计算表（2012 年）				
房产信息	现交易合同金额（元）：	1 850 000	现交易双方在房地产交易中心签订的合同金额	
	原房产发票金额（元）：	750 000	原卖方购买房产时的发票金额	
	买卖实际成交金额（元）：	1 850 000		
	房产面积（平方米）：	98		
交易主体	费用名称	收费标准	金额	备注

续表

二手房交易费用计算表（2012年）				
买方	契税	1.00%	27 750	首次购房90平方米以下普通住宅
		1.50%		90～144平方米普通住宅
		3.00%		非普通住宅
	合同印花税	0.05%	925	
	产权证印花税	每本5元	5	
	房屋所有权登记费	80	80	
	首次置业证明（首次置业）	40元	40	每份40元
	交易手续费	平方数*3元	294	
	中介费	0～3.0%		2008年2月，广东省物价局规定“买卖双方合计支付中介佣金不得超3%”
	查册费	20～120元	40	1. 查历史交易记录收费20元/宗； 2. 查单纯房屋产权40元/宗； 3. 查有抵押的房屋产权70元/宗； 4. 查有查封情况的房屋产权120元/宗（以上可组合）
	小计		29 134	
卖方	个人所得税	0%	0	5年（含5年）以上家庭唯一生活用房
		1%	18 500	总价*1%
	营业税	0	0	5年（含5年）的普通住房
		买卖差价*5.6%		超过5年（含5年）的非普通住房或者不足5年的普通住房
		5.60%	0	不足5年的非普通住房
	交易手续费	平方数*3元	294	
	中介费	0～3.0%		2008年2月，广东省物价局规定“买卖双方合计支付中介佣金不得超3%”
	补分摊面积费用（房改房）	10.00%		1. 分摊面积交易评估价*10%（10层以下的多层建筑）； 2. 分摊面积交易评估价*20%（10层以上（含10层）的高层建筑）
	土地出让金（房改房）	1.00%		1. 交易评估价格*1%（原以成本价购买的，增值部分全部归个人所有； 2. 以标准价购买的，增值额的20%交回原产权单位）
	小计		18 794	
合计（元）			47 928	

二、按揭

任莹首先询问了岳小姐的一些收入情况，然后给岳小姐提供了按揭贷款的建议方案。

岳小姐夫妻月可支配收入为2.5万元，其中包含公积金约5千元，可用于按揭还款的为1万元，收入稳定。夫妻二人之前没有使用过公积金贷款。根据规定，夫妻购买第二套房可以使用公积金贷款，目前（以广州市为例），公积金贷款的夫妻最高额度为80万元。岳小姐需要的贷款为70万元（总价185万元，首付115万元），可以全部使用公积金贷款。根据测算，任莹建议如下：

全部使用公积金贷款；

还款方式为等额本金法，贷款期限为10年，第一个月还款总额为8 458.33元，以后每月递减。

岳小姐在询问任莹等额本息法还款每月为7 966.18元后，决定使用任莹推荐的还款方式。

接下来任莹就给岳小姐联系了熟悉的银行，帮助岳小姐办理贷款业务。

任莹联系买卖双方到岳小姐准备贷款的银行一起提交贷款所需的资料，提交的资料有：买方身份证明文件原件、户口本原件、婚姻状况证明文件（结婚证正本或未婚证明）、近半年来的收入证明（如单位证明、存款证明）、现金流水或大额存折；卖方业主及配偶身份证原件、户口本、婚姻状况证明文件、房产证原件。港澳人士提供回乡证；外籍人士提供护照及公证翻译本；台湾人士提供身份证、护照和台胞证。

提交证件之后，银行帮助岳小姐联系了一家按揭公司，按揭公司收取了5 000元的按揭费（按揭费有部分优惠）。

三、登记手续办理

任莹与买卖双方约好一起到房地产交易中心。任莹告知了买卖双方办理登记手续要进行的流程。基本的流程是：先预约号码——查册——窗口递件办理登记——评估——测量——出新证——拿证。

目前全国多个地区推行的网上签约要参考地方具体的规定。任莹在王松的指导下，按照广州市中介网上交易的指引，完成了相关工作。

四、物业交验及后续服务

在后续的某天，任莹和买卖双方约好一起到交易房屋办理物业交验及后续服务。

任莹和岳小姐一起到了之后就开始清点房中的电器。这时郑先生提出了一个请求，希望把原来的冰箱、沙发、茶几和电视机拿走。

郑先生："岳小姐，不好意思。我想问问你，能不能让我把冰箱、沙发、茶几、电视机拿走。开始我是打算随房转给你算了，现在我太太就想这几样东西还挺新的，我那边家里的又有些旧了。就想看看能否留下。"

岳小姐："这个啊，开始您要早点说就好了，现在我们这钱都付了。任小姐，你看这个事情怎么办?”

任莹:“郑先生啊，按照合同的规定，您的清单上的家电、家私等都要随房屋一起转让的，现在您要留下一部分，不是太符合合同的规定的，而且岳小姐也都付了钱的。”

郑先生:“这个我也知道。主要是开始我太太也没有想到这个问题。”

任莹:“其实也不是完全没有办法，关键还是你们双方沟通好就行，我重新记录一下，双方再签字就可以了。郑先生，您看您可以退部分款吗?或者多缴一段时间的物业管理费?因为您重新去买也还是要花不少钱的。岳小姐，您看是否可以?我想您原来自己有这些家电了，卖给回收电器的也卖不到好价钱。”

郑先生:“我可以。这个房子的物业费是每个月大概150元，我多缴一年吧，行不行?”

岳小姐:“那就这样办吧。”

任莹:“好了。现在还要麻烦两位在清单上签字确认一下。”

……

随后任莹和岳小姐、郑先生一起到物业管理处办理了水电费、物业管理费等费用的清缴。岳小姐办理了新的业主卡。

技能训练

1. 上网查询当地相关税费规定，按照本任务中的格式制作一份最新的房地产交易税费表，并根据老师给出的案例计算应缴纳的税费。

2. 熟悉几种按揭的方式，根据教师给出的客户条件撰写按揭贷款的建议方案。

3. 参观房地产交易中心，熟悉二手房地产交易的流程和办理条件。

4. 学习处理房屋交验和物业管理费、水电费等的结清工作。

思考与练习

1. 房地产经纪人员面临哪些外部风险，应该如何规避或者防范?

2. 在办理房地产过户时，买卖双方需要提供的证件有哪些?办理房屋按揭时，买卖双方需要提供的证件有哪些?

模块三

其他常见房地产经纪业务

以门店经营为主的房地产经纪公司的主要业务为面向个体消费者的房地产居间服务。随着房地产市场的发展和完善，经纪公司有时也会遇到一些特殊的房源，如拍卖房、赠予房等；或是有其他需求的客户，如委托公司代办房屋交易的某个环节等，这些都是经纪公司可以承接的业务。本模块就专门介绍房地产经纪公司除居间业务外其他常见的业务类型。

任务1　房地产拍卖

学习目标

了解房地产拍卖的特征、条件和原则；知晓房地产拍卖的流程；会协助组织房地产拍卖；明确房地产拍卖的注意事项；了解房地产拍卖的风险。

任务引入

江小姐夫妇刚来到广州工作不久，准备买一套小面积房自住。江小姐发现报纸上经常有拍卖房屋的信息，起拍价比正常的二手房价格要低，她有些动心了，跟她先生商量去拍卖行探探情况。她先生有朋友之前因为购买拍卖房作投资出了些状况，认为购买拍卖房有较大的风险，不同意购买拍卖房，但江小姐无法抵制拍卖房低价的诱惑，此后经常浏览报纸和广州市土地房产交易中心在网上发布的有关拍卖房的信息资料。最近，她看中了合适的拍卖房，可是她对拍卖程序却有很多不懂的地方，在朋友的推荐下，她到金荣经纪公司咨询购买拍卖房的事宜。

任务分析

随着购房渠道多样化，现在房产拍卖与普通市民的距离越来越近，参加房地产拍卖会已成为一些市民的购房途径。目前拍卖房来源主要有三种，一种是法院执法查封强行拍卖的房屋；一种是银行抵债的房屋；一种是业主委托拍卖的房屋。前两种来源占了整个拍卖房源的95%以上。由于拍卖房要比市场价格低1～3成（法院委托拍卖房一般在评估时至少可以打到9折，在起拍时还会再次调整价格。如果流拍，还有可能再次降价），因此，越来越多的买家到拍卖市场上淘价廉物美、性价比高的“心水房”。但是，应该注意的是，购买拍卖房具有一定的风险，买客既要具备一双“火眼金睛”，还要有一定的专业知识，这样才能淘到好的房源。

一、房地产拍卖的概念与特征

房地产拍卖是指拍卖公司受银行、司法机关等单位或社会个人的委托，向社会公告房地产出售信息，通过竞拍人竞拍的方式使房地产所有权发生转移。

房地产拍卖中的房地产来源主要有：因仲裁、司法行为需要变卖的财产；因信贷纠纷需要；因社会个人委托。

房地产拍卖的特征有以下几点。

1. 拍卖的最大特点是公开性和竞争性。房地产拍卖是一种公开的竞卖活动，至少有两个以上的买主才能进行。房地产拍卖必须事先将拟拍卖房屋的基本情况、拍卖日期及其他必要的事项通过新闻媒体公告社会，并在规定的时间和地点当众拍卖，拍卖前要由专业机构对拍卖物进行估价，确定最低价。

2. 房地产拍卖是以竞争方式订立合同、转让房地产的一种特殊形式。拍卖活动的目的是拍卖人与竞买人达成交易，拍卖人的最后拍定是合同订立中的承诺，“价高者得”。

3. 房地产拍卖的标的是房屋和土地使用权，国家对土地使用权的出让鼓励采用拍卖方式。

4. 房地产拍卖的专业性、法律性、政策性都很强，并且过程烦琐，操作时必须遵守房地产和拍卖的相关法规。

5. 通过拍卖方式成交的房屋所有权证明票据是拍卖成交确认书，这一点与通过买卖方式成交的房屋所有权证明票据是购房发票有区别。

二、房地产拍卖的条件

1. 房地产拍卖标的应具备的条件

（1）法律、法规禁止买卖、转让的房地产通常情况下不得拍卖：

1）未依法取得房地产产权证书的，包括土地使用权证书、房屋所有权证书和房地产产权证书；

2）共有房地产，未经其他共有人书面同意的；

3）权属有争议，尚在诉讼、仲裁或者行政处理中的；

4）权利人对房地产的处分权受到限制的；

5）以出让方式取得土地使用权，但不符合政府相关转让条件的；

6）司法和行政机关依法裁定，决定查封或者以其他形式限制房地产权利的；

7）国家依法收回土地使用权的；

8）法律、法规、规章规定禁止买卖、转让的其他情形。

（2）以出让或划拨方式取得国有土地使用权进行开发建设，其土地使用权需要拍卖的，应当符合国家法律、法规规定的可转让条件：

1）以出让合同取得的土地应按照出让合同的约定支付全部使用权出让金；

2）土地使用权已经依法登记并取得土地使用权证；

3）对于成片开发地块，需转让地块应已形成工业用地或者其他建设用地条件；

4）规划管理部门已经确定需转让地块的规划使用性质和规划技术参数；

5）出让合同约定的其他条件；

6）以划拨方式取得的土地使用权除符合 2）、3）、4）条外，还需报人民政府主管部门批准，补办出让手续。

（3）以划拨方式取得国有土地使用权的房地产拍卖应当报请有关部门批准，办理土地使用权出让手续，并缴纳土地使用权出让金；可以不办理出让手续的，应当由拍卖行将拍卖标的所得收益中的土地收益上缴国家。

（4）集体所有土地上建成的房屋需要拍卖的，应当符合法律、法规规定的买卖或转让条件。具体包括：

1）房屋所有权和该房屋占用范围内的土地使用权已经依法登记并取得房地产产权证书；

2）集体土地上的房屋拍卖前应向当地乡镇人民政府申请，获批准后方可进行拍卖。

（5）下列划拨用地不可以拍卖：

1）国家机关用地和军事用地；

2）城市基础设施用地和公益事业用地；

3）国家重点扶持的能源、交通、水利等项目用地；

4）法律、行政法规规定的其他用地。

（6）抵押房地产拍卖前应先获得抵押权人同意。如果未经抵押权人同意而因拍卖造成抵押权人经济损失的，须承担相应的民事责任。

2. 房地产拍卖竞买人条件

（1）中华人民共和国境内的自然人、法人和其他组织都可以作为房地产拍卖标的的竞买人，但法律、法规、规章另有规定或者土地使用权出让合同另有规定的除外。

（2）在国家允许的范围内，房地产竞买人也可以是境外的自然人或法人，但须遵循有关规定办理。

（3）对于集体土地上建成的房屋，居住房屋的竞买人只能是房屋所在地乡镇范围内具备房屋建设申请条件的人；非居住房屋竞买人为房屋所在地乡镇范围集体经济组织或者个体经营者；超过此条件的，应当依法办理集体所有土地的征用手续。

三、房地产拍卖的原则

房地产拍卖是一种特殊的交易方式，有其自身的规律性，拍卖中必须遵循的原则有：

1. 合法原则

一是拍卖程序要合法。拍卖人和委托人必须按照严格的法律规定的程序办理拍卖事宜。二是拍卖标的物要合法。拍卖人在接受拍卖委托时必须要求委托人提供有效的身份证明和拍卖标的物的产权证明。

2. 报价最高者应买的原则

房地产拍卖的买受人必须是报价最高者。

3. 遵循公开、公正、公平和诚信的原则

拍卖人不得以竞买人身份或委托他人代为竞买，也不得在拍卖活动中拍卖自己的物品或者财产权利。

四、房地产拍卖流程

房地产拍卖流程如图 3—1—1 所示。

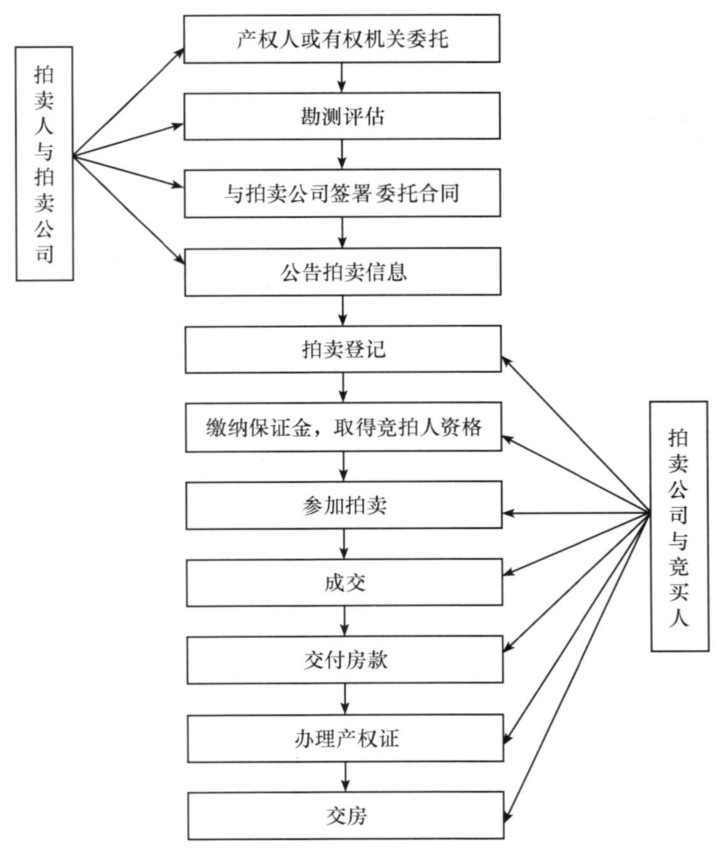

图 3—1—1　房地产拍卖流程

1. 接受拍卖委托

如果房地产的卖方有意将房地产拍卖业务交于拍卖行，拍卖行也有意承接该拍卖业务，

在卖方向受理拍卖业务的拍卖行做出明确委托之后，双方签订委托协议书。

房地产拍卖的委托一般需提供下列有关证明文件：

(1) 房地产拍卖标的的产权证。

(2) 产权人身份证明或企业法人营业执照。

(3) 法定代表人证明书和法人授权委托书。

(4) 对拍卖的房地产有处分权的证明文件。

(5) 产权证上标明是共有的，需出具共有证书及其他共有人同意出售的、经过公证的委托书。

(6) 拍卖房地产的详细资料，包括权属、位置、数量、面积、性质、使用年限和当前使用情况、地图等。

(7) 其他证明资料或房地产交易管理部门要求提交的其他文件。

(8) 至于私产，如果拍卖委托人是受托人，要出示房地产的权利人出具的、经过公证的委托文件。

2. 拍卖房地产标的确认和调查

拍卖行应对委托人提供的产权证明、有关文件批文、证明材料进行进一步核实、取证，并进行现场勘查。文件和资料核实内容主要包括：

(1) 拍卖标的与所提供的房地产权利证明是否一致，产权档案所标明产权人与产权证上产权人以及卖房人是否一致。

(2) 产权来源是否清楚，如新建、翻建，是否有规划、用地、施工管理等单位的批准文件，是否领有新证。

(3) 房地产面积是否与房地产测绘部门出具的报告一致。

(4) 产权证中“他项权利”一栏是否存在抵押登记或租赁权登记等其他权利登记。

(5) 是否有被司法机关和行政机关依法裁定，决定查封或以其他形式限制房地产权利的文件。

(6) 是否有他人声明对该房地产享有权利的文件。

(7) 是否有产权证丢失的记录；现持产权证是原证还是新证；是否登报声明。

(8) 是否有关于产权纠纷的记录，处理情况如何。

(9) 是否在拆迁范围，在被冻结和禁止买卖的范围内。

(10) 土地来源和变更情况，包括用地性质、划拨、出让、转让、土地使用年限和剩余使用年限、用途变更及其他。

3. 接受委托、签订委托拍卖合同

具备接受拍卖委托条件后，应按照《中华人民共和国拍卖法》（以下简称《拍卖法》）的要求，结合所拍卖房地产标的的特点签订委托拍卖合同，对有关事项进行明确规定。一般房地产委托合同应包括以下内容：

(1) 委托人、拍卖行的名称、住所、法定代表人、代理人。

(2) 委托房地产的名称、坐落、土地面积、建筑面积、用途及使用年限等。
(3) 拍卖房地产的交付方式、价款的支付方式。
(4) 拍卖费用条款、佣金及其支付方式。
(5) 拍卖方式和期限。
(6) 拍卖程序中止和终止的条件。
(7) 违约责任。
(8) 签约日期和合同的有效期限。
(9) 拍卖底价。
(10) 其他需要约定的条款。

4. 房地产估价及底价确定

(1) 房地产估价
1) 选择房地产估价机构及对估价师的资格进行确认。
2) 提出估价的目的。
3) 与评估机构签订委托评估协议，提供评估所需的资料。
4) 与评估师一道现场看房，获取评估所需的现场资料。
5) 评估师出具评估报告。
(2) 拍卖底价和起拍价确定
拍卖底价确定的主要依据是：
1) 由具有资质和经验的房地产评估机构出具的拍卖标的的估价报告。
2) 对影响房地产价格的一般因素、区域因素和个别因素进行分析，初步确定房地产拍卖标的的底价、起拍价和加价幅度。
3) 拍卖行的经验。
4) 与委托人共同对估价报告和各种因素进行客观、科学的分析，在取得一致意见的基础上，确定拍卖底价和起拍价。

5. 发布拍卖公告，组织接待竞买人

拍卖公告的信息内容应包括：
(1) 委托人、拍卖行的名称、住所、法定代表人、代理人；
(2) 拍卖的时间、地点；
(3) 拍卖房地产的基本情况；
(4) 委托房地产的名称、坐落、土地面积、建筑面积、用途及使用年限等；
(5) 拍卖房地产的使用、占用或租赁情况；
(6) 产权性质；
(7) 拍卖房地产转让后应缴纳的税费；
(8) 竞买人的条件；
(9) 竞买保证金；

(10) 拍卖方式；
(11) 其他需要公告的事项。

6. 现场拍卖阶段

拍卖行、竞买人按公告的时间、地点，以正常的拍卖程序、规则对拍卖房地产进行公开叫价。应价最高者为买受人；反之，拍卖行宣布不成交并撤回拍卖标的。

7. 产权过户

现场竞买成功后，一般情况下，买受人应立刻缴纳成交价一定比例的款项作为定金，并在拍卖行的协助下与委托人签订拍卖房地产的转让合同书，协助买卖双方做好房地产权属转移和登记等各项工作，以最后取得房地产产权证书或房地产交易管理部门窗口受理单为止，拍卖过程才告最终结束。

五、房地产拍卖的注意事项

1. 不同权属状况的拍卖标的的审查与前期处理

(1) 拍卖标的房地产是否有重复查封。
(2) 产权人为国有单位和集体单位时，房地产拍卖需要取得上级部门的许可。
(3) 如果拍卖标的发生用途转换，如产权证为住宅用途，而拍卖按照实际商业用途拍卖，为了保证拍卖成交后进行产权变更过户，补办规定的用途手续，必须进一步收集取证原始产权证办理过程的相关文件，如房屋平面图、地籍图、规划设计批文等。
(4) 有共有人的房地产拍卖，须有共有人的书面同意转让意见。共有人享有优先购买权。
(5) 有租赁登记的房地产拍卖，须将拍卖行为告知承租人。承租人享有优先购买权。
(6) 分层、分套的房屋拍卖，买受人按分摊的建筑面积取得相应比例的土地使用权。
(7) 房屋的附属设施、公共部位、公用设备与房屋同时拍卖转让，应在公告中说明，并按照国家和当地政府的有关规定办理。
(8) 建筑设计为成套的房屋，一般不得分割拍卖。

2. 房地产拍卖价格的评估

房地产拍卖价格的评估一般应比正常市场成交价格偏低，原因在于：

(1) 房地产拍卖委托一般都是因债务人无法履行到期债务的清偿，或出于其他较急切的融资需求而被迫拍卖其依法拥有的房地产。如果是法院委托的抵债标的，拍卖完成与否将直接影响到执法程序的完结。如拍卖不成，通常会由法院将拍卖标的物折价抵偿债务。

(2) 一般委托拍卖的房地产，尤其是直接查封开发商拥有的房地产都存在着这样或那样的缺陷，且拍卖房地产多为单宗、部分、小规模物业，评估价格偏高势必会影响拍卖成交。

(3) 买家也是在不充分了解该房地产的情况下进行竞投，拍卖实际上就是在短时间促成交易，买方需要在较短的时间内交付款项，承担的风险较大。为了促使拍卖成功，就必须具备价格优势，才能吸引买家竞投。

3. 房地产拍卖应缴费用和相关税费

房地产拍卖（出让土地使用权拍卖除外）通常需缴纳下列税费：拍卖佣金、营业税及其附加、印花税、契税、交易手续费、评估费、登记费、合同公证费等。

4. 在建工程拍卖应注意事项

在建工程拍卖应详细核查项目状况，例如：

（1）土地使用权以出让方式取得的，是否已经支付了全部土地出让金；

（2）土地使用权是否已经依法登记，取得产权证书；

（3）政府相关管理各部门的批准文件是否齐全。包括建设用地规划许可证、建设工程规划许可证、建筑工程施工许可证（或开工证）、预售许可证是否取得等；

（4）房地产建设的开发投资总额是否已经完成25%；

（5）与政府各相关部门的市政配套和基础设施配套的协议，以及配套费用的支付状况；与项目其他参与人的合同和费用支付情况。

（6）有多个债权人的工程项目最好将债权人联合起来，共同处理拍卖事宜；

（7）在建工程项目是否存在抵押行为；

（8）在建工程是否预售。

拍卖前，在建项目的权利人应当向城市房产主管部门提出申请，取得拍卖的书面批准文件。

5. 建成在售房地产拍卖应注意事项

（1）房地产所属物业的商品房预售（销售）许可证办理情况；

（2）土地使用权款项是否付清；

（3）房地产当前使用和租赁情况、费用拖欠情况等。

6. 破产企业房地产拍卖应注意事项

（1）破产企业财产拍卖前，应由破产清算组委托具有国家国有资产管理行政主管部门认证的资产评估价构进行评估；

（2）破产企业的国有土地使用权的拍卖需按照国有土地使用权出让的有关规定在拍卖前完成有关手续；

（3）涉及以划拨方式取得的土地使用权或涉及改变出让条件的土地使用权价格评估的，须由具有估价资质的价格评估机构进行评估，并在拍卖所得中首先扣除土地使用权出让金。

7. 有瑕疵房地产拍卖的操作

有瑕疵的房地产是指手续不全和规定不允许转让的，但经过有关部门、单位协商和政府审批后可以拍卖的房地产。

（1）拍卖标的有房屋所有权证，未办理土地使用权证。经政府相关部门审批通过，如果是国有土地，则补缴出让金；如果是集体土地，则补缴征地费和出让金，补办土地使用权证；

（2）拍卖标的有土地使用权证，未办理房屋所有权证，须报请有关部门审批。经审批允许，并同意补办手续后方可拍卖；

（3）拍卖标的既无土地使用权证，又无房屋所有权证，参照（1）、（2）办理；

（4）拍卖有产权证的以划拨方式取得土地的房地产，应向有批准权的人民政府报批；

（5）对于房地产开发过程中未予交清的款项，或未办完手续的房地产，应补缴清剩余款项和补办完全部手续；

（6）拍卖标的设定抵押权或重复设定抵押权问题。

任务实施

一、收集拍卖房源信息

江小姐想购买一套价格相对便宜划算的拍卖房，通过朋友的关系找到了开经纪公司的王松，在前期向王松进行了咨询并一直保持着联系。

某天，江小姐在《广州日报》上看到了某拍卖行发布的一组房屋拍卖公告，共有四套房源，其中两套是小户型单位。具体信息如下：

房屋拍卖公告

受××市××区人民法院委托，定于2012年3月7日在××市产权交易所公开拍卖如下标的。

标的1：××市××区新港西路×××号大院×号×××房〔案号：（2012）×××执字第××××号〕。不交吉，证载建筑面积：77.62平方米。参考价：1 102 204元；保证金：12万元。

标的2：××市××区南村路××号×××房〔案号：（2012）××执字第××××号〕。交吉，证载建筑面积：77.45平方米。参考价：723 386元；保证金：70 000元。

拍卖机构：ABC拍卖有限公司，拍卖时间：上午11时15分。

有意竞买者请于2012年03月01日上午11时前办理保证金缴纳手续，缴纳保证金手续及拍卖标的情况详见“××市涉诉资产进场交易公共频道”中“拍卖标的及保证金缴纳”栏目或电话联系咨询。已办理保证金缴纳手续的竞买人须在2012年03月05日09时至17时到××市产权交易所办理竞买登记手续，领取相关资料，办理竞买资格审查手续。未按规定办理竞买登记手续的，视为放弃竞买。竞买登记实行实名制，竞买人名称须与缴款人名称一致。

标的展示时间：2012年2月25、26日（电话预约）。

联系电话：8916××××

法院监督电话：8300××××

联系地址：××市新港西路82号，××市交易所集团综合交易大楼

江小姐对这两套房源都感兴趣，第一时间联系了王松。

二、确定代理竞买关系

考虑到购买拍卖房需要具备比较专业的知识，江小姐夫妇决定委托金荣公司来完成购买行为，遂与公司签订了《授权委托书》，委托书中载明委托代理的内容及权限。此后，任莹就作为江小姐的代理人来协助完成购买拍卖房事宜。

授权委托书

今委托任莹（公民身份证号码：××××××）为我的代理人，全权代表我办理××××房地产拍卖竞买及房屋登记事项。

我对代理人依规定办理的有关登记事宜均承担法律责任。

委托人（盖章、签名）：江××

受托人（签名）：任莹

受托日期：2012年2月20日

三、查询档案，了解标的

1. 查阅有关拍卖房地产的相关文件与资料

任莹查阅了相关文件和资料，如《拍卖委托合同》、标的物权属证明、《评估报告》《租赁合同》以及拍卖标的物的《拍卖公告》《竞买须知》《竞买申请书》《广州市房地产拍卖成交确认书》样本等。

2. 了解标的情况

为更多地了解两套标的情况，任莹按照公告上的电话，向拍卖行进行了电话咨询，主要了解以下信息：

（1）标的1、2两套房源的权属状况，审查房屋产权的完整性、可靠性，确认房屋具有完全产权和房地产转让的各项条件。通过电话，问清楚拍卖方是否具有合法的产权证书（之后任莹还要到房管部门查询产权证的真实性）；了解房产的产权来源和产权记录，包括房主、登记日期、成交价格等信息；确认卖方产权的完整性，了解标的物有没有被抵押，是否与人共享等；注意产权证上的房主与卖房人是否同一个人。

（2）了解房屋的面积、结构、配套设施、周围环境等，主要了解房屋的建筑面积、户型、布局、朝向是否合适，配套的水、电、气是否齐全，房屋的结构、外观质量有无问题，物业管理水平及周围环境、交通条件是否理想。

任莹了解到的两个物业的详细情况如下。

标的1：××区新港西路×××号大院×号×××房，建筑面积77.62 m²，套内建筑面积68.3 m²，两房两厅，楼梯楼，参考价1 102 204元，折合单价14 200元/m²，交通便利，地铁站就在小区门口，尚有半年租约。房地产权证号码为××××××，已征收土地出让金，使用年限70年，从2002年8月12日起计。因债务原因被拍卖清偿还债。拍卖标的按现状不交吉拍卖，法院不负责清场及交付场地。

标的2：××区南村路××号×××房，建筑面积77.45 m²，套内建筑面积65.83 m²，两房两厅，楼梯楼，参考价723 386元，折合单价元9 340元/m²，交通便利，离地铁站需步行十分钟，保证金70 000元。房地产权证号码为YYYYYY，已征收土地出让金，使用年限70年，从2000年7月24日计算，标的交吉，目前由被执行人居住。因债务原因被拍卖。

3. 选择房地产拍卖机构

除了了解标的的基本情况外，任莹还专门了解了坤源拍卖行的资质、在拍卖行业的地位等信息，目的是能保证后期产权的顺利过户。

四、到公证处办理委托公证

由于江小姐是委托任莹代理竞买事宜的，所以，任莹和江小姐先到××公证处办理了《委托公证书》。

五、提出竞买申请、领取《房产竞买申请通知书》

1. 填写《竞买申请书》，接受资格审查

任莹填写《竞买申请书》，在竞买人栏内填写江小姐的名字，在竞投人栏内写上自己的名字（竞买人及《成交确认书》的签署人是该房地产的权利人）。然后提交竞买申请材料，接受交易所竞买资格审查。竞买申请需提供《公证委托书》一份及任莹的身份证复印件一份（验原件）[若申请人为单位的，应提交营业执照副本复印件一份（验原件）、法人代表证明书一份、法人身份证复印件一份、法人授权委托书一份、代理人身份证复印件一份（验原件）等资料]。

经拍卖行审查符合要求后，出具《竞买申请回执》，任莹领取《房产竞买申请通知书》。

2. 交保证金

任莹凭《房产竞买申请通知书》，于2012年2月23日上午10时（一定要在拍卖会规定的竞买申请受理时间内）将拍卖保证金120 000元存入产权交易所指定账户。保证金应以江小姐的名义交纳（因为竞买登记实行实名制，竞买人名称须与缴款人名称一致），转账时一定要注明案号。

3. 选房、打印竞买清单

2012年2月23日下午2时（在拍卖会规定的竞买申请受理时间内），任莹凭《房产竞

买申请通知书》、银行出具的保证金交款凭证到交易所财务窗口开具收款收据，再到拍卖行选定竞买标的物，打印好《客户竞买清单》。之后查阅拍卖文件，凭回执领取《临时竞买证》，并在查阅登记册上签名确认。

六、实地勘查标的

任莹与拍卖行的工作人员约好看房时间，2 月 25 日上午 9：30 看标的 1；11：00 看标的 2（拍卖行规定的看房时间为 2012 年 02 月 25、26 日）。看房当天，任莹与江小姐夫妇准时到达了看房现场，看完房后，在看房登记册上签了名。

1. 看楼前做足准备

看楼前，任莹查阅了有关资料，对标的 1、2 的产权情况如使用年限、权属、面积、税费等情况有了比较充分的了解，获知了房屋目前的市场价值。

2. 现场看楼注意事项

任莹提醒江小姐夫妇现场看楼时一定要注意以下几点：

（1）标的 1、2 的具体位置、内部状况、外部环境等常规项目，搞清地段、交通、配套、环境、物业管理、房屋楼层、朝向、结构、面积及实用等相关因素，用心掂量出房子的分量和自己能承受的价格。更细致地，还可以了解标的门窗是否被损毁，房屋是否存在渗漏现象等，并可向附近的居民了解该地段的情况。

（2）看房子里是否有动产，如果有，一定要搞清这些动产和物业拍卖的关系，另外，房屋的使用面积也要注意。

（3）向物业管理处查询该物业是否有拖欠水、电、管理费、维修基金等费用及物业管理费的价格。

（4）了解该标的同类单位价格，以与拍卖参考价进行对比，在收集各方面信息后制定自己竞买的心理价位。

（5）查询该房地产原购价格和原业主是个人还是企业，自己评估该房地产拍卖成交后所需缴纳的转让税费。

3. 比较、判断两套房产的价值

标的 1、2 的使用性质均为居住用房，参考价都低于市场价。

标的 1 位于一栋 8 层楼房内，就在江小姐上班地点附近，一梯两户，交通便利，生活配套设施齐全，楼梯楼二楼比较合适，周边楼龄十年左右的二手房均价为每平方米 20 000 元左右，14 200 元/m^2的拍卖单价非常具有优势和吸引力。

标的 2 位于繁华的传统商圈，生活、购物非常方便，目前周边二手楼价格为 12 000～15 000 元/m^2，离江小姐上班地点有 3 个公交站的距离，总价比较便宜，但楼层偏高，而且是顶楼。

4. 确定竞买意向和心理价位

任莹告诉江小姐，交纳竞买的押金不限制竞买人选择的标的数量，为保证能够得到合适的房屋，江小姐可以参加两套房屋拍卖。经再三考虑，江小姐夫妇确定了购买意向，并确定标的 1 的心理价位为单价 15 000 元/m²、标的 2 的心理价位为单价 10 500 元/m²。

5. 确定是否参与竞拍

江小姐夫妇决定由任莹代理她参加这两个标的的竞拍，以南村路的标的 2 为重点目标。

七、参加竞拍

1. 领取竞价牌

2012 年 3 月 7 日上午 9：00，任莹一早就来到了拍卖地点，在《到场登记表》上签名，凭《临时竞买证》换取竞投叫号牌和拍卖资料，准备参加竞拍（竞价牌是拍卖会竞价的唯一凭证，需承担相应的责任，一定要妥善保管和交接）。

2. 竞买

任莹进入拍卖现场竞买，参加竞拍的人有 50 多人。本次拍卖实行的是增价拍卖，以单价为依据，每平方米加价 100 元，不断增价。

任莹遵照竞买规则，在两套“心水房”拍卖时，冷静观察场上的竞价情况，按加价幅度轮番出价，并不断稳定自己的竞价心态，接近心理价位时特别地谨慎。标的 1 的竞争非常地激烈，单价不断地提高，很快标的 1 的拍卖价格超出了江小姐的心理价位，任莹选择了放弃，不再举牌。标的 2 拍卖时，竞争的人数明显减少，任莹抓住机会，喊出了 10 400 的价格，之后拍卖师一槌定音。

3. 交回竞价牌

竞买结束，任莹将竞价牌交回给拍卖会工作人员。

八、签订《成交确认书》

1. 签订《成交凭证》

任莹以单价 10 400 元/m²、总价 805 480 元的价格成功竞拍到江小姐想要的标的 2，拍卖行工作人员在现场与她签署了《成交凭证》（如未竞买成功，任莹可在拍卖会结束后凭保证金收据、叫号牌到拍卖行的工作点办理保证金退还手续；拍卖会结束后一个工作日内，拍卖行按未成交竞买人员名单将保证金退回其银行账户）。

2. 签订《成交确认书》

拍卖会后，任莹凭《成交凭证》与拍卖人签订《拍卖成交确认书》及其他有关文件，约定在拍卖会结束3日内付清全部房款；7日之内，向拍卖行交付成交总额5%的佣金（《拍卖成交确认书》的签订，标志着拍卖房产的权属转移。《拍卖成交确认书》是后面办理权属转移登记的重要凭证，要妥善保管）。

3. 付清全款，领取裁定

2012年3月9日，在《拍卖成交确认书》约定的时间内（3个工作日内），江小姐与任莹付清了全部房款和佣金（预交的保证金可充交款或拍卖佣金），并在拍卖行开具了房款收据。

××区人民法院（拍卖委托人）在收到《拍卖成交确认书》和成交价款后15日内出具法律文书（民事裁定书、协助执行通知书、解封令等），拍卖行协助人民法院（拍卖委托人）通知江小姐领取相关法律文书，准备办理产权过户手续。

九、办理产权及入住手续

1. 江小姐竞得的标的物完全符合办理产权转移登记条件，任莹带江小姐携带人民法院（拍卖委托人）出具的法律文书、《拍卖成交确认书》、拍卖行出具的收款收据、原房屋权属证书、个人身份证明、房屋测绘图、房屋转移登记申请书等登记文件，于2012年3月25日（规定是在收到法律文书后的30日内），到房地产管理部门申请办理产权转移登记。

2. 办理产权登记时，按转移登记缴纳税费。江小姐应该缴纳的税费有合同和权证印花税、契税、交易手续费、评估费、登记费及合同公证费（各税、费的收取按各地标准）。

3. 江小姐缴纳相关税、费后，出具完税凭证，领取新的《房地产证》并办理入住。

4. 拍卖标的物成交后由人民法院（拍卖委托人）负责将成交标的物交付给江小姐使用，办理收房手续。

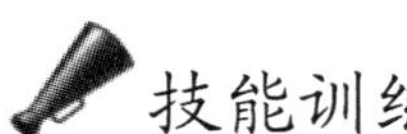

技能训练

1. 从网上收集本地五条拍卖房的信息，对房源进行全方位的分析。

2. 对收集到的拍卖房源信息与正常的二手房信息进行综合比较，模拟确定拍卖房的心理价位。

3. 假如你是经纪人员，有客户委托你购买拍卖房，请模拟审查拍卖房源。

4. 模拟组织一次房产拍卖会。

知识链接

一、没有权属证书的房地产能否拍卖

权属证书是房地产产权人持有的法律凭证，依法登记的权属受法律保护。就土地来说，土地证书是土地使用者、所有者和他项权利者持有的法律凭证，只有具备“权属合法、面积准确、界址清楚”，才能通过法定程序申领到土地证书。土地作为不动产，有着区别于其他财产的特性，不能简单地用“元/平方米”来度量，而必须用一系列的属性来描述。拍卖所

涉及的财产，必须是合法且可以处置的。没有土地证书，以什么为标准来认定拍卖所涉及的土地权属是合法的、面积是准确的、界址是清楚的、相关权利人和利害关系人无异议呢？《城市房地产管理法》第三十七条规定，未依法登记领取权属证书的房地产，不得转让。《拍卖法》也规定，法律、行政法规禁止买卖的物品或者财产权利，不得作为拍卖标的。因此，没有权属证书的房地产不得拍卖。

二、《竞买须知》样本——深圳市房地产交易中心《竞买须知》

1. 仔细阅读交易中心在《深圳商报》、深圳市土地房产自助交易网（www. sz68. com）上刊登或发布的拍卖公告。

2. 仔细查阅有关拍卖房地产相关文件与资料：标的物权属证明、《评估报告》《租赁合同》（以上文件资料只可查阅摘抄，不得复印、拍照）以及拍卖标的物的《拍卖公告》《拍卖竞买申请书》《深圳市房地产拍卖成交确认书》（以下简称《成交确认书》）范本。

3. 竞买申请人有必要实地考察参与竞拍的房地产，除了常规注意要点外，还须到管理处查询该物业是否有拖欠的水、电、管理费、维修基金等相关欠费，以供竞买出价参考。

4. 竞买申请人应查询该房地产原购价格、原权利人是否为个人或单位、房屋性质、用途等产权信息，以计算该房地产拍卖成交后所需交纳的转让税费，以供竞买出价参考。

5. 在收集各方面信息后形成自己竞买的心理价位，稳健举牌。

6. 《拍卖竞买申请书》的申请人、《成交确认书》的签署人、竞得房地产的权利人必须是同一个人或单位，填写时务必注意。

7. 委托他人办理竞买事项的，请根据委托意向在《公证委托书》或《法人授权委托书》中写明委托权限（办理竞买申请、参加竞买、签订成交确认书）和委托时限。

8. 代他人支付成交款和交易服务费的，代付人未按规定时间（即成交后三个工作日）签署代付声明的，将视为买受人未按时交付成交款和交易服务费，根据法律规定及成交确认书约定，买受人应承担违约责任。

9. 单位或自然人因参加竞买而委托第三人代付保证金的，代付人应当按公告规定保证金最后交纳时限前亲自到中心出具签名、盖章的代付保证金声明（中心出具统一范本），自然人还须提供身份证复印件（有竞买委托公证且公证书有代付内容的，无须提供代付保证金声明及身份证复印件）。

代付保证金虽已到中心账户，但代付人未按公告规定在保证金最后交纳时限前签署声明的，视为未按照规定时限交纳保证金，中心不开具收款收据，竞买申请人不能在自主终端电脑上选择其竞买的标的物。

10. 中心不接受企业、组织为自然人的竞买申请人代交履约保证金。

思考与练习

1. 房地产拍卖具有哪些特征？
2. 拍卖房地产应具备哪些条件？
3. 房产拍卖的流程是怎样的？各环节有哪些重点工作内容？
4. 房地产拍卖有哪些注意事项？购买拍卖房应注意哪些方面的问题？

任务2 代办房屋抵押贷款

学习目标

了解房屋抵押贷款的业务流程，会指导客户办理房屋抵押贷款业务，会计算月供款项及相关费用。

任务引入

任莹帮助江小姐成功竞拍到区南村的那套商品房，因为拍卖行不提供按揭服务，江小姐东拼西凑筹齐了房款，共借外债30万元。现在，江小姐已经办妥了房地产权证，她不想长期欠朋友的钱，听说可以把这套房抵押给银行获取现金，自己再以月供的方式来还款。她觉得这是一种不错的方式，于是，她又一次来到了金荣公司，向任莹了解如何办理这个事情。

任务分析

江小姐以所购置的房产作抵押向银行申请借款并分期偿还本息的想法其实就是房屋抵押银行贷款。房屋抵押银行贷款分为两种：一种是个人消费贷款，另一种是个人经营性贷款。银行消费贷款是银行机构对消费者个人发放的、用于购买耐用消费品或支付其他消费用的贷款，也就是用银行的钱去办自家的事、买自家的东西：比如住房、汽车等，甚至可以申请消费贷款去旅游度假、求学深造；个人经营性贷款是用自己的房产做抵押获取银行融资用于商业用途。

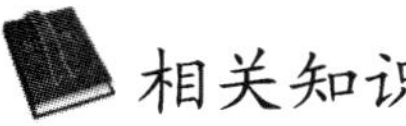

相关知识

一、房屋抵押贷款

房屋抵押贷款是借款人以自有或第三者的物业（包括住宅、写字楼、商铺、厂房等）作抵押，用于个人综合消费并以按揭形式还款的贷款类别。若贷款人不能按照期限还本付息，银行可将房屋出售，以抵消欠款。

二、房屋抵押贷款的条件

1. 具有完全民事行为能力的自然人，年龄在18（含）～65（不含）周岁之间；外国人以及我国港、澳、台居民为借款人的，应在中华人民共和国境内居住满一年并有固定居所和职业。

2. 具有合法有效的身份证明、户籍证明（或有效居留证明）及婚姻状况证明（或未婚声明）。

3. 具有良好的信用记录和还款意愿。

4. 有稳定的经济收入，有偿还贷款本息的能力，无不良信用记录。

5. 具有稳定的收入来源和按时足额偿还贷款本息的能力。

6. 有明确的贷款用途，贷款用途符合国家法律、法规及有关规定，承诺贷款不以任何形式流入证券市场、期货市场和用于股本权益性投资、房地产项目开发，不用于借贷牟取非法收入，以及其他国家法律、法规明确规定不得经营的项目。

7. 能提供银行认可的合法、有效、可靠的房屋抵押。

8. 银行规定的其他条件。

三、房屋抵押贷款须提供的资料

1. 个人身份证件、户口本、居住地址证明、婚姻状况证明。

2. 个人收入证明或资产状况证明。

3. 抵押房屋的产权证明。

4. 若申请人以他人房产作抵押，还需提供房产权属人（含共有人）身份证、婚姻状况证明、同意抵押的书面证明。

四、房屋抵押贷款的流程

1. 借款人提出申请，递交相关资料。

2. 进行房产评估、贷前调查、审批。

3. 审批通过，办理抵押登记手续。

4. 发放贷款，借款人按合同定期归还贷款本息。

5. 贷款本息结清，办理抵押房屋的撤押手续。

五、房屋抵押银行贷款的还款方式

1. 等额本息还款法

等额本息还款是把按揭贷款的本金总额与利息总额相加，然后平均分摊到还款期限的每个月中，每个月的还款额是固定的，但每月还款额中的本金比重逐月递增、利息比重逐月递减。这种方法是目前最为普遍，也是大部分银行推荐的方式。简易计算方法为：

月供款＝贷款总额×贷款年限下的万元月供

2. 等额本金还款法

等额本金还款法是在还款期内借款人每月按相等的金额偿还贷款本金，每月贷款利息按月初剩余贷款本金计算并逐月结清，两者合计即为每月的还款额。其计算方法为：

每月本金＝贷款额/期数

第一个月的月供＝每月本金＋贷款额×月利率

第二个月的月供＝每月本金＋（贷款额－已还本金）×月利率

……依次类推

知识链接

一、房屋抵押贷款注意事项

1. 办理房产抵押贷款的条件：年满18周岁，具有完全民事行为能力的自然人；具有稳定的职业和收入、信用良好，有偿还能力；银行规定的其他条件。

2. 所需提交的资料有：身份证明、户口本、婚姻证明、收入证明、抵押房产的房地产证及评估报告、贷款用途证明、银行规定的其他资料。

3. 房产抵押贷款所规定的用途：购商品性房产（包括住宅、商铺、写字楼等）、购车、家居装修、出国留学、购买生产所需原材料、用于经营的周转资金。

4. 房产抵押贷款的贷款成数、年限及利率：贷款金额根据所选择的贷款用途的不同确定，但一般不超过抵押房产评估净值的60%；年限一般不超过20年；贷款利率按中国人民银行有关个人消费贷款的规定执行（各地标准可能有差异）。

5. 房产抵押贷款的还款方式：对于2年期以下的贷款，可按月付息，一次或两次还本；对于2年期以上的贷款，可选择等额本息还款法或等额本金（递减）还款法。

6. 办理房产抵押贷款所需交纳的费用：物业评估费、抵押登记费、律师费（个别银行收取）、保险费（境外人士还需公证费）。

7. 办理房产抵押登记所需的文件：银行开具的法人代表证明书、法人授权委托书、法人及受委托人身份证复印件、营业执照复印件、金融许可证复印件、抵押贷款合同、房产抵押登记申请表、房产证、业主身份证复印件。从递件到取件需15个自然日。

8. 共有房地产，每个共有人都有权对该房地产设定抵押权，但须取得其他共有人的书面同意。按份共有的房地产设定抵押时，以抵押人本人所有的份额为限；以共同共有的房地产设定抵押时，全部房地产均为抵押财产，抵押物变卖时，其他共有人员负连带责任，在以变卖款偿还债务后，其他共有人有权向抵押人追偿。

二、不具备申请房产抵押贷款资质的房产

1. 没有还清贷款的房产

没有还清贷款的房产还处于按揭状态，这套房产的抵押他项权其实是在银行的手中，等于将产权暂时移交，借款人虽然享有使用权，但并不具备完全产权，所以并不具备对这套房产的支配抵押权，不能另行用它申请贷款。

2. 房龄太久、户型太小的二手房

大多数银行对于抵押的房产有较为严格的规格要求，综合来看，面积小于50平方米、房龄超过20年的房产，银行会认为较难变现，较难进行抵押贷款。如若该房产在较为主要的城市功能区域，也有部分房产可另当别论申请获得贷款。

3. 尚未达到五年期的经济适用房

在经济适用房的规定章程里，主管单位明确指出，只有期满5年的经济适用房（或限价房）才具备上市交易资格，产权才能完全实现转移。若经适房房东在5年内出售房屋，将违

背相关条例，无法实现产权交接，也就不能抵押贷款。

4. 小产权房

名为小产权（或乡产权），实为无产权，没有产权证明，仅有一纸销售方的出售合同，并未受到房管单位的认同。这类房屋如若遇到政策性用地规划等情况，就面临灰飞烟灭的风险，金融机构对该类房产抵押不放贷。

5. 部分已购公房

虽然已购公房多已转为个人独立产权，但仍有少数较为特殊。例如，部分不能提供购房合同、协议的房产及不能提供上市相关证明的央产房。由于此类房产权尚属于较为模糊的状态，出于信贷风险及变现能力考虑，无法抵押房产申请贷款。

三、贷款月供表

住房公积金与商业贷款万元月还款对照表（2012 年 7 月 6 日）

期限	年利率（%）		月还款额（元）	
（年）	公积金贷款	住房商业贷款	公积金贷款	住房商业贷款
1	4.00	6.00	851.50	860.66
2	4.00	6.15	434.25	443.88
3	4.00	6.15	295.24	304.90
4	4.00	6.40	225.79	236.69
5	4.00	6.40	184.17	195.19
6	4.50	6.55	158.74	168.34
7	4.50	6.55	139.00	148.74
8	4.50	6.55	124.23	134.11
9	4.50	6.55	112.78	122.80
10	4.50	6.55	103.64	113.80
11	4.50	6.55	96.19	106.50
12	4.50	6.55	90.00	100.45
13	4.50	6.55	84.79	95.39
14	4.50	6.55	80.34	91.08
15	4.50	6.55	76.50	87.39
16	4.50	6.55	73.16	84.19
17	4.50	6.55	70.22	81.40
18	4.50	6.55	67.63	78.94
19	4.50	6.55	65.33	76.78
20	4.50	6.55	63.26	74.85
21	4.50	6.55	61.41	73.13

续表

期限	年利率（%）		月还款额（元）	
（年）	公积金贷款	住房商业贷款	公积金贷款	住房商业贷款
22	4.50	6.55	59.74	71.60
23	4.50	6.55	58.22	70.21
24	4.50	6.55	56.84	68.96
25	4.50	6.55	55.58	67.83
26	4.50	6.55	54.43	66.81
27	4.50	6.55	53.37	65.88
28	4.50	6.55	52.40	65.02
29	4.50	6.55	51.50	64.25
30	4.50	6.55	50.67	63.54

注：此利率自2012年7月6日起执行，此表仅供参考，贷款时以合同为准

任务实施

一、了解客户需求

任莹了解江小姐的需求：拍卖房办理抵押贷款，用贷款来偿还向别人借来的30万元。江小姐拟贷款30万元，贷款期限为5年。

二、查验证件，确认权属

任莹需要查验江小姐夫妇的房产证和身份证（虽然她已知道），确认是合法有效的产权，无异议后，江小姐与经纪公司签订《委托办理房地产抵押贷款协议》。

三、到银行申请住房贷款

任莹联系了与金荣公司合作关系很好的某银行，约好时间，带江小姐夫妇到银行，江小姐夫妇填写《住房抵押贷款申请表》，拟贷款30万元，还款期限为5年。

江小姐夫妇需提交银行下列证明材料：江小姐夫妇结婚证、所在单位出具的收入证明、具有法律效力的身份证明、房屋产权证书、贷款要求提供的其他文件或材料（如有的银行要求提供借款人某银行存折一年的流水记录，证明借款人的收入水平和消费能力）。经银行贷款负责人认定后办理借款申请。

四、实地勘查与评估

任莹联系好与金荣公司合作的××评估公司，跟评估员约好现场看房时间。评估员按约定时间到江小姐家看房、拍照、记录物业的详细情况，之后，评估员把相关资料交给评估公司，由专人负责出评估报告。3个工作日后，任莹收到了评估公司的评估报告。

五、贷前审查

银行收到借款人的申请及相关文件后，对借款人和抵押标的物进行全面的审查和分析，审查内容如下：

1. 对借款人资格、资信的审查

该环节主要审查借款人是否具备相应的资格和确有还款能力。抵押人应具有完全民事行为能力，对所抵押的房地产拥有所有权，并领有所有权凭证（法人应具备独立核算、自负盈亏能力且具有房地产开发权）。

2. 对抵押物的审查

对于抵押房地产的选择和审定，主要着眼于易于保值、易于变现、易于保管及易于估价的房地产。抵押物要符合国家有关规定，不得抵押的房地产不能用于贷款抵押。

3. 对贷款用途的审查

审查贷款的用途是否符合国家有关规定。

六、签订抵押合同、办理抵押登记

银行对贷款审查合格之后，借款人与银行订立《抵押贷款合同》，之后，按相关规定，江小姐夫妇在房地产抵押合同签订之日起 30 天内持抵押合同、有关批准文件及证件到当地房地产产权管理部门申请抵押登记。房地产产权管理部门在规定日期内办完登记手续。

七、银行放款、每月按时还款

银行放款。此后五年，江小姐夫妇每月都要还给银行的金额为：30×195.19（贷款为 5 年期的万元月供款）＝5 855.7 元。

整个过程中，江小姐应该支付的费用包括评估费、公证费、保险费、印花税以及服务佣金等。

贷款还清后，借款人应持本人有效身份证件和银行出具的贷款结清凭证领回由银行收押的法律凭证和有关证明文件，并持贷款结清凭证到原抵押登记部门办理抵押登记注销手续。

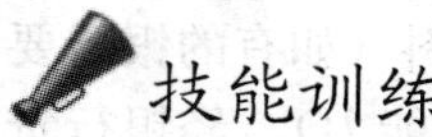

技能训练

1. 通过网络收集最新的万元月供表一份。

2. 收集当地《房屋抵押贷款申请表》的样本并模拟填写。

3. 李小姐目前单身，月收入 25 000 元左右，名下有一套房产，现在市值 130 万元左右。现在，李小姐看上一款心仪已久的越野车，价值 40 万元，李小姐希望全额购买。因车贷利率较高，现拟通过抵押房屋贷款来全额购买越野车。请你以经纪人的身份帮李小姐设计一份贷款方案，既能顺利全额买回爱车，又不至于降低生活质量。

思考与练习

1. 房地产抵押贷款需具备哪些条件?
2. 房地产抵押贷款的流程是怎样的?

任务3 代办公积金贷款

学习目标

了解公积金贷款的申请条件和业务流程，会指导客户办理公积金贷款业务，会计算公积金贷款月供款项及相关费用。

任务引入

刘小姐首次购房，购买的是一套二手商品住宅，面积60平方米，总交易价格为120万元，已经签订三方协议并支付了首期款项70万元。刘小姐为某事业单位职员，工作已有三年时间，每月缴纳住房公积金2 000元左右，现刘小姐拟请金荣公司代理申请住房公积金贷款。任莹应该如何为刘小姐办理相关手续?

任务分析

本任务中，任莹要为刘小姐完成公积金按揭业务，应熟知本地公积金贷款的基本条件和操作细则，根据本地公积金贷款的具体规定给出具体的贷款建议，帮助刘小姐顺利办理公积金贷款。

相关知识

一、房地产抵押贷款

房地产抵押贷款是银行或其他金融机构以借款人提供房产或地产作为还款的物质保证的抵押贷款，它是房地产信贷业务的主要形式，在融资业务中占据了重要地位。在房地产抵押贷款中，不转移房屋的占有权、使用权、处分权和收益权，但产权人和受押者都不能随意处理房屋。房地产抵押贷款的贷款额度由贷款人根据借款人的资信程度、经营状况、申请借款金额和借款时间长短确定，一般最高不超过抵押物现行作价的70%。房地产抵押贷款一般涉及两类：房地产开发贷款和个人住房贷款。

房地产开发贷款是与房产或地产开发经营活动有关的贷款，分为住房开发贷款、商业用房开发贷款、土地开发贷款和房地产开发企业流动资金贷款。房地产经纪机构可以为房地产开发商办理房地产开发贷款服务，但更多的则是为消费者代办个人住房贷款，特别是购房抵押贷款业务。

二、住房公积金

住房公积金是国家机关、国有企业、城镇集体企业、外商投资企业、城镇私营企业及其他城镇企业、事业单位及其在职职工缴存的长期住房储金。按照规定，凡是缴存公积金的职工均有享受此种贷款的权利，均可按公积金贷款的相关规定，申请公积金贷款。

三、申请公积金贷款的基本条件

申请住房公积金贷款的条件在不同地区有些差别，一般需符合的条件包括：

1. 具有本市户籍，按月足额缴存住房公积金，并且连续缴存住房公积金满一年以上。
2. 有稳定的经济收入、信用良好、有偿还贷款本息的能力。
3. 有合法的购买（包括建造、大修）住房合同、协议以及有关部门批准的证明文件。
4. 有所购（包括建造、大修）住房全部价款 20%以上的自筹资金，并保证用于支付所购住房（包括建造、大修）的首期付款。
5. 有住房公积金管理中心认可的房产进行抵押或动产质押，或由借款人提供缴存住房公积金的职工，以其名下同等数额住房公积金为借款人提供担保。

四、住房公积金贷款的一般操作流程

1. 申请借款人到住房公积金管理中心填报借款申请表，并提供以下材料：本人户口本、身份证或其他有效居住证明；购房合同或意向书等有关证明文件；借款人所在单位同意贷款的信函；委托人要求提供的其他材料。
2. 初审委托人对申请进行初审。
3. 调查委托人初审合格后，对贷款进行调查并提出调查意见。
4. 审批和签订委托合同。委托人根据受托人提出的调查意见，对贷款进行审批，审批同意，委托人与受托人签订委托合同，然后由委托人签发委托贷款通知单。
5. 签订借款合同。根据委托合同，公积金中心与借款人签订借款合同及相应合同。
6. 划拨贷款。借款合同生效后，公积金中心将资金划入个人账户。

任务实施

一、了解客户需求

任莹了解刘小姐的需求：已签订购房三方协议，为首次购房，房屋总价 120 万元，已交首付 72 万元；刘小姐为事业单位职工，未婚，广州户籍，月收入 8 000 元，已缴存住房公积金 3 年，每月缴存公积金 2 000 元左右；余下款项拟申请期限为 10 年的住房公积金贷款。

二、查验证件，确认身份

经任莹核实，刘小姐具备公积金贷款申请的条件：当地城镇户籍，事业单位职工，有稳定的收入和职业；房屋总价 120 万元，在家庭的资助下已支付首付 6 成即 72 万元，余下的 48 万元房款申请公积金贷款，月收入 8 000 元，每月缴存公积金 2 000 元，已交 3 年，有偿还付款本息的能力；已签订三方协议。

三、确定办理贷款

任莹与刘小姐签订代理协议，确定向工商银行申请总额 48 万元、贷款期限为 10 年的住房公积金贷款。

当地规定：

1. 个人申请住房公积金贷款的，最高贷款额为 50 万元，两人或两人以上购买同一住房申请住房公积金贷款的，最高贷款额为 80 万元；

2. 一手楼贷款期限最长不超过 30 年；二手楼贷款期限最长不超过 20 年；贷款期限可以延长到法定退休年龄后 5 年。

四、贷款人提出贷款申请

刘小姐向工商银行提出借款申请，并填写《个人住房公积金贷款申报资料》中的各类表格。《个人住房公积金贷款申报资料》首页内容：

编号：________

《个人住房公积金贷款申报资料》

申 请 人：刘小姐

贷款金额：480 000 元

贷款期限：10 年

经 办 人：×××

第二页内容：填报须知

欢迎您申请本中心个人住房公积金抵（质）押担保贷款，帮助您解决住房问题是本中心的宗旨。为使您的申请能顺利批准，请您在填写本表之前认真阅读以下内容：

1. 根据中国人民银行《个人住房贷款管理办法》《贷款通则》有关规定，工商银行、农业银行、建设银行、中国银行及其所属县（市）分支机构为住房公积金个人住房贷款受托银行。

2. 用黑色或蓝黑墨水钢笔清楚并完整填写申请表，不得涂改已填报内容，不得漏填。

3. 请用正楷简化字填写，属于选项的请打“√”。

4. 填写之前请认真阅读《××市住房公积金个人住房贷款实施细则》及有关文件。

5. 联系电话必须是能随时找到本人的电话、手机等号码。

6. 有补充资料可粘在其他资料粘贴处（有价证券复印件、其他收入证明等）。

7. 公积金管理中心有权对申请人提交的资料进行审核，如有需要可要求申请人补充该申报资料未注明的其他资料；审核发现资料不符合规定或申请人不愿提供的，公积金中心有权拒绝发放贷款。

8. 请根据表格要求提供相应的证明材料，随填写完整的申请表一并交本中心。本申报资料一式一份，由公积金管理中心保管。

第三页：

<table>
<tr><td colspan="6">一、借款人基本情况及申请借款金额</td></tr>
<tr><td>姓名</td><td></td><td>性别</td><td></td><td>身份证号码</td><td></td></tr>
<tr><td>申请借款金额</td><td colspan="3">人民币（大写）：</td><td>工作单位及职务</td><td></td></tr>
<tr><td>住房公积金账号</td><td colspan="3"></td><td>现住址</td><td></td></tr>
<tr><td>单位电话</td><td></td><td>住宅电话</td><td></td><td>手机</td><td></td></tr>
<tr><td colspan="6">二、借款人配偶情况</td></tr>
<tr><td>姓名</td><td></td><td>性别</td><td></td><td>身份证号码</td><td></td></tr>
<tr><td>工作单位及职务</td><td colspan="3"></td><td>住房公积金账号</td><td></td></tr>
<tr><td>单位电话</td><td colspan="3"></td><td>手机</td><td></td></tr>
<tr><td colspan="6">三、共同借款人情况</td></tr>
<tr><td>姓名</td><td></td><td>性别</td><td></td><td>身份证号码</td><td></td></tr>
<tr><td>工作单位及职务</td><td colspan="3"></td><td>手机</td><td></td></tr>
<tr><td colspan="6">四、保证人情况</td></tr>
<tr><td>姓名</td><td></td><td>性别</td><td></td><td>身份证号码</td><td></td></tr>
<tr><td>工作单位及职务</td><td colspan="3"></td><td>手机</td><td></td></tr>
</table>

<table>
<tr><td>五、借款申请人意见及授权书</td></tr>
<tr><td>同意按《××市住房公积金个人住房贷款实施细则》及有关操作流程规定提供资料，签订合同并承担相应的民事法律责任，本人保证本表所填内容真实，若有虚假，取消本人的贷款资格，并由本人承担由此造成的后果。如未按合同规定按时偿还本息，本人无条件同意单位财务每月从工资、奖金等一切应发款项中代扣。
同时，本人授权××市住房公积金管理中心在整个贷款业务过程中（从贷款申请之日至贷款还清之日止），通过中国人民银行个人信用信息基础数据库查询本人的个人信用报告，用于贷款或贷款担保的审批，同时授权你中心可将身份识别、职业和居住地址等个人基本信息及个人贷款、担保等信用活动中形成的交易记录等个人信用信息向中国人民银行个人信用信息基础数据库报送。

借款申请（授权人）人签名：　　　　　　　　配偶或共同借款申请人（授权人）签名：

年　月　日　　　　　　　　　　　　年　月　日</td></tr>
</table>

<table>
<tr><th colspan="2">六、借款申请人单位证明</th></tr>
<tr><td rowspan="2">借款人所在
单位证明</td><td>××市住房公积金管理中心：
______同志是我单位正式在岗职工，并正常缴纳住房公积金，单位对此情况的真实性承担法律责任，如该同志在借款期间内有离职、退休、停薪留职、工作调动、买断工龄、重大疾病、伤残、身故等影响其还贷能力的事件发生时，我单位负责通知你中心，并协助提前收回贷款。

单位行政公章：　　　　　　　　年　　月　　日</td></tr>
<tr><td>××市住房公积金管理中心：
______同志上年度月平均工资由______________（单位根据工资发放表的组成部分分项填写）等组成，合计金额为______元。如该同志连续三个月未归还住房公积金贷款本息，我单位同意协助你中心从其工资中代扣还款。

单位财务章：　　　　　　　　年　　月　　日</td></tr>
<tr><td>借款人配偶
所在单位证明</td><td>××市住房公积金管理中心：
______同志是我单位正式在岗职工，上年度月平均工资由__________
__________（单位根据工资发放表的组成部分分项填写）等组成，合计金额为______元。

单位行政公章：　　　　　　　　年　　月　　日</td></tr>
</table>

<table>
<tr><th colspan="7">七、购买、建造、翻建大修自住住房基本情况</th></tr>
<tr><td rowspan="4">购买自住住房</td><td>售房单位</td><td colspan="2"></td><td>单位地址</td><td colspan="2"></td></tr>
<tr><td>房屋地址</td><td colspan="2"></td><td>联系电话</td><td colspan="2"></td></tr>
<tr><td>房屋总价</td><td>元</td><td>面积</td><td>m^2</td><td>单价</td><td>元/m^2</td></tr>
<tr><td>已交房款</td><td>元</td><td>购房合同号</td><td></td><td>产权证号</td><td></td></tr>
<tr><td rowspan="5">建造自住住房</td><td>报建个人（单位）</td><td colspan="2"></td><td>国有土地使用证号</td><td colspan="2"></td></tr>
<tr><td>土地规划许可证号</td><td colspan="2"></td><td>建设工程规划许可证号</td><td colspan="2"></td></tr>
<tr><td>施工许可证号</td><td colspan="2"></td><td>地址</td><td colspan="2"></td></tr>
<tr><td>面积</td><td colspan="2">m^2</td><td>预决算总价</td><td colspan="2">元</td></tr>
<tr><td>开工日期</td><td colspan="2"></td><td>计划竣工日期</td><td colspan="2"></td></tr>
</table>

续表

翻建大修自住住房	房产部门提供的房屋安全鉴定书			规划部门批准文号		
	现场勘查情况			地址		
	预决算造价	元	开工日期		计划竣工日期	

八、担保方式及抵押物情况								
贷款担保方式选择	保证	□	抵押	□	质押	□	其他	□
抵押人		产权证号		出质人		质押物名称		
面积	m^2	房屋性质		面值	元	质押物凭证号		
抵押物坐落				联系电话				

注：用第七条所购现房作抵押时，第八条无须填写。

九、借款人资料附件

以下具体内容略

（一）借款人、配偶（或共同借款人）身份证复印件

注：借款人婚姻状况为未婚或离异则②处为空白，身份证需为有效身份证或有效身份证明。

（二）借款人婚姻状况证明

注：借款人为未婚则粘贴未婚证明原件，已婚则粘贴结婚证复印件（或户口），离异则需粘贴离婚证明复印件和未再婚证明原件，婚姻状况证明上姓名、出生日期需与身份证一致。

（三）抵押人、配偶身份证复印件（借款人与抵押人为同一人时，此处无须再提供借款人及配偶资料，但产权证上有除借款人及配偶之外的第三人时，需提供第三人及配偶资料）。

注：抵押人婚姻状况为未婚或离异则②处为空白，身份证需为有效身份证或有效身份证明。

（四）抵押人婚姻状况证明

注：抵押人为未婚则粘贴未婚证明原件，已婚则粘贴结婚证复印件（或户口），离异则需粘贴离婚证明复印件和未再婚证明原件，婚姻状况证明上姓名、出生日期需与身份证一致。

（五）产权证复印件

（六）首期付款证明（或契税完税证明）

（七）银行扣款存折复印件

（八）其他补充资料

（九）购房合同或协议或修建房审批资料复印件

（十）房屋评估报告原件及他项权证原件

（十一）个人信用报告

五、申请公积金贷款的后续流程

1. 银行收取资料并初步审批。

2. 公积金管理中心审批。申请人向公积金管理中心提交相关资料，包括个人住房公积金借款申请表（原件）、刘小姐居民身份证以及户口簿等有效证件、婚姻情况证明、购房合同、首期购房发票或收据、定金收据、收入证明、还款账户、《个人名下房产情况证明》及个人信用报告，银行要求的其他证件、资料也要一并递交。

3. 刘小姐与银行签订保证合同，办理抵押，银行扫描抵押资料留存。

4. 银行审批、公积金中心审批及财务审核。

5. 刘小姐（申请人）办理借款公证等手续。

6. 银行放款并返回放款数据。之后，刘小姐每月要按时还款，以保证良好的信用。

7. 任莹用一个半月的时间帮刘小姐办好了贷款手续，刘小姐交付服务佣金后，服务结束。

技能训练

1. 收集北京、上海等一线城市及本地的住房公积金贷款的要求或规定。

2. 以本章引入案例为例，模拟完成在当地进行公积金贷款的全过程。

3. 本章引入案例中，如果刘小姐的首付是4成即48万元，需贷款额度为72万元，她依然希望能够用公积金贷款，请问应该如何办理？

思考与练习

1. 什么是公积金贷款？

2. 公积金贷款的基本条件有哪些？

3. 办理公积金贷款业务的基本流程是怎样的？

4. 对比一线城市的公积金贷款的相关规定，搜集本地公积金贷款的政策法规有何异同。

任务4　代办房屋析产登记

学习目标

了解房屋析产的概念，熟悉房屋析产登记的流程，能遵照相关规定进行析产登记。

任务引入

某日，林先生来金荣公司咨询：林先生夫妇前段时间办理了离婚手续（协议离婚），就其财产分配达成了一致意见，其儿子的抚养权以及他们的房子（商品房）由林太太拥有。但是之前买房子时房产证上写的是林先生的姓名，林先生和林太太因此而疑惑，他们现在如何办理转名手续。

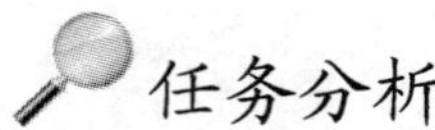

任务分析

本任务中，林先生夫妇不需要办理交易手续，他们可以按照房管局有关规定办理离婚析产登记。析产登记通常发生在夫妻离婚、兄弟姐妹分家时涉及共有房屋分割的情形下，因此也称为房屋分割手续。

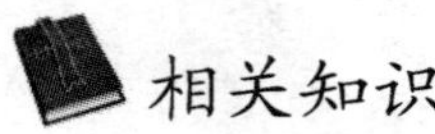

相关知识

一、房地产登记

房地产登记是指对土地和地上建筑物的所有权以及设定的房地产他项权利，按照法定程序在专门簿册上进行记载确认。房地产登记制度是我国不动产法律制度的重要组成部分，其主功能是产权确认和权利公示。

目前，房地产权属登记主要有下列类型：房地产初始登记、房地产转移登记、房地产变更登记、房地产他项权利登记、房地产注销登记、房地产文件登记备案。此外，还有几类特殊的房地产登记类型，如房改售房权属登记、直接代为登记、商品房登记和分割出售房屋的登记。在以上权属登记类别中，房地产经纪公司常见的业务类型是房地产转移登记。转移登记是指初始登记的房地产因买卖、赠予、继承、交换、转让、分割、合并、裁决等原因致使房地产权利人发生变化的登记。《城市房屋权属登记管理办法》规定，因房屋买卖、赠予、继承、交换、转让、分割、合并、裁决等原因致使权属发生转移的，当事人应当自事实发生之日起 30 日内申请转移登记。

二、析产登记

1. 房产析产

析产又称财产分析，是指财产共有人通过协议方式，根据一定的标准，将共同财产予以分割，而分属各共有人所有。析产一般发生在大家庭分家或者夫妻离婚时对财产的处理中。

房产析产是根据相关协议、法律原则和一定的标准，将共有房产分割分属各所有人所有的行为。房产析产一般发生于离婚、分家、继承和共买房产等民事关系上，在上述情况下，若涉及共有房屋的分割，就需要办理房屋析产手续，并到当地房地产交易中心办理房屋析产登记。公民死亡后，共同生活人或者财产共有与继承人就财产如何处理，一般也是先析产后继承。

房产析产应遵循的原则是最大限度地保护房屋的整体性，尽可能不损害房屋现有的价值。通常采取的方法有以下几种：一人独有，给其他人金钱或其他方式的补偿；共有；竞买；出售房屋并按比例分割房款。

房产析产的方式主要包括以下几种：根据协议析产，遗嘱分割，向人民法院提起诉讼，聘请律师协调、律师见证或诉讼，以及其他方式。

2. 析产登记

析产登记是一种常见的房屋登记种类，主要适用于离婚析产，是夫妻双方因离婚后彼此就个人对房屋所占的份额进行转移的一种登记手续。

办理房屋析产手续的前提条件是已取得了房屋所有权证，双方或多方签署了合法有效的财产分割协议。

三、离婚析产登记的办理

1. 离婚析产登记必备资料

（1）离婚判决书（须中级以上人民法院判决，如初级人民法院判决须提供民事调解书或生效书），或离婚协议书（经区级以上公证处公证有效，没有公证的须夫妻双方亲自到场办理析产登记），或离婚证（背后须注明财产分配情况）；

（2）房地产证（有共有证的，包括共有证）；

（3）申请人的身份证明；

（4）房地产登记申请书；

（5）委托书。

2. 办理离婚析产登记的步骤

（1）到公证处办理析产公证（费用500～800元），如有离婚判决书的话可免该步骤，即无须办理公证。

（2）到房地产交易中心办理转绘（一般即日可出）。

（3）到房管局办理免征契税申请（约10个工作日）。

（4）办理析产登记手续（约7个工作日）并缴交50元登记费。

（5）取证（交证照印花税5元）。

四、我国对个人转让离婚析产房屋征税的相关规定

1. 通过离婚析产的方式分割房屋产权是夫妻双方对共同共有财产的处置，个人因离婚办理房屋产权过户手续，不征收个人所得税。

2. 个人转让离婚析产房屋所取得的收入，扣除其相应的财产原值和合理费用后，余额按照规定税率缴纳个人所得税；其相应的财产原值，为房屋初次购置全部原值和相关税费之

和乘以转让者占房屋所有权的比例。

3. 个人转让离婚析产房屋所取得的收入，符合家庭生活自用五年以上唯一住房的，可以申请免征个人所得税。

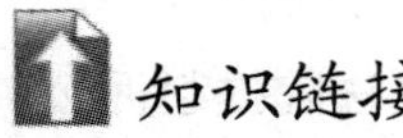

离婚析产登记与普通的交易过户的区别

1. 新旧产权人及其数目不同

离婚析产登记中，房屋新产权人为原夫妻双方的其中成员之一，且新产权人数量一般等于或少于原产权人；而普通的交易过户多为产权人完全变更，前后人数不定。

2. 契税缴交额度不同

离婚析产是免交易税费的；普通的交易过户则按照国家规定对房屋的评估价以全额计算相应税费。

任务实施

任莹接待了林先生，告诉林先生他要办的不是转名手续，而应该是离婚析产登记，一般由双方共同申请。林先生生意很忙，林太太因心情原因不愿出面。为节省时间，林先生将此事委托给任莹去做。

一、了解详细情况

任莹详细了解林先生夫妇离婚协议和财产分割的情况，核实房屋的产权证书、身份证件、离婚证书等资料，确定需要办理的是离婚析产。之后，与林先生夫妇签订代理协议，约定代理事项和各自责任及佣金数额。

房屋委托代办合同

这一合同主要用于房地产经纪人为客户代办房地产交易手续，例如交易双方共同委托房地产经纪人办理成交后的交易过户手续、贷款手续、他项权利登记等手续等。

委托方：林××　　　　　　　　　（以下简称甲方）

代理方：广州金荣房地产经纪有限公司　　　（以下简称乙方）

甲、乙双方依据《中华人民共和国合同法》及其他法律有关规定，就委托代理出售房屋及相关手续的有关事项自愿订立以下条款，共同严格履行。

一、甲方委托乙方全权代表甲方办理以下事务：＿＿＿＿＿＿＿＿＿＿＿＿＿＿＿＿

二、乙方根据甲方的以上授权履行以下义务：＿＿＿＿＿＿＿＿＿＿＿＿＿＿＿＿

三、乙方只对甲方授权的事项负责。

四、乙方完成代理事务，甲方按委托房屋成交价总额　　%的比例向乙方支付服务费。甲方委托事项涉及的税费由甲方承担。

五、甲方撤销委托应以书面形式，挂号邮寄通知乙方，乙方收到通知之日，本合同终止。

六、双方签订本合同后未经乙方同意，甲方不得委托第三人代理上述事务。甲方委托第三人代理上述事务或中途撤销委托造成乙方损失的，甲方应全额赔偿乙方的经济损失。

七、自签订本合同当日起10天内，乙方不处理代理事项或甲方不按乙方要求提供委托房屋的有关凭证及材料视作违约，另一方有权对违约方追索违约金，且本合同自然解除。

八、乙方超越本合同约定的委托权限而造成甲方损失的，乙方应赔偿甲方的经济损失。

九、本合同条款空格部分书写与铅印文字具有同等效力。

十、本合同自双方法定代表人签字、公证即生效。本合同一式五份，委托方一份，公证方一份，受托方三份。

委托方： 受托方：广州金荣房地产经纪有限公司

身份证号： 地址：

法定住所： 授权代表签字盖章：

联系电话： 联系电话：

签约地址：

签约日期： 年 月 日

二、办理析产公证

由于林先生夫妇为协议离婚，任莹先带林先生到公证处办理析产公证，费用500～800元（有法院的离婚判决书则无须办理公证）。林先生夫妇需备好身份证复印件（核对原件）。

三、办理转绘

任莹带林先生持房地产权证附图（共有证）到房地产交易中心办理转绘手续，领取测绘成果或者附图（一般即日可出），以便办理产权登记手续。

四、办理免征契税申请

任莹带林先生到房管局办理免征契税申请（约10个工作日）。房管局受理了林先生的申请，经相关人员审核后批准了其申请，向其发放免征契税的证明。需提交的资料：契税减免申报表、契税减免书面报告（正件）、离婚证（原件与复印件）、办理房地产的旧房地产权证（无房产证的用购房合同）、房产分割（析产）协议（原件，共有房屋分为单独所有）、双方身份证复印件（核对原件）、析产公证书（原件）、离婚协议书（征收机关要求提供的其他资料也要提供）。

五、办理析产登记手续

任莹带林先生夫妇到房管局办理析产登记手续并缴交登记费（按各地标准收取，一般约7个工作日）。由双方共同申请登记，并提交以下资料：房屋所有权证、身份证明及复印件、离婚证及复印件、经公证过的离婚财产归属协议、房地产登记申请书、房屋测绘平面图、免征契税证明文件等。

房地产登记申请书（样本）

种类：□补证、□换证、□登记更正、□登记异议、□登记撤回、□其他

房地产坐落			
房地产权证号（或登记、备案证明号）			
申请人		联系电话	
身份证件名称		证件号码	
联系地址		邮编	
代理人		联系电话	
身份证件名称		证件号码	
联系地址		邮编	
申请人		联系电话	
身份证件名称		证件号码	
联系地址		邮编	
代理人		联系电话	
身份证件名称		证件号码	
联系地址		邮编	
备注			
申请人：（签章）　　申请人：（签章） 代理人：（签章）　　代理人：（签章） 申请日期：　年　月　日			

六、取证并支付佣金

任莹带林先生到房管局取证，交房产证印花税。需带证件：身份证（原件）。

在任莹的指引下，整个析产登记手续在20个工作日办理完毕。析产后，林太太持有了该物业。

林先生按代理合同约定支付金荣公司佣金。整个服务过程结束。

技能训练

1. 贾某与丈夫共有一套房屋，房屋产权登记在丈夫名下。现夫妻双方协议离婚，对该房产作出处分，房屋由贾某所有。现双方欲将该房屋产权登记变更至贾某名下。该如何办理手续？

2. 沈先生和妻子结婚两年了，妻子要求在家里的房产证上加上自己的名字，为了让妻子安心，沈先生欣然答应了。他们应该如何办理加名手续？

思考与练习

1. 什么是析产？
2. 析产登记的流程是怎样的？

任务5　代办房产赠予登记

学习目标

了解房屋赠予的概念及房屋赠予登记的操作流程，能代办房屋赠予登记。

任务引入

涂大与涂小是一对双胞胎兄弟，五年前，两人以共同的名义在市区购买了一套两房两厅的小面积房屋，现涂大经济能力增强，准备另外购买一套三房的大面积房屋作为婚房，并想将两房两厅中属于自己的份额无偿送给弟弟涂小，但不知要办理哪些手续，于是到经纪公司来咨询，任莹接待了他们。

任务分析

本任务是典型的房产赠予案例。房产赠予是赠予人自愿把自己所有的房屋无偿赠予受赠人，受赠人也愿意接受的行为，房屋赠予应订立书面合同并进行赠予登记。

相关知识

一、房产赠予和赠予登记

房产赠予是指一方（赠予人）自愿把自己所有的房屋无偿赠予他人（受赠人），他人愿意接受的民事法律行为。房屋赠予的双方当事人应订立书面合同。

赠予登记是指当房屋的权属人自愿将该房屋赠予给他人，他人接受后申请办理该房屋权属赠予的登记。办理赠予登记的条件是已经领取房地产权证。赠予登记需缴交契税，另外，房屋尚未缴交土地出让金的还需按照国家有关规定缴交土地出让金，办理公证时也需缴交评估价2%的公证费。

二、房屋赠予的步骤

1. 赠予双方到房屋所在地的公证处办理赠予合同公证，领取赠予合同公证书（要求双方亲自到场，备齐身份证原件及房产证原件）。

2. 申请人到房地产测绘部门申请办理房屋面积测绘或转绘手续，领取房屋面积测绘成果或者附图。

3. 如果该房屋尚未缴交土地出让金，申请人申办前必须先到估价所评估需要缴交的地价，领取评估地价答复书。

4. 申请人到交易中心征收契税窗口办理缴交赠予契税手续，领取完税证明。

5. 申请人到交易中心咨询服务窗口领取房地产权登记申请书，所有受赠人必须在申请书上签名。

6. 申请人备齐资料到收件窗口申请赠予登记，缴交登记费，领取《房地产申请登记回执》。

7. 凭登记回执到发件窗口领取《房地产权证》。

三、赠予登记所需资料

1. 赠予公证书（原件）。
2. 房地产权证书（共有证）（原件）。
3. 房地产登记申请书（原件）。
4. 房地产测绘附图（数量：申请人数＋1 份）（原件）。
5. 申请人的身份证明或者法人资格证明。
6. 相关完税证明或免税证明（原件）。
7. 估价答复书及土地出让金估价答复书（房屋未办有偿使用手续的）（原件）。
8. 当赠予双方中有一方是单位，需提交市政府批准赠予或受赠的有关批文。
9. 委托书（所有受赠人必须亲自到受理窗口共同申请办理，不能亲自前往办理的，应当依法办理委托书）

知识链接

一、房产赠予的法律特征

1. 房产赠予合同是无偿合同

赠予人自愿单方承担将房屋无偿赠予对方的义务，受赠人享有无偿接受对方所赠房屋的权利。

2. 房产赠予合同是实践性合同

赠予人必须把赠予房屋实际交付给受赠人，受赠人接受赠予房屋后，房屋赠予的民事法律行为才完成，合同才算生效。但在实物交付后，则不得再行撤回赠予。如果因赠予人撤回赠予而发生纠纷，受赠方可请求人民法院裁决。

3. 房产赠予合同是要式合同

房产赠予同房屋买卖一样，都属于所有权的转移。按照《城市私有房屋管理条例》的规定，应提交各项证明办理登记过户手续。如果当事人未办理过户手续，根据《合同法》等的有关规定，赠予合同仍然有效，但赠予的房屋所有权不能转移。

二、关于个人无偿受赠房屋有关个人所得税问题的通知

财税〔2009〕78号

各省、自治区、直辖市、计划单列市财政厅（局）、地方税务局，宁夏、西藏、青海省（自治区）国家税务局，新疆生产建设兵团财务局：

为了加强个人所得税征管，堵塞税收漏洞，根据《中华人民共和国个人所得税法》有关规定，现就个人无偿受赠房屋有关个人所得税问题通知如下：

一、以下情形的房屋产权无偿赠予，对当事双方不征收个人所得税：

（一）房屋产权所有人将房屋产权无偿赠予配偶、父母、子女、祖父母、外祖父母、孙子女、外孙子女、兄弟姐妹；

（二）房屋产权所有人将房屋产权无偿赠予对其承担直接抚养或者赡养义务的抚养人或者赡养人；

（三）房屋产权所有人死亡，依法取得房屋产权的法定继承人、遗嘱继承人或者受遗赠人。

二、赠予双方办理免税手续时，应向税务机关提交以下资料：

（一）《国家税务总局关于加强房地产交易个人无偿赠予不动产税收管理有关问题的通知》（国税发〔2006〕144号）第一条规定的相关证明材料；

（二）赠予双方当事人的有效身份证件；

（三）属于本通知第一条第（一）项规定情形的，还须提供公证机构出具的赠予人和受赠人亲属关系的公证书（原件）。

（四）属于本通知第一条第（二）项规定情形的，还须提供公证机构出具的抚养关系或者赡养关系公证书（原件），或者乡镇政府或街道办事处出具的抚养关系或者赡养关系证明。

税务机关应当认真审核赠予双方提供的上述资料，资料齐全并且填写正确的，在提交的《个人无偿赠予不动产登记表》上签字盖章后复印留存，原件退还提交人，同时办理个人所得税不征税手续。

三、除本通知第一条规定情形以外，房屋产权所有人将房屋产权无偿赠予他人的，受赠人因无偿受赠房屋取得的受赠所得，按照“经国务院财政部门确定征税的其他所得”项目缴纳个人所得税，税率为20％。

四、对受赠人无偿受赠房屋计征个人所得税时，其应纳税所得额为房地产赠予合同上标明的赠予房屋价值减除赠予过程中受赠人支付的相关税费后的余额。赠予合同标明的房屋价值明显低于市场价格或房地产赠予合同未标明赠予房屋价值的，税务机关可依据受赠房屋的市场评估价格或采取其他合理方式确定受赠人的应纳税所得额。

五、受赠人转让受赠房屋的，以其转让受赠房屋的收入减除原捐赠人取得该房屋的实际购置成本以及赠予和转让过程中受赠人支付的相关税费后的余额，为受赠人的应纳税所得额，依法计征个人所得税。受赠人转让受赠房屋价格明显偏低且无正当理由的，税务机关可以依据该房屋的市场评估价格或其他合理方式确定的价格核定其转让收入。

六、本通知自发布之日起执行。

财政部　国家税务总局

二〇〇九年五月二十五日

任务实施

一、了解详细情况

任莹热情接待涂氏兄弟，听取他们的介绍，了解房屋产权状况，查看他们的身份证明及房屋产权证明，确定需要办理的业务是房产赠予登记。并与涂氏兄弟签订代理合同，约定代理事项和各方责任，确定佣金标准。

房屋相关信息如下：房屋位于××市××区××号××花园××栋402，建筑面积66.6平方米，房屋产权证号××××××；所有人：涂大、涂小，各占50%，无按揭无抵押。

二、订立赠予合同

任莹指导涂大、涂小订立房产赠予的书面合同，即赠予书。

房屋赠予合同

本协议由以下双方当事人在广州市金荣房地产经纪有限公司签订：

甲方：涂大

住所：××市××区××路××号

身份证号：××××××

乙方：涂小

住所：××市××区××路××号

身份证号：YYYYYY

为明确双方本次赠予房屋行为的权利义务，甲乙双方本着诚实信用的原则，并根据有关法律法规，制订本协议，以资共同遵守。

第一条　甲方决定将与乙方共同拥有的位于××市××区××号××花园××栋402房的产权无偿赠予乙方，该房屋建筑面积66.6平方米，乙方同意接受此赠予。

第二条　甲方保证其对上述房屋拥有所有权。

第三条　甲方保证本次赠予并无任何恶意，而且已将其所知的一切包括瑕疵在内的注意事项告知乙方（但甲方不保证本次赠予物完全无瑕疵），否则，愿意对因此给乙方造成的损失承担赔偿责任。

第四条　应甲方的要求，乙方保证将房屋不用于违法（或双方约定的其他事项）等事项。

第五条　乙方违反第四条的约定，甲方有权收回上述房屋。

第六条　在本协议生效后，甲方应在10日内向乙方移交上述房屋；并应在30日内协助乙方到有关房产管理部门办理有关变更登记的手续。

第七条　乙方无须向甲方支付任何费用，但与移交上述房屋有关的费用包括到有关房产管理部门办理有关手续的费用以及有关契税应由乙方负担。

第八条　违反本协议的约定为违约行为，应承担违约责任。

第九条　违约方应向对方赔偿一切损失。

第十条　本协议一式两份，双方各持一份，具有同等法律效力。

第十一条　本协议在双方签字后生效。

甲方：（签字）涂大　　　　　　　　乙方（签字）：涂小

2012 年 12 月 1 日　　　　　　　　2012 年 12 月 1 日

三、办理房产赠予公证

任莹约定涂大、涂小带齐身份证原件、房产证原件、房产赠予合同到××公证处办理房产赠予公证，交纳公证费。

房屋赠予公证书

（______）______字第____号

兹证明赠予人涂大与受赠人涂小于 2012 年 12 月 10 日共同来到我处，并在我的面前，在前面的赠予协议上签名（或盖章或按指纹）。涂大的赠予行为与涂小的受赠行为均符合《中华人民共和国民法通则》第五十五条的规定。

中华人民共和国×省×市××公证处

公证员：（签字）

2012 年 12 月 10 日

四、办理赠予登记手续

涂氏兄弟到房地产交易中心办理赠予登记手续。

1. 到测绘窗口委托测绘配图，交测绘费；
2. 至评估窗口委托评估，交评估费；
3. 领取配图、评估报告；
4. 到契税窗口缴纳契税；
5. 到窗口登记；
6. 到收费窗口交费；
7. 回原窗口领取收件收据；
8. 到领证日期，涂小凭身份证明及收件收据领证。

他们需向交易中心提供的资料包括：赠予合同、赠予公证书、契税完税证、房产证原件、身份证复印件（原件校对）、房屋所有权证配图、房地产登记申请表、涂氏兄弟的婚姻状况证明，并缴交相关费用。

涂大（赠予人）需要缴交的税、费有交易手续费、合同印花税；涂小需要缴交的税、费有登记费、交易手续费、配图费、契税、合同印花税、权证印花税。具体收费多少依各地标准执行。

五、交付房屋，支付佣金

在任莹的指导下，涂氏兄弟在 30 天内办好了房产赠予登记手续。涂氏兄弟付清佣金，任莹的代理服务结束。

技能训练

1. 小华是何先生的干女儿。最近何先生办理了移民手续并获得批准，因此何先生打算把他的房子无偿赠送给小华，请问何先生及小华应该如何办理相关手续？

2. 2008 年，张三大学毕业时以父子同名买下一套房，房产证有两个，主本是张三的名字，副本是他父亲的名字，两人各百分之五十分割，房子办理的是商业按揭。现在张三工作稳定了，有住房公积金，准备自己买套房，想把现在的房子变更成父母的，请问该如何操作？

思考与练习

1. 什么是房屋赠予和赠予登记？
2. 房屋赠予登记的流程是怎样的？

任务 6　代办房屋继承登记

学习目标

了解房产继承登记业务的操作流程，清楚当地房产继承登记所收税、费的标准，会代办房屋继承登记。

任务引入

某天，任莹接待了一位客户马先生，情况如下：马先生的父亲病故，生前欠下一笔债务，马先生的母亲想出售一套住宅物业来还债，该住宅物业落在马先生父亲的名下。马先生声称自愿放弃该套物业的继承权，但他还有一个未成年的妹妹。由于不清楚应如何办理相关手续，所以来经纪公司咨询。

任务分析

本任务中，马先生的父亲病故，留下的房产由马先生的母亲、妹妹和他共三人继承。因此，马先生需要办理的是房产继承登记。继承登记适用于业主死亡后其继承人办理物业继承过户登记的情况，这也是房地产交易中心在办理非交易性房产过户时最常接触的转移登记的情形。

相关知识

一、房产继承

房产继承是指按照《继承法》的规定，在被继承人去世之后，把被继承人所遗的房产转归继承人的行为。继承分为法定继承和遗嘱继承两种形式。凡领取《房地产权证》的房屋，当房屋的权属人死亡后，其合法继承人就可以申请办理该房屋继承登记。法定继承人继承房地产，免征契税。

二、房屋继承登记步骤

办理房产继承手续必须经过房屋评估、继承公证、申请产权登记等办理过程。大致步骤如下：

1. 房屋评估

首先必须通过评估公司对房屋进行市值评估。评估公司会根据房屋所处的路段、朝向、楼层、楼龄等重要因素，作出专业的价格分析和评估，定出准确的物业价格。

2. 继承公证

申请人应当到房屋所在地的公证处办理继承公证，领取继承公证书。在办理公证时，必须提供房屋权属人的死亡证明书、合法机关出具的合法继承人名单证明，以及原房屋权属人立有的遗嘱（如有遗嘱），应提交遗嘱原件。若部分合法继承人自愿放弃继承权，必须出具放弃财产承诺证明。

3. 房屋测绘

申请人须到房地产测绘部门申请办理房屋面积测绘或转绘手续，领取测绘成果或者附图，以便办理产权登记手续。

4. 继承登记

申请人持房地产权证、继承公证书、房屋测绘等证明到房地产交易中心申请继承登记手续。在填写《房地产产权登记申请书》，并递交上述资料后，办案人员收件立案受理，并核发回执。待一切资料审核后，即发放已更改权属人的房产证明。

5. 规定需递交的其他资料

如涉及该房屋权属等事项是经法院判决、裁定或调解的，必须缴交法院判决书、裁定书或调解书等。如该房屋经实地测绘，发现已经改建或存在违法建设的，必须提交规划部门的报建审核书或处理决定书。

三、继承登记与赠予登记的区别

继承登记是指当房屋的权属人死亡后，其合法继承人就可以申请办理该房屋权属继承的登记。继承登记是免收税费的，只是办理公证时需缴交评估价 2%的公证费。

赠予登记是指当房屋的权属人自愿将该房屋赠予给他人，他人接受后可以申请办理该房屋权属赠予的登记。赠予登记需缴交契税，另外，房屋未补地价的还需按照国家有关规定缴交土地出让金，办理公证时也需缴交评估价 2%的公证费。

知识链接

房产继承的条件

继承是一种法律制度，继承关系要在一定的条件下才能发生。

1. 继承应当在被继承人（在房产继承中就是遗留下房产的人）死亡后才能发生。这是继承的首要条件。有的房产所有权人为了避免继承人在日后可能会因争夺房产而产生纠纷，在生前就将房产权交给继承人，如分给某个或各个子女，这也是合法的行为，但这不是继承，因为这时继承还没有开始，而是生前的赠予行为。

2. 继承遗产的人应当是被继承人的合法继承人，就是依照法律的规定能作为继承人的继承人。这是继承的第二个条件。被继承人如果立下遗嘱，将房产指定给法定继承人以外的人，或是捐献给国家、集体，这也是被继承人处分遗产的方式，但这不是继承而是遗赠。

3. 遗产应当是属于被继承人生前个人所有的财产。这是继承的第三个条件。有的房产是共有的，如常见的夫妻之间的共有，当一方死亡以后，并不是所有的房产都成了遗产。这时，应当先将房产进行产权分割，将属于被继承人配偶的份额（除有约定者外，一般应分出房产份额的一半）分割出来以后，再对遗产进行继承。

房产的继承和分割与其他财产不同，房产虽然可以分割但这种分割是有限的，如不能把一间房屋分成许多份。在这种情况下，可以由继承人共同继承，作为共有的房产。如一定要分割时，可以采用作价分割的方法。

任务实施

一、了解详细情况

任莹接待了马先生，并向他仔细了解物业的情况：房屋位于××市××区××号××花园××栋 301，电梯楼，楼龄 10 年，精装修，建筑面积 50 平方米，一房一厅，房屋产权证号××××××；房产证上登记的产权人只有马先生的父亲一人。无按揭无抵押。

二、查验证件，订立合同

任莹查看马先生带来的相关证明文件：马先生父亲的死亡证明、房屋产权证明、马先生的身份证明及户口本，确定马先生的身份和家庭成员人数。

任莹告诉马先生，他母亲要出售该物业应先办理该房产的继承登记手续。由于马先生的母亲年事已高，而他自己本人又工作繁忙，于是，马先生委托任莹代办房屋的继承登记手续。任莹与马先生的母亲签订了代理合同，约定代理事项和各方责任，并确定佣金标准。

三、办理继承公证

1. 马先生首先要到他父亲户籍所在地的派出所注销户籍，开具其父的死亡证明。

2. 到其父所在单位（或者居委会、村委会）开具法定继承人证明，内容主要包括死者的配偶、父母、子女的姓名和死者的父母是否已经过世等。

3. 任莹带王女士、马先生和马先生的妹妹到××公证处办理公证。马先生表示自愿放弃该房产的继承权，放弃部分的遗产由他母亲和妹妹平均分配。

继承公证书

（　　）××字第××号

被继承人：马××（马先生父亲的姓名、性别、生前住址）

继承人：王女士（马先生母亲的姓名、性别、出生年月日、住址、与被继承人的关系）

继承人：马先生（马先生的姓名、性别、出生年月日、住址、与被继承人的关系）

继承人：马小姐（马先生妹妹的姓名、性别、出生年月日、住址、与被继承人的关系）

经查明，被继承人马××于××年×月×日因×××（死亡原因）在×××地（死亡地点）死亡。死后留有遗产计：×××（写明遗产的状况）。死者生前无遗嘱。根据《中华人民共和国继承法》第五条和第十条的规定，被继承人的遗产应当由其妻王女士、其子马先生、其女马小姐共同继承。现马先生自愿放弃该房产的继承权，放弃部分的遗产由其母亲和妹妹平均分配。

中华人民共和国××市公证处

公证员：（签名）

××年×月×日

办理继承公证时，马先生的母亲需提供的资料和证明有身份证、结婚证、户口本、其丈夫的死亡证、其女儿的出生证、房地产证以及马先生的身份证，由公证处调查是否真实。需按当地规定的标准缴纳公证费。

四、评估并办理继承登记手续

由公证处出具介绍书到房管局估价所进行评估。经评估，该套房屋的评估价格为 45 万元，需缴纳相应的评估费。

任莹持估价所出具的评估结果代马先生的妈妈到房地产交易中心登记窗口办理继承登记手续。过程为到房产交易中心收件窗口领表、收费窗口交费、收件窗口交件和发证窗口领证。

任莹需提供的资料有：继承公证书、房地产证（共有证）、身份证明、户口本、房地产登记申请书、测绘图及以前购房时的契税完税证明。由于马先生的妈妈未能亲自去办理，其妹妹未成年，任莹还需提交马先生妈妈的委托书及受托人身份证及复印件。需缴交登记费、合同印花税。

五、取证并支付佣金

任莹代马先生的母亲到房管局领取新房产证，归档后递件，需缴交权证印花税。领取房产证时需携带证件有：已交费的发票、继承人身份证、收件清单。由于马先生的母亲未能到场，任莹还要带好委托书。

在任莹的帮助下，马先生母亲的继承登记在两个月时间内完成。马先生按委托协议结清佣金，代理活动顺利结束。

技能训练

1. 假如张锋与你在同一个城市，他父母离婚后房产判属于他母亲，他跟随父亲，他妹妹跟随母亲，后来母亲去世，未对房产留下任何遗嘱，他妹妹放弃房产，愿意把房产的继承权给张锋，请问张锋该如何办理继承登记手续？应该缴交哪些费用？

2. 李成的爸爸去世了，留下房屋两套，房产证上的产权人都是其父，过世时没有留下遗嘱。他没有配偶，只有李成一个儿子。请问：

（1）这两套房是不是归属于李成的名下？

（2）如果是的话，李成要怎样办理相关手续？

思考与练习

1. 房产继承登记的流程有哪些？

2. 房产继承登记与赠予登记的区别何在？

模块四

房地产代理

房地产代理是房地产经纪业务的一种主要形式，是以委托人的名义，在授权范围内，为促成委托人与第三方进行房地产交易而提供服务，并收取委托人佣金的行为，最常见的代理形式是为新建商品房作销售代理。随着商业物业的快速发展，商业物业的招租招商活动也越来越多地由专业的代理公司负责完成。

任务1 新建商品房销售代理

学习目标

能根据项目需要选择合适的销售代理模式，能按照要求做好销售准备，能针对不同客户的需求进行购房方案设计，能办理客户签约及入住事宜。

任务引入

袁珊珊毕业时成功应聘到当地一家知名的房地产销售代理公司策划部工作，从策划部一名普通的文员做起，随着工作经验的不断积累，已经能够独立承担市场调研的工作。某次工作例会上，策划部经理向大家通报了目前的工作重点，其中，大家最关注的是当地一知名发展商——××公司即将开发的一个新住宅小区××华府。该房地产销售代理公司高层希望能与××公司合作代理销售这个项目，并委派公司策划部负责此项目的拓展工作，袁珊珊被安排协助项目接洽。

任务分析

房地产销售有自主销售和代理销售两种模式，代理销售又可分为独家代理、联合代理（同时委托两家以上房地产代理商）和协同销售代理（发展商和代理商合作销售）。房地产销售代理公司是为房地产公司（发展商）提供专业的楼盘策划和销售代理的服务机构，业务集中在产品定位、案场包装、物料设计、媒体计划、广告推广及销售代理等。随着房地产市场分工的日益细化，专业代理公司越来越受到房地产发展商的青睐，代理销售已成为房地产销售的主流模式，而独家代理最为普遍。房地产销售代理企业怎样才能独辟蹊径，取得房地产项目的代理权呢?

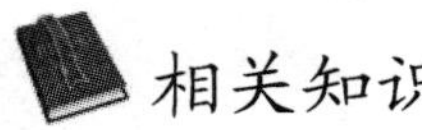

相关知识

一、房地产代理

根据不同的分类标准，房地产代理可分为多种类别：

1. 根据代理业务客体的交易方式不同，房地产代理可以分为销售代理、租赁代理、抵押代理、权属登记代理等类型。

2. 根据服务对象的不同，房地产代理可以划分为卖方代理和买方代理。

房地产卖方代理是房地产代理机构或经纪人受委托人委托，以委托人的名义出租、出售房地产的行为。卖方代理的委托人主要有房地产发展商、存量房的所有者或是出租房屋的业主。卖方代理是最主要的代理业务。根据委托人的不同，卖方代理可以分为商品房销售代理、房屋出租代理和二手房出售代理。

房地产买方代理是代理机构或经纪人接受委托人的委托，以委托人的名义承购、承租房地产的行为，其委托人为购房者或承租人。目前买方代理业务量不大，主要集中在境外公司或个人在中国境内的承租房屋业务。

二、房地产销售代理

房地产销售代理是指房地产代理机构或经纪人受发展商或房屋所有权人的委托，以委托人的名义对所有房地产代行销售的经纪行为。房地产销售代理是房地产代理业务最常见的一种业务形式，通常分为新建商品房销售代理和二手房销售代理。

1. 独家代理

这是目前房地产市场的主流模式，其优势在于：分工明确，各展所长。销售代理在操盘过程中有丰富的经验，可以准确地把握当地市场的客户品位、心理、消费习惯，避免发展商盲目揣测市场，偏离市场需求。发展商可集中精力做好产品控制工作。双方分工明确，优势互补，各展所长，能避开操作风险。劣势主要表现在：独家包揽，反客为主。

2. 联合代理

这是一种新兴的代理模式，正逐渐被发展商所采用。其优势在于：充分竞争，推动销售。劣势主要表现在：恶性竞争，管理困难。因此，联合代理模式需要销售代理机构之间具有良好的竞争心态，发展商需要成熟的管理经验来制约和管理销售代理机构，以避免对项目带来不可预知的负面影响。

3. 发展商与销售代理联合销售

即发展商组建团队销售，同时也委托代理公司进行销售。这种模式的优势主要表现在：存在竞争，借力打力。销售代理面对发展商的竞争，为争取更多代理收入，会选用较强阵容，以免遭淘汰。发展商的销售团队能从中学习代理公司某些成熟的做法，促进和提高自己的销售技巧和业务水平。这种模式的弊端同联合代理模式类似，如果出现恶性竞争、争抢客户等问题时会严重影响到项目的整体形象和销售利润。

三、适宜采用代理模式的情形

一般来说，发展商在下列情况下适宜采用代理销售模式：

1. 缺乏后续操作项目的临时性项目公司。

2. 不以房地产开发为主业的企业。

3. 成立时间不长，或由其他行业新进入房地产开发领域的企业。

4. 进入新的地理区域，需要专业代理商拓展市场、树立品牌的开发企业。

5. 多家企业联合开发的项目。

6. 大规模运作的项目及需要树立品牌形象的开发企业。

发展商将楼盘委托给代理商销售之前，首先会对代理商进行评估比选，一般从如下几个方面考察代理商是否具备代理条件和能力：销售网络和销售能力；客户信息资源；信息搜集、分析和运用能力；专业团队、管理经验和专业特长；销售策划能力、宣传推介能力和合同执行能力；企业文化、过往业绩和业内口碑。

四、房地产销售代理的基本流程

1. 项目信息开发与整合

房地产代理公司全体人员进行项目信息的开发，发动每个员工通过各种途径收集新建商品房项目的信息，然后研究拓展部门负责汇总并初步筛选，上报公司专门的信息统筹部门或决策高层。经决策机构决定的项目，再分门别类地落实到具体控制部门（如子公司或专门组建的项目组/项目专案）。

最受房地产代理公司关注的信息有两类：一类是土地交易方面的信息，如土地交易规模、用途、土地投资方等资料；另一类是最新楼盘动向，如项目规模、发展商、代理商、销售进程等。房地产销售代理公司收集信息的渠道主要有：

（1）土地交易中心发布的土地招、拍、挂的交易情况；

（2）通过客户介绍联系、向服务过的客户寻求继续合作的机会；

（3）通过网络、报纸及人际网，挖掘潜在客户资源；

（4）建立完善的客户档案，挖掘潜在客户，有针对性地进行电话销售；

（5）登门拜访，到在售或者即将发售的项目部拜访相关管理层，主动与客户沟通。

2. 项目研究与拓展

发展商选择代理商的标准主要是看实力、主要业绩、对本项目的了解情况，是否容易沟通、管理能力及销售代理计划。因此，代理商在洽谈项目时应抓住重点去介绍和沟通。

由研究拓展部门组织、协调有关部门（如策划部、代理部、投资部等）对承接项目进行销售策划，确定项目销售的目标客户群、销售价格策略和具体市场推广的方式与途径等，撰写书面销售策划报告。如果专门成立项目组，则由项目组来组织实施项目研展。一般，研展的主要内容有：

（1）项目用地周边环境分析

1）项目土地性质调查。地理位置、地质地貌状况、土地面积及红线图、土地规划使用性质、七通一平现状等。

2）项目用地周边环境调查。地块周边的建筑物、绿化景观、自然景观、历史人文景观、环境污染状况等。

3）地块交通条件调查。地块周边的市政路网及公交现状、远景规划；地块周边的市政道路进入项目地块的直入交通网现状；项目的水、路、空交通状况等。

4）周边市政配套设施调查。购物场所、文化教育、医疗卫生、金融服务、邮政服务、娱乐、餐饮与运动场馆，周边存在的可能对项目不利的干扰因素等。

（2）区域市场现状及趋势判断

1）宏观经济运行状况。房地产开发景气指数、国家宏观金融政策（货币政策、利率、房地产按揭政策）、社会消费品零售总额（居民价格指数、商品住宅价格指数）、中国城市房地产协作网络信息资源利用。

2）项目所在地房地产市场概况及政府相关的政策法规。项目所在地的居民住宅形态、政府对各类住宅的开发和流通方面的政策法规、政府关于商品住宅在金融与市政规划等方面的政策法规、政府在项目所在地及项目地块周边的短中期市政规划。

3）项目所在地房地产市场总体供求现状。

4）项目所在地商品房市场板块的划分及其差异。项目所在地商品住宅平均价格走势及市场价值发展、商品住宅客户构成及购买实态分析（各种档次商品住宅客户分析、商品住宅客户购买行为分析）。

（3）土地 SWOT 分析

项目地块的优势、劣势、机会点、威胁及困难点的深层次分析。

（4）项目市场定位

1）类比竞争楼盘调研。类比竞争楼盘的基本资料、项目户型结构详析、项目规划设计及销售资料、综合评判。

2）项目定位。市场定位（区域定位、主力客户群定位）、功能定位、建筑风格定位。

3. 项目签约

由项目的直接操作部门（如子公司、项目组等）具体与项目发展商进行商谈。发展商与代理商沟通的内容：

（1）发展商的发展历史、组织结构。

（2）开发项目的计划和特点。

（3）主要竞争对手的基本情况。

（4）楼盘推出和销售计划，包括楼盘竣工时间、楼盘位置、价格、规模和费用支付标准等。

然后起草代理合同文本，在房地产代理机构内部的交易部门、法律顾问和高层管理人员之间进行流转，各自签署意见书并由专门机构汇总，提交最高决策者，最高决策者签署与发展商达成一致的合同。

4. 项目执行企划

项目执行部门根据已签署的代理合同，对销售策划报告进行修改，初步制定项目的执行指标（销售期、费用预算等）和佣金分配方案，召集各分管业务的高层管理者及有关部门（如交易管理部、研究拓展部、财务部等）合作会议，由会议决议最终的项目执行指标和佣金分配方案。

5. 销售准备

即销售资料、销售人员和销售现场的准备。销售资料包括有关审批文件（如预售许可证）、商品房买卖合同文本、楼书、开盘广告、价目表、销控表等。销售人员准备包括抽调、招聘销售人员并进行业务培训。销售现场准备包括搭建、装修布置售楼处、样板房、看房通道等。

6. 销售执行

主要是在销售现场接待购房者看房，签订商品房买卖合同，并配合实施广告、公关活动等市场推广工作。这一阶段通常很长。在后期还要完成商品房交验（俗称“交房”）的工作。

7. 项目结算

商品房的销售过程比较长，一般在销售过程中要按一定时间周期进行对外结算佣金（与发展商结算佣金）和对内结算佣金（与销售人员结算佣金）。到整个项目销售的最后阶段（通常是完成代理合同所约定的销售指标后），要进行项目的总结算。结算报告交业务管理部门和信息资料部门存档。

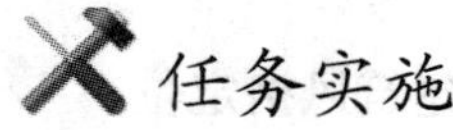

任务实施

一、房地产代理业务开拓

1. 收集信息

袁珊珊所在的代理公司在长期的拓展工作中积累了大量的客户，也建立了完善的客户档案系统。袁珊珊的主要工作是进行调查，获取项目信息，并对信息进行分析处理。××华府项目是××公司在本市的一个大型项目，公司了解到这个项目后很快就进行了跟进。该项目的相关要素如下：

（1）项目概况、区域情况及竞争楼盘（显在及潜在）

项目位于××区东部。该位置是“××经济圈中心轴线”的核心区域，交通便利，到机场需要××分钟，距离火车站××公里。该项目的北面是××金融服务区，西面是商业区和医疗配套区，南面是科技数码商务区，东面是教育区。

（2）发展商××公司的基本情况、有无寻求代理服务的意向、开发项目的市场前景预测，另外，项目决策人，谈判切入点与谈判关键人等信息

××公司成立于××年，是上市房地产公司，已在全国××个城市开发了××项目，开

发的楼盘得到各地消费者的喜爱，公司研发的多项产品是“情景洋房”是中国住宅行业第一个专利产品和第一项发明专利。集团连续多年获得“中国最佳企业公民”“中国最受尊敬企业”等称号。

××华府项目是××公司进入××市场的首个项目，公司根据项目的实际情况决定采用独家代理销售模式。

(3) ××华府项目的规划单位、设计单位、施工单位、物业管理公司

发展商：××房地产有限公司

建筑单位：××建设集团有限公司

设计单位：××建筑师有限公司、××省设计院

物业管理公司：××物业（一级资质）

(4) 目前潜在的竞争对手及介入项目的程度

目前多家房地产代理公司对该项目有强烈意向，都在通过各种渠道与××公司接触，代理公司之间的竞争很激烈。

(5) 与项目相关的关键要素和风险点及其他影响本代理公司介入的因素

当前的限购政策对销售会产生一定的影响，附近有中海、保利、光大等发展商开发的大盘竞争客源……

2. 项目初步接洽

××代理公司策划部与××华府项目的负责人进行了沟通，了解的信息主要有：项目的特点、主要竞争对手、楼盘推出和销售计划，包括楼盘竣工时间、价格、规模和费用支付标准等。代理公司在与项目负责人洽谈时，仔细倾听了该负责人的陈述，充分了解他们的意图与要求，同时也衡量本公司接受委托的能力。

××华府项目合作沟通稿

目录

一、服务前言

我司是××本土优秀的房地产销售团队，以“挖掘物业价值，降低交易成本”为主导经营理念，熟悉省内房地产市场，所操作项目涵盖普通住宅、别墅、写字楼、商业等业。服务范畴涵盖城市运营、区域市场研究与预测、项目可行性研究、项目咨询顾问、项目销售代理，从市场调研到策略规划，从产品设计到产品创新，从创意制作到媒介发布等全过程……之后附公司的业绩与重点代理项目介绍、团队情况介绍等内容。

二、本项目的项目合作模式

1. 项目组配备的部门、职能人员数量与说明、策略总监、驻场情况。

2. 管理架构设置。强调为保障各关键部分和各环节的精准配合，实操团队框架由精进团队核心人员构建，整体构架全面无缝，能够确保项目全案全程的成功操作。

3. 合作模式。前期策划加销售代理，并贯穿全程策略的全案策划模式。

4. 服务内容。

前期策划：产品规划设计建议（户型建议、规划建议、单体建议等产品细节的创新）、项目定位（产品定位、市场定位、价格定位）、项目包装（案名建议、产品主张及主题推广语提炼、项目VI系统设计及延展）、现场包装（工地围挡包装设计、销售中心建议、导视系统设计建议）、项目推广（入市策略、广告创意设计、媒体策略及排期、活动计划与实施）。

销售代理：销售过程当中的市场研究、策略制定与执行贯穿始终。项目可销售部分的销售代理（通过优秀销售人员的详细到位的介绍，结合专业技巧实现高效成交，以市场为依据实现利润最大，周期最短）、大客户接访与洽谈（配合发展商代表洽谈大客户）。项目推广策略、项目包装、现场包装等工作由项目总监会（公司高层与策划部、研究部及项目组负责人构成）直接带领指定人员贯穿于项目操作始终，配合各工程与销售节点不定期形成销售策略、促销策略、活动策划、广告创意并配合销售实际需求进行实施。

5. 服务代理费收取。本着做出骄绩、树立口碑的目的，所报服务价格将略低于以往服务费水平。结合项目所处地区竞争环境、产品规模与业态，销售周期分为前期与后期两部分，其中前期策划按月收取，支付方式为签订《项目合作协议书》后于每月指定日期收取，此费用收取至项目正式开盘销售并结算佣金时止；项目全程策划及代理费按照实际销售金额及约定的百分比提取，其中住宅部分按照1.5%提取，商业部分按照1.0%提取，支付方式为按月支付，按照实际销售金额月末结算。

三、团队核心人员配置

为保证在项目服务各环节实现无缝对接与精准把握，我司将派遣推广总监、销售总监、项目经理驻项目办公，其中项目经理持续常驻，销售总监与销售推广总监轮流驻场。其中针对本项目服务的核心人员简介如下：……（介绍团队的核心人物）。

四、本项目服务合同范本（略）

……

之后，策划部人员简要介绍了本公司代理的项目及优势，并就代理方式、佣金标准、服务标准等事项进行了沟通、协商，表明希望能够代理该项目的意愿，并查看了公司的营业执照、土地使用权证、建筑工程规划许可证、建筑工程施工许可证等资料，重点了解了公司的经济能力和经营范围。

（1）目前已经投入开发建设的资金数额及比例、在当地注册银行开立代收房屋预售款的账户、与金融机构签订预收款监管协议等。（2）土地使用权是否工作抵押或已解除抵押关系。（3）是否已制定商品房预售方案（商品房的位置、建筑面积、交付使用日期、交付使用后的物业管理等内容），并应附有建设用地平面图。（4）代理公司在代理商品房预售业务时，应该查验发展商的《商品房预售许可证》。

由于××代理公司是本市知名的房地产代理企业，洽谈前做了非常充分地准备，加之各方面的关系很好，很顺利地，该公司获得了××公司的初步合作意向，××代理公司迅速组织力量进入正式的市场调查阶段。

3. 正式市场调查

（1）袁珊珊与同事对××华府项目进行了正式市场调查，重点对项目所处区域的宏观微观经济情况、房地产供需状况、客户群体特点、价格水平、推广渠道和方式、项目要素、发展商要素及意图等作深入系统的调查分析，对项目资源的条件进行整合及判断，并对项目的可操作性作出初步结论，编制了《××华府项目调查报告》。报告主要内容如下：

《××华府项目调查报告》

1. 前言（市场调研的背景、动机、运用手段、目的等）

2. 市场分析

（1）当前市场分析（开发总量、竣工总量、积压总量）

（2）区域市场分析（销售价格、成交情况）

3. 近期房地产的有关政策、法规、金融形势

4. 竞争个案项目调查与分析

5. 消费者分析

（1）购买者地域分布

（2）购买者动机

（3）功能偏好（外观、面积、地点、格局、建材、公共设施、价格、付款方式）

（4）购买时机、季节性

（5）购买反映（价格、规划、地点等）

（6）购买频度

6. 结论

《××华府项目调查报告》完成后，策划部进行初次评审，策划部经理对报告提出了补充调查和完善的要求，经修改并得到策划部经理的认可后，《调查报告》呈交到公司经营副总第二次评审。副总认真审阅了调查报告，对其中不清晰的地方提出了修改意见。

经过以上的评审程序，公司同意策划部的调研结果，要求策划部做出初始的策划方案。

（2）由策划部、投资部对地块内在条件整合及价值分析，完成《××华府项目土地价值与分析报告》，主要内容有：适合的规则布局、建筑类型、投入和产出价值比较。报告内容如下：

《××华府项目土地价值与分析报告》

1. 投资环境分析

（1）当前经济环境（银行利息、金融政策）

（2）房地产的政策法规

（3）目标城市的房地产供求现状及走势（价格、成本、效益）、现实土地价值分析判断（以周边竞争楼盘的售价和租价作为参照）

2. 建筑功能选择

3. 土地价值分析判断（以周边竞争楼盘的售价和租价作为参照）

4. 延展价值分析判断

5. 敏感性分析

(1) 容积率；(2) 资金投入；(3) 边际成本利润。

6. 投入产出分析

(1) 成本与售价模拟表；(2) 投资回报率。

7. 项目成败的市场因素分析

(3) 策划部根据《项目调查报告》和相关资料搭建初步销售框架，撰写《××华府项目初步销售报告》，提出推广主题、通道、销售策略及产品设计的立意和要求，报送经营副总进行第三次评审。《初步销售报告》的主要内容如下：

《××华府项目初步销售策划方案》

(一) 市场调查

1. 项目特性分析（优劣势判断，在同类物业中的地位排序）

2. 建筑规模与风格

3. 建筑布局和结构（实用率、绿地面积、配套设施、厅房布局、层高、采光通风、管道布线等）

4. 装修和设备（是豪华还是朴素、是进口还是国产、保安、消防、通信）

5. 功能配置（游泳池、网球场、俱乐部、健身房、学校、菜场、酒家、剧院等）

6. 物业管理（是自己管理还是委托他人管理、收费水平、管理内容等）

7. 发展商背景（实力、以往业绩、信誉、员工素质）

8. 结论和建议（哪些需突出、哪些需弥补、哪些需调整）

(二) 目标客户分析

1. 经济背景

(1) 行业特征

(2) 公司实力、规模、经营管理、模式

(3) 家庭收入消费水平、付款方式、按揭方式

2. 文化背景

(1) 推广方式

(2) 媒体选择

(3) 创意

(4) 表达方式

(三) 价格定位

1. 理论价格（达到销售目标）

2. 成交价格

3. 租金价格

4. 价格策略

(四) 入市时机、入市姿态

(五) 广告策略

1. 广告的阶段性划分

2. 阶段性的广告主题
3. 阶段性的广告创意表现
4. 广告效果监控
（六）媒介策略
1. 媒介选择
2. 软性新闻主题
3. 媒介组合
4. 投放频率
5. 费用估算
（七）推广费用
1. 现场包装（销售中心、示范单位、围板等）
2. 印刷品（销售文件、售楼书等）
3. 媒介投放
（八）销售管理
1. 销售效果测评
2. 销售活动总结
3. 广告效果跟踪

（4）由投资部、策划部进行经济可行性分析，撰写《××华府项目经济可行性分析报告》，对静态的综合成本如地价、造价、管理、财务、资金、推广、销售、税金等和收益率、销售价格进行分析。

（5）由投资部进行经济敏感性分析，完成《××华府项目经济敏感性分析报告》，主要内容为造价、进度、售价、回报率间的变量关系图表。

（6）由策划部进行规划、设计方案及跟踪，撰写《××华府项目建筑概念设计》《××华府项目环艺概念设计》《××华府项目设计要点》。主要内容包括：草图、设计创意、任务书、设计交底、指导。

上述报告通过评审后，经营副总把方案送达××公司，并进行协调工作。经过协调，××公司基本认可了××代理公司的项目方案，但提出一些相关要求，由策划部与市场部协作进行了补充调查，并根据调查结果调整方案，至××公司完全认可方案后，进入项目论证程序。

二、项目论证

1. 经营副总负责评审

经营副总负责组织公司各相关部门进行项目立项论证评审，并针对与项目有关的各个方面提出质疑，各部门进行答辩，对于论证结果由经营副总最终决定：

（1）策划部主要针对项目的背景、风险、风险防范、价格、利润、周期等提出论点和论据。

(2) 策划部对于销售策略、销售推广策略、价格策略等进行初步论证。

(3) 销售部对于项目运作细节部分可能会出现的情况进行设想，并提出应对措施。

(4) 人力资源部对于项目组人员在项目所处区域会出现的情况进行论证。

(5) 财务部对于项目运作资金的预算、经济收益、经济风险及措施等提出论证。

通过论证，经营副总认为销售推广策略、价格策略、预防经济风险措施等方面的依据还不是特别充分，于是，要求市场部与策划部协作对其补充调查，调整方案，直到各种客观依据充分为止。

2. 总经理的评审过程

公司各相关部门指派代表参加，对于总经理提出的各种与项目有关的质疑进行答辩。由于前期准备得很充分，项目方案顺利通过总经理的评审。××代理公司确定××华府项目立项，进入与××公司的合同洽谈程序。

三、合同订立

1. 总经理负责与××公司就××华府项目合作事宜的相关合同条款进行磋商，磋商成功，相关条件满足××公司运作的各种要素。把××公司或××代理公司草拟的合同样本送达律师进行审核，进入合同签署程序。代理项目合理的定价是代理合同的核心。

2. 总经理签署或授权公司相关人员与对方签署合同，行政副总负责调查甲方的资信后，加盖“合同专用章”。

房地产销售代理合同

甲方：××房地产开发公司＿＿＿＿＿＿

地址：＿＿＿＿＿＿邮码：＿＿＿＿＿＿电话：＿＿＿＿＿＿

法定代表人：＿＿＿＿＿＿职务：＿＿＿＿＿＿

乙方：××＿＿＿＿房地产代理有限公司

地址：＿＿＿＿＿＿邮码：＿＿＿＿＿＿电话：＿＿＿＿＿＿

法定代表人：＿＿＿＿＿＿职务：＿＿＿＿＿＿

甲乙双方经过友好协商，根据《中华人民共和国民法通则》和《中华人民共和国合同法》的有关规定，就甲方委托乙方（独家）代理销售甲方开发经营或拥有的××华府事宜，在互惠互利的基础上达成以下协议，并承诺共同遵守。

第一条　合作方式和范围

甲方指定乙方为××（地区）的独家销售代理，销售甲方指定的、由甲方在××市××区××路××号兴建的××华府项目，该项目为（别墅☑、写字楼□、公寓□、住宅☑），销售建筑面积共计＿＿＿＿＿＿平方米。

第二条　合作期限

1. 本合同代理期限为12个月，自＿＿＿＿年＿＿月＿＿日至＿＿＿＿年＿＿月＿＿日。在本合同到期前的＿＿天内，如甲乙双方均未提出反对意见，本合同代理期自动延长＿＿个月。合同到期后，如甲方或乙方提出终止本合同，则按本合同中合同终止条款处理。

2. 在本合同有效代理期内，除非甲方或乙方违约，双方不得单方面终止本合同。

3. 在本合同有效代理期内，甲方不得在××地区指定其他代理商。

第三条　费用负担

本项目的推广费用（包括但不仅包括报纸电视广告、印制宣传材料、售楼书、制作沙盘等）由甲方负责支付。该费用应在费用发生前一次性到位。

具体销售工作人员的开支及日常支出由乙方负责支付。

第四条　销售价格

销售基价（本代理项目各层楼面的平均价）由甲乙双方确定为________元/平方米，乙方可视市场销售情况征得甲方认可后，有权灵活浮动。甲方所提供并确认的销售价目表为本合同的附件。

第五条　代理佣金及支付

1. 乙方的代理佣金为所售的　××华府　项目价目表成交额的____%，乙方实际销售价格超出销售基价部分，甲乙双方按五五比例分成。代理佣金由甲方以人民币形式支付。

2. 甲方同意按下列方式支付代理佣金：

甲方在正式销售合同签订并获得首期房款后，乙方对该销售合同中指定房地产的代销即告完成，即可获得本合同所规定的全部代理佣金。甲方在收到首期房款后应不迟于3天将代理佣金全部支付乙方，乙方在收到甲方转来的代理佣金后应开具收据。

乙方代甲方收取房价款，并在扣除乙方应得佣金后，将其余款项返还甲方。

3. 乙方若代甲方收取房款，属一次性付款的，在合同签订并收齐房款后，应不迟于5天将房款汇入甲方指定银行账户；属分期付款的，每两个月一次将所收房款汇给甲方。乙方不得擅自挪用代收的房款。

4. 因客户对临时买卖合约违约而没收的定金，由甲乙双方五五分成。

第六条　甲方的责任

1. 甲方应向乙方提供以下文件和资料：

(1) 甲方营业执照副本复印件和银行账户；

(2) 政府有关部门对开发建设　××华府　项目批准的有关证照（包括：国有土地使用权证书、建设用地批准证书和规划许可证、建设工程规划许可证和开工证）和销售　××华府　项目的商品房销售证书。

(3) 关于代售的项目所需的有关资料，包括：外形图、平面图、地理位置图、室内设备、建设标准、电器配备、楼层高度、面积、规格、价格、其他费用的估算等。

(4) 乙方代理销售该项目所需的收据、销售合同，以实际使用的数量为准，余数全部退给甲方。

(5) 甲方正式委托乙方为　××华府　项目销售（的独家）代理的委托书。

以上文件和资料，甲方应于本合同签订后2天内向乙方交付齐全。

甲方保证若客户购买的________的实际情况与其提供的材料不符合或产权不清，所发生的任何纠纷均由甲方负责。

2. 甲方应积极配合乙方的销售，负责提供看房车，并保证乙方客户所订的房号不发生误订。

3. 甲方应按时按本合同的规定向乙方支付有关费用。

第七条　乙方的责任

1. 在合同期内，乙方应做以下工作：

(1) 制订推广计划书（包括市场定位、销售对象、销售计划、广告宣传等）；

(2) 根据市场推广计划，制定销售计划，安排时间表；

(3) 按照甲乙双方议定的条件，在委托期内，进行广告宣传、策划；

(4) 派送宣传资料、售楼书；

(5) 在甲方的协助下，安排客户实地考察并介绍项目、环境及情况；

(6) 利用各种形式开展多渠道销售活动；

(7) 在甲方与客户正式签署售楼合同之前，乙方以代理人身份签署房产临时买卖合约，并收取定金；

(8) 乙方不得超越甲方授权向客户作出任何承诺。

2. 乙方在销售过程中，应根据甲方提供的 ××华府 项目的特性和状况向客户作如实介绍，尽力促销，不得夸大、隐瞒或过度承诺。

3. 乙方应信守甲方所规定的销售价格，非经甲方的授权，不得擅自给客户任何形式的折扣。在客户同意购买时，乙方应按甲乙双方确定的付款方式向客户收款。若遇特殊情况（如客户一次性购买多个单位），乙方应告知甲方，作个案协商处理。

4. 乙方收取客户所付款项后不得挪作他用，不得以甲方的名义从事本合同规定的代售房地产以外的任何其他活动。

第八条　合同的终止和变更

1. 在本合同到期时，双方若同意终止本合同，双方应通力协作，妥善处理终止合同后的有关事宜，结清与本合同有关的法律经济等事宜。本合同一旦终止，双方的合同关系即告结束，甲乙双方不再互相承担任何经济及法律责任，但甲方未按本合同的规定向乙方支付应付费用的除外。

2. 经双方同意可签订变更或补充合同，其条款与本合同具有同等法律效力。

第九条　其他事项

1. 本合同一式两份，甲乙双方各执一份，经双方代表签字盖章后生效。

2. 在履约过程中发生的争议，双方可通过协商、诉讼方式解决。

甲方：××房地产开发公司

代表人：__________ ______年____月____日

乙方：××房地产代理有限公司

代表人：__________ ______年____月____日

四、项目筹备

1. 竞选项目经理

（1）经营副总负责把内部方案和预算方案送达行政副总进行财务核算，编制成本管理方案和人力资源方案后，一并报送总经理审批。通过审批的方案成为计划，依据计划执行。

（2）项目经理实行竞争上岗，公司内部中层管理人员（包括）以下的所有员工都可以参与竞争。公司行政人力资源部要求参与竞争的人员提供述职报告、项目经营管理方案、资源需求及目标职责、风险防范及风险控制措施、应急措施等竞聘资料。

项目经理的评选由行政副总负责组织，经营副总负责评选，销售部经理参与评选。竞聘结果为冯姓经理为项目经理。行政人力资源部将竞选结果报送总经理审核。

2. 组建项目组

冯经理走马上任。在确定销售人员的数量时，重点考虑了以下方面：

（1）总销售量及计划销售时间，计划人均销售额。

（2）销售人员的新老搭配比例。

（3）项目自身特点及销售条件。

（4）预估常规上门量情况。

（5）综合考虑项目前期、开盘高峰期、展销会或分展场、尾盘期人员总体配置数量。

通过与公司销售部、行政人力资源部的协调和沟通，××华府项目部销售人员最终确定为：项目经理 1 人，销售代表 10 人，文秘 1 人。项目经理为合同执行负责人。冯经理向行政人力资源部提交了需求书，通过行政人力资源部的调配、招聘，落实了人员构成，组建了项目组。

此外，安排场外安全员 8 名，负责来访客户停车及交通疏导；清洁工 5 名，负责销售中心、样板房及大门前广场的卫生清洁。

3. 解读代理合同

××公司组织召开合项会（全体销售代表参加），解读代理合同，分析双方的权利义务及重要的合约条件（如销售价格、速度、跳点、结算与服务要点），部署项目销售代理工作方案和执行计划。

4. 其他事宜

冯经理向行政人力资源部提交申请，按人员总数领用办公用品，并根据工作流程、人员特点对项目成员进行合理安排。根据项目前期资料、产品信息、工作进度制定培训计划，对销售代表进行系统培训，并严格执行上岗考核制度。

冯经理按照计划开展各项工作，经营管理方面的事宜按照公司要求定期或不定期（突发事件）地如实报告销售部经理。

项目组与××公司、策划部等建立正式的书面送达签证制度。

五、项目运作

1. 制作相关文件、计划、手册

（1）制作相关文件

策划部与项目组、××公司、广告公司深度沟通，根据实际情况编制《项目销售整体规划》，主要内容有：推广的主题、方式、渠道、策略、步骤，包装的类型、风格和销售的入市时机、节奏、付款、策略、促销手段等。

1）策划部依据经济敏感性分析，结合对市场走势的判断，编写《项目价格策略报告》，进行价格的高低、提升、折扣率的编排和修整；

2）策划部提出《项目的物业模型》，充分发挥××物业管理公司一流服务和管理的特点，这也成为本项目的一大卖点；

3）编制《项目前期工作计划表》，主要是相关文件、合同、票证、礼品、用品等催办、设计和制作计划安排及费用预算；

4）《项目包装概念设计》：VI 设计、导视系统、销售中心、楼书、展板、模型、示范单位（装修套餐）等的设计和制作计划安排及费用预算；

5）《项目新闻炒作和广告发布计划》：户外广告、报刊广告、新闻炒作、网上广告和炒作的计划安排及费用预算；

6）《项目公关活动策划报告》：开工、开盘、封顶、竣工、入伙等的仪式，新闻发布会、展销会等其他公关活动的计划安排及费用预算；

7）《装修服务计划报告》：售后装修和装修按揭服务。

以上方案由策划部按照程序报送经营副总审核，涉及费用的按照程序呈报总经理审批，然后由经营副总送达××公司签字认可后组织实施。

（2）制订销售计划

冯经理组织销售代表分析目标客户，根据代理合同对销售团队制定销售目标任务，制定周、月销售计划，并落实到销售团队个人，合理监控并实时调整阶段销售目标。

（3）制作销售手册，准备答客问

策划部、项目组与发展商根据市场调查报告合作制定《××华府项目销售手册》和《答客问》，确定项目总体销售流程和现场接待流程，这些文件在开盘前 10 天内向综合管理部备案。

2. 销售准备

（1）人员组织

1）人员安排与现场事务分工

①冯经理对所有销售人员设定了 1～2 周的观察期，了解销售人员的特点；

②冯经理根据工作流程及销售人员的个人优势合理安排各环节工作承担人，主要分工

有：报版的收集与整理、归档；项目销售档案的协助建立、维护与整理；常用文件如置业计划、税费清单、售楼须知、流程说明等文件的统计与及时补充；值班、销售中心卫生维护与接待、轮序、考勤监控等；

③冯经理设立和任命了销售现场的负责人，他主要从以下方面进行考量：业务能力较强；身体素质较好、就职时间相对稳定；有责任心；行业经验相对丰富；具有一定的协调及处理疑难客户与问题的能力。

2）销售人员的培训与考核

①跑盘、市场调查培训与考试；

②楼盘基础知识培训与考试；

③建筑、产权、交易等常识性行业知识培训；

④销售流程培训，主要是：规范接待要求及流程、模型介绍话术、熟悉房号、订房销控流程、订房过程的相关手续办理程序（如现金收取、尾数纸及认购合同的签署、核对等）、财务流程及制度培训等；

⑤项目特色、主卖点专题培训及开盘突破点总动员。

3）人员的奖惩

①组织销售人员学习《销售代表工作手册》；

②明确奖励及处罚标准细则；

③根据项目整体销售计划制订个人销售目标及底线；

④强调协作意识，弘扬团队精神。

冯经理按照工作计划对项目组成员进行系统培训、考核，并保存《培训计划》《培训内容》《培训考评记录》，保证每个员工熟练掌握销售流程、技巧，并会正确操作房地产销售管理系统。

（2）相关硬件准备

1）销售中心准备

①销售中心由发展商聘请的专业设计公司确定方案，项目组提出功能划分及风格建议。冯经理等的建议为：将销售中心划分为工作区、接待区、洽谈区（两个）、展示区（大沙盘、户型模型、展板区）、景点区（主题及个性化设计与服务）等多个区域。销售中心外部如图4—1—1所示。

2）看楼通道准备

①通道设计以就近和顺畅为原则；

②通道的美化布置；

③通道与环境的结合（如可利用的自然资源）。

3）样板房的监控（见图4—1—2）

样板房通常以发展商或设计公司的决定为主，项目部提出相应原则，把握风格：

①样板房设计是否存在明显缺陷，或是否达到弥补户型缺陷的效果；

②交楼标准与样板房的互补功能；

③主力户型、具有重要卖点的户型，有相应的样板房；

图 4—1—1　销售中心外部

图 4—1—2　××华府样板房

④要保障灯光的充足及空气的流通；

⑤注意样板房各房间的布局与标识是否体现了功能特征；

⑥恰当的个性化小饰品很重要，起画龙点睛之效；

⑦样板房开放时间应尽量提前。

(3) 销售文件准备

1) 销售宣传资料如楼书、海报、手册、户型单张（见图 4—1—3）等；

2) 销售档案的建立，如销售证件、发展商来往文件、公司管理文件、成交客户档案、项目广告与竞争楼盘报版收集、建筑平面图纸等（建设工程规划许可证、土地使用权出让合

图 4—1—3　××华府宣传单张

同、商品房预售许可证、商品房买卖合同、前期物业管理合同等按法律法规要求在销售现场予以公示）。

3）技术文件建立，如价格表分类、付款方式、接待及进线登记、购楼须知、各类统计表格、按揭资料、员工培训资料、认购合同等。

（4）房号控制

房号控制对整体销售目标实现、计划均价的保障、后期营销措施的配合等非常重要。冯经理对房号的控制措施主要有：

1）售前保持整体统一，对外有统一售价与房源结合的资料；

2）视现场情况进行现场控制（常规的方法有整体保留、整层保留、交叉保留、自然保留等）；

3）每天关注房号走势，及时总结和调整。

（5）短期营销策略调整

1）开盘前已制定整体销售执行及市场推广方案。在运行过程中，根据市场反馈及时调整，如资金情况、市场诉求点、销售进度、第一波总结、竞争对手等。

2）第一波总结。总结要点为：

①前期咨询客户信息统计尽可能详细；

②项目认筹或开盘一周情况总结、分析客户资料；

③针对客户群特点及客户诉求反馈问题总结并采取应对措施；

④密切关注措施效果及综合信息量化分析，挖出重点；

⑤借项目工程进度的深入（如样板房的开放、封顶等）及市场机会（如政策性利好、展销会等），及时配合现场促销措施及包装推广，把握时机，重拳出击。

（6）前期进场储客

项目组提前进驻销售现场进行客户储备。项目的客户储备期分为客户登记期和客户认筹期两个阶段：第一阶段以来电来访登记和客户申请加入客户联谊组织等形式为主，通过免费派发登记卡作为客户优先购房的凭证；第二阶段以交纳诚意金作为客户获得优先购房的资格许可，储备周期一般为 4～6 周。

3. 项目开盘

××华府根据项目自身特色及资源，采用分组摇号选房的方式开盘。

开盘现场划分为签到、等候、选房、财务和签约五个功能区（如图 4—1—4、5 所示），以平面示意图的形式制作了开盘签到流程和选房签约流程。

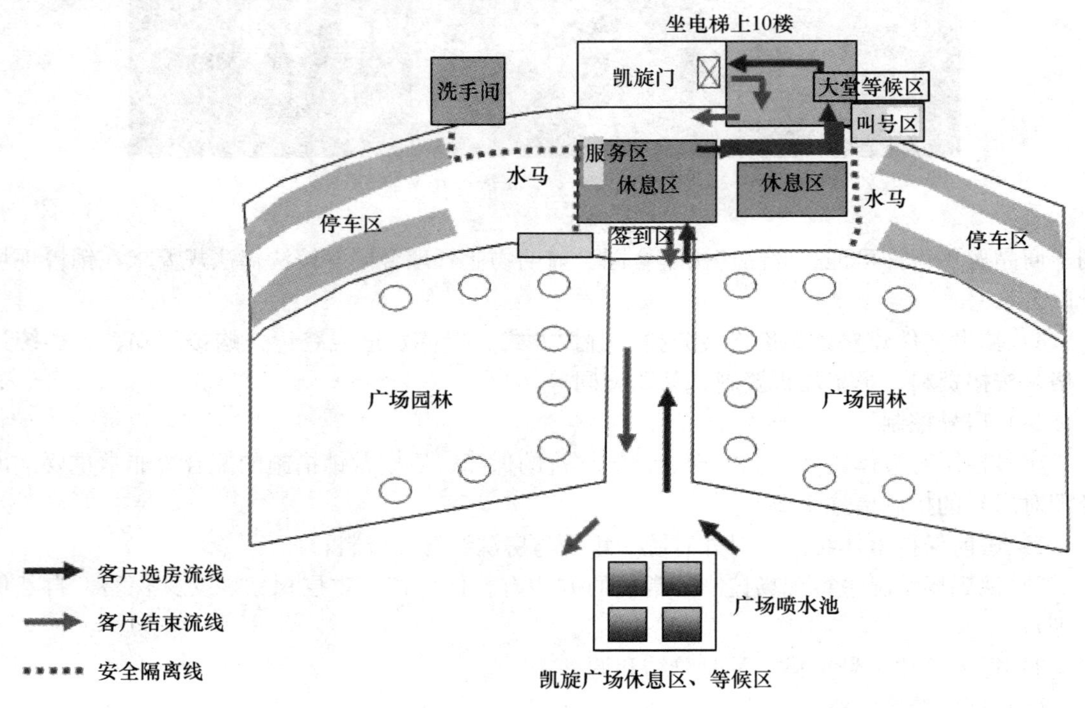

图 4—1—4　××华府开盘现场示意图一

各功能区的工作要点如下：

（1）签到区

签到区的作用是快速确认客户身份。签到方式是先打印好认筹时的客户名单，客户在名单表上确认签到。工作人员要核对客户优惠登记表，派发资料，及时统计签到人数，并上报给负责人。客户应领取的资料包括《置业指南》（主要包括装修标准等合同文件，让客户在休息区提前翻阅）、《购房须知》（主要告知客户一次性付款或按揭办理手续）、购房卡（主要

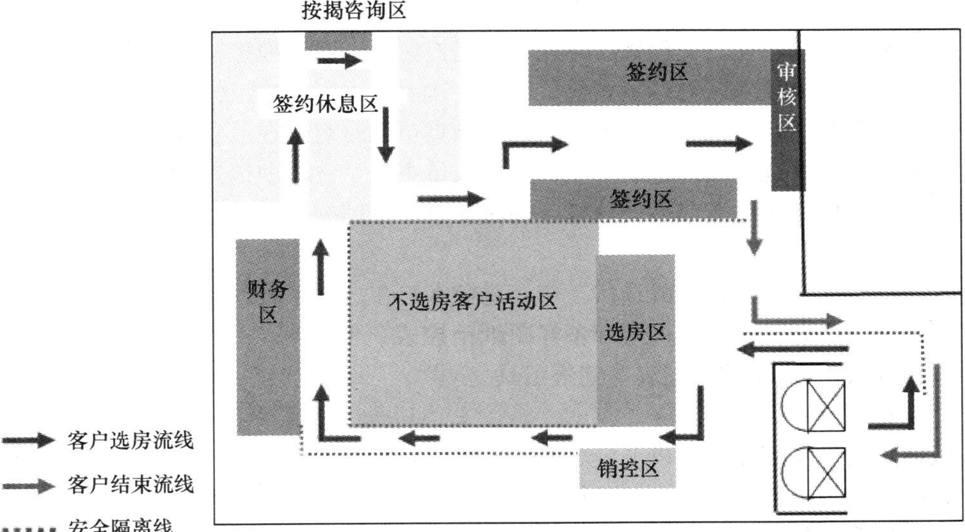

图 4—1—5　××华府开盘现场示意图二

用于在选房时确定房号销控信息，同时可用于完善客户的基本资料）。

客户在休息区内填写购房卡（可加快财务区和签约区的填写速度），《签到表》可提前填写客户姓名和身份证号，客户签字确认即可；发展商明确客户本人未到场时一定要有委托书；需设置新客接待处，避免客户未签到就进入，安排在登记客户选房工作结束之后选房。

（2）休息区

休息区用于控制客户进入选房区的次序，所以选择室外较开阔的场地。由于等候时间较长，该区域应重点关注客户的舒适度情况（包括考虑洗手间、帐篷、椅子、餐饮等设施，避免细节瑕疵）。

休息区可提供小型表演，安排主持人负责介绍楼盘情况进行热场，销售代表提前在等候区协助客户选房。

工作人员的职责是安抚客户情绪，避免客户离场，并对客户进入选房区进行有效控制，同时提醒客户确定好加名、更名事项；提供银行服务，说明相关事项。此外，还要负责叫号工作，与销控区和等候区内的负责人保持良好沟通，根据选房情况进行叫号，按照 5 个号一批的顺序进行叫号。

本区内要做好客户情绪安抚工作，维持现场秩序，避免客户“蜂拥而上”。工作人员需随时提醒热场主持人准确宣讲选房顺序，须让等候客户随时了解销控情况。

（3）等候区

等候区用于控制客户进入选房区的次序。作为休息区与选房区之间的过渡空间，等候区一方面可以控制客户进入选房区的速度，另一方面也可以适当减少室外客户的等候时间。

工作人员的职责为分批次控制选房人群，与休息区和选房区工作人员相互协调。

（4）选房区

选房区的作用是使客户快速完成选房工作。

选房流程：客户选房——由置业顾问领到销控区——总销控把其中一个销控贴贴在购房卡上，并把另一个销控贴传递给贴点员，签字确认——贴点员贴点，审核员进行审核登记——全部资料交由传单员，进入财务区——贴点员同时将销控信息告知一楼贴点员。

此区域工作以置业顾问的逼定为主，策划人员主要负责协助销控。销控工作应注意协调已选房客户的次序，避免造成客户分歧，同时注意避免销控贴的混乱；有时为了造场，会故意制造小小的“混乱”。

本区域应尽快协助客户完成选房工作，避免客户在选房区域逗留时间过长；现场需有重量级人物进行“踢客”和协调；应准备好图纸销控表、销控贴（包括房号贴和圆贴）、价格公示板（销控板）、总销控登记表等销售工具。

（5）财务区

此区域主要是快捷完成客户下定工作，尽快进入签约区。工作人员应领取的资料有定金收据、合同附图等。传单员应确保资料的完整性。同时，要注意财务区与销控区之间尽量缩短流程，避免客户犹豫。

（6）签约区

此区域是最容易“塞车”的区域，对填写的速度和准确性有较高的要求，由于目前采用网上直接签约，因此前期需对电脑进行细致检修。签约人员主要为财务工作人员，代理公司主要负责审核。

签约工作事项包括以下几项。

①复核收据、认购卡（销控房号）、优惠登记表（认筹）、合同附图、交楼标准、重要提示、身份证（原件、复印件）、服务反馈单等资料。

②复核客户签名资料，包括合同附图、交楼标准、重要提示、服务反馈单、补充协议、商品房认购书、委托授权书等，上述签约资料均不得涂改。

由于签约工作任务重，时间长，区域负责人应掌控签约速度，协调签约秩序，并配备专业人士随时解答客户疑问。

（7）复核区

本区域工作是由总复核人员进行客户购房资料的核对，并由××公司工作人员签字复核确认，以确保客户资料的完整性和准确性。

复核结束，应交给客户的资料有：认购书客户联、定金收据、补充协议客户联、置业指南、礼品。应收取资料：身份证复印件、认购书、补充协议、委托授权书。

4. 销售中心日常管理

（1）冯经理负责所签收的各类执行文件的具体落实，策划部对执行的过程和结果进行监督，同时提供支持。

（2）项目组定期或不定期（突发事件）向策划部客观真实地反馈销售状况和市场动向，策划部适时调整销售计划，并报经营副总签字，然后具体落实。

（3）冯经理按照行政人力资源部的要求定期报告人员管理、物品使用管理方面的报表。

（4）行政人力资源部负责对项目组的工作进行全方位的后勤支持，并进行监督。

（5）冯经理负责定期与××公司的财务人员进行签证确认，并与××公司其他归口对接人员沟通协作好。

（6）冯经理定期向行政副总报告与甲方财务人员的对账事宜，遇到重大特殊事件（涉及商业机密）第一时间向经营副总报告。

（7）策划部负责与××公司及××公司外协单位（广告）进行与销售推广有关事宜的沟通协作。

（8）项目组对策划部与各方的接洽进行监督，需要的时候进行协助，并负责销售合同的签订和客户信息来源资料的收集整理。

（9）冯经理对现场进行全面控制，管理好现场的人员和设备。

（10）组建销售信息库，包括价格、付款方式、促销、广告宣传、楼盘设计等，及时反馈给销售部经理。

5. 项目销售中后期的工作

项目销售中后期，冯经理的工作内容主要有：团队建设、销售管理、销售难点攻关、项目中期总结及结案沉淀、协助项目入伙、项目撤盘等。

（1）在团队建设及销售管理方面，冯经理主要是做好销售力提升、项目成本控制、销售代表考核、项目月度结算等工作。

（2）在销售难点攻关方面，冯经理要注意收集客户意见，通过组织例会、成交分享会、难点讨论会客观认识项目产品，增强团队执行力，消化尾盘产品。

（3）在项目中期总结及结案沉淀方面，应在项目销售至50%或70%的阶段进行中期总结分享；在项目销售完结时，要求全体销售代表结合项目成交的客户案例进行总结，冯经理代表项目团队向公司提交最终总结。

（4）在协助项目入伙方面，××公司主要在人员和流程上给予支持，如参与协作通知、细节服务、问题答疑等工作。最后，冯经理应按照综合管理部项目撤盘流程撤盘，参照综合管理部项目撤盘交接单做好撤盘归档工作。

六、项目结算与结束

1. 项目结算

（1）冯经理负责汇总由××公司财务人员和其他归口管理人员签证确认的销售报表，与××公司再次核对后，再与公司财务部存底的销售报表进一步核对。

（2）财务部负责编制结算报表和相关凭证，在经营副总确认后，呈报总经理核准，在项目组的协助下与甲方进行结算，结算过程中应严格遵循相关财务制度。

（3）项目组协助财务部进行账款催收。

2. 项目结束

（1）行政人力资源部协助项目组处理各种后续事宜。

（2）经营副总负责与××公司的关系维护。

（3）冯经理负责总结项目运行过程中的经验教训，并存档。需要注意的是：在整个项目的所有阶段，参与人员涉及的重控文件必须交行政人力资源部存档；涉及的普通业务资料必须在档案室存档备份，并严格执行公司的各项保密制度和常规管理制度。

知识链接

房地产销售代理在我国是一个较新的行业，50%以上的楼盘选择代理销售的方式。对发展商来说，除了开发之外，如何与代理商签订委托代理合同来规范双方的权利义务，也成了他们最为关心的问题之一。

一、代理方式的选择

按委托人对代理人授权的大小，房地产销售代理方式可分为一般代理、独家代理和包销。一般代理，是指委托人在同一地区和期限内，可选定一家或几家代理商作为一般代理人，根据代销的实际数量按协议规定的办法付给佣金。委托人也可直接与该地区的买主成交，其直接成交部分，不向代理商支付佣金。独家代理，是指委托人给予代理商在规定地区和一定期限内享有代销专营权的代理，委托人在该指定地区和时间内，不得委托其他第二个代理人，且商品房出售前的所有权归委托人，所以委托人负责盈亏。商品房包销，与独家代理十分相近，但不同之处在于包销人承担销售剩余的商品房的购买义务。

因此，在签订销售代理合同时，确定一般代理，还是独家代理，或是包销，对发展商来说是至关重要的。不同的代理方式，发展商承担的风险责任也不同，发展商应根据自身的情况，并结合代理商的资信情况，选择相应的代理方式。在拟订合同的时候，发展商要将选定的代理方式以书面的形式表述清楚。如选择包销，则要以合同的形式明确约定房地产包销商对包销范围内的房屋自定销售价格，允许其赚取高于发展商给予的销售基价之上的那部分溢价，并要求其对不能在包销期限内售出的房屋承担购买责任。

二、代理的期限及代销的任务

代理商的代理不可能是无期限地售完为止，因此，发展商与代理商签订的销售代理合同的主要条款之一便是确定销售时间，同时，还要在合同里明确具体时间内的销售数额是多少，即明确具体的代销任务。销售任务可以以平方米计算，也可以以套或幢计算。不管采用哪种计量方式，都要明确规定在某一具体的时间销出具体数额的房产。

三、奖惩条款的设定

通常情况下，发展商在代理合同中都会设有奖励条款，即如果代理商提前售完所代销的物业，发展商应该给予一定的奖励。如根据提前的时间，设立不同的奖励标准。同样，为了让代理商明确自己的责任，使代理商感到有压力，发展商应在合同里增加惩罚条款。如在合同约定的时间里，如果代理商没有售完约定的物业，发展商有权按比例减少代理商的佣金，用这样的机制，可以有效地调动代理商的积极性和主观能动性，使他们的经济效益和销售成绩挂起钩来。奖惩条款要结合上述代销的任务来设定，这样才能使代理商更加明确自己的责任，这样才是发展商保护自身利益的有效手段。

四、关于售房宣传广告的约定

一般地说，发展商选择商品房代销的，商品房的广告宣传是由代理商负责的，发展商只需向代理商提供商品房的基本资料即可。但如果代理商在对外广告宣传中，弄虚作假，买受人因相信虚假广告内容而签订合同从而引起索赔纠纷，发展商也是应承担责任的。因此，发展商委托了房地产销售代理后，还应密切关注售房宣传广告的对外发布情况，及时发现并纠正代理商的不当行为。同时，对于售房宣传广告方案的最终确定权应在合同中明确约定归属于发展商，而且对于发展商确认的方式及代理商违约发布广告应承担的责任等内容也应具体、明确地体现在合同当中。

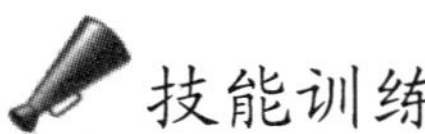

技能训练

1. 分组收集当地土地交易中心近两个月的土地交易信息。
2. 以当地某楼盘为目标，对其方圆 500 米范围内（范围可适当变化）的竞争楼盘进行调查并做好记录和比较。
3. 以当地某发展商为例，对其竞争对手开发情况进行调查并撰写调查报告。
4. 分组模拟代理商和发展商进行房地产销售代理项目的洽谈与沟通过程，并模拟签订《房地产项目代理销售合同》。
5. 分组模拟进行房地产项目的开盘流程，掌握其注意事项。
6. 以当地某正在开发的楼盘为例，收集相关背景资料，模拟进行房地产项目的定位与销售策划，撰写《××项目销售策划书》一份。

思考与练习

1. 房地产销售代理有哪些形式？各有何特点？
2. 房地产销售代理公司的主要工作内容有哪些？
3. 房地产销售代理的基本流程是怎样的？

任务 2　商业物业招商代理

学习目标

理解商业物业功能的目标定位，会协助进行商业物业的市场调研分析，会运用营销策略协助推广商业项目，会与客户进行招商谈判。

任务引入

袁珊珊所在的公司位于城市的CBD区域，为提升CBD形象，政府规划了一系列商业配套。公司看到了无限商机，于是，在某大规模商业物业项目拟开发的时候，公司就通过各种渠道与开发单位进行了密切接触，以期获得该物业的招商代理权。经了解，项目总建筑面积为20万平方米，目标是打造一个集购物、餐饮、娱乐休闲于一体的综合性大型购物商厦。经多番努力，开发单位同意把项目的招商代理权交给袁珊珊所在的××公司。面对如此高端的物业项目，××公司的招商工作面临着巨大的挑战。

任务分析

招商由组建招商团队、分析招商机会、研究和选择目标商家、制定招商营销策略、招商谈判及签订招商合同六个环节实现。招商活动的整个过程就是一个招商营销过程。一个商业地产项目运作成功与否就看是否能按计划成功招商。

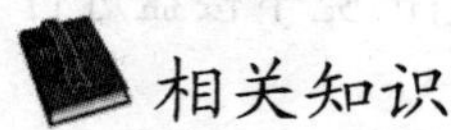

相关知识

一、商业物业的概念

商业物业是为商业活动提供场所的产业，由房地产开发商作为投资主体直接参与，将投资估算、开发规划、市场定位、业态组合、招商、销售和营运管理等环节按一定的次序作为一个整体流程来运作，包括商场、购物中心、写字楼、专业市场、娱乐场所、休闲性场所和各类消费场所的物业开发和经营，进行策划、招商和营运管理，是多元化、多层次、多业态、大跨度的经济活动，是商业与地产业紧密结合的复合型产业。

商业物业具有高投入、高回报、高风险的特征。成功的物业项目能聚集人气、交易畅旺，既能为商业经营者带来丰厚的利润，也能使物业自身不断升值。商业物业必须使其价值得到充分发挥才算成功。

二、商业物业的类型

1. 商业物业的分类

（1）按市场形式分类，可分为大型商厦、专业市场和小区商铺。

（2）按物业用途分类，可分为购物中心、小区配套商铺、专业市场、批发与商贸中心、餐饮及美食广场。

（3）按建筑特征分类，可分为商业大厦、住宅区商铺、临街商铺、步行街露天商铺和地下商城。

（4）按经营方式分类，可分为统一经营物业和分散经营物业。

（5）按经营类别分类，可分为综合经营物业和单一经营物业。

(6) 按销售方式分类，可分为销售物业、租售物业和出租物业。

2. 商业综合体构成要素

商业综合体一般可分为两大类——主区和辅区，见表 4—2—1。

表 4—2—1　　商业综合体的系统构成

分类			主要内容
主区	商业消费		综合商场、超级市场、各种服装商店、精品店、工艺品店、食品店、家居店、家电连锁店、文具店、药店、水果店等
	餐饮		各类小吃店、风味餐厅、快餐厅、中式餐厅、各类咖啡馆、酒楼、茶艺馆、酒吧等
	康乐	娱乐休闲	KTV、俱乐部、电子游戏厅、儿童游戏中心等
		体育健身	健身房、台球厅、保龄球馆、溜冰场、游泳池
		医疗保健	桑拿室、保健室、医疗室等
	其他服务业		银行、邮电、美容美发、摄影、社会服务中心
	文化		影剧院、会议中心、文艺中心、教室、艺术画廊、展览厅、水族馆
	办公		写字楼、办公楼、商务等
	居住		各种档次的公寓、旅业或酒店、度假村
辅区	停车场		各类停车场

三、商业物业的开发经营模式

商业物业的开发经营模式主要有租、售两种，由于项目的规模、所处区位及发展商实力等因素，有多种租、售组合形式：

1. 整租不售

发展商不出售物业，而将其整体出租给一家商业企业，由这家商业企业进行商铺规划及经营，发展商每年向商业企业收取约定的租金。其优点在于便于经营定位和统一经营管理，商业经营易于成功，物业租金逐年递增，形成稳定的利润，而且可将该物业抵押融资，等待增值。缺点在于经营方进行商业选址时选择面广，谈判实力强，压价狠；发展商租金菲薄，租期长，套现难度大，初期资金压力较大。

2. 零租不售

将物业分成相对较小的商铺出租。一般情况下，租户的经营项目具有相同主题或相同专业领域。这种模式广泛用于各个专业市场，如服装城、电脑城、家具城、文具城或装饰城等。其优点是消费者含金量高，购买欲望明确，而且租金高，发展商收益可最大化，物业升值空间大，租期短，灵活性高。缺点是要求资金能力雄厚，必须设立专业的经营管理公司负责经营管理，要求很强的策划能力、招商能力、日常管理能力，而且经营的风险较高。

3. 整零结合

将整层或大片的空间出租给大型的主力店，将其他空间分散出租给较小的商户。这样综合了整租与零租的优势，大小租户的结构使项目稳定性提高，能维持较高的经常性收益。整零结合要求发展商具备雄厚的自有资金实力，需设立专业的经营管理公司和配备相关的商业专才，此外，对主力店的招租能力要求极高。

4. 零售零租

将物业分零，出售产权，滞销商铺作为出租物业。优点是能快速回笼资金；缺点是因产权分散，难以统一经营管理，不利于聚集企业资产规模和统一经营定位。

5. 零售返租

优点在于投资者有稳定的返还租金收入，能降低投资风险，发展商能在短期内回笼大量资金；返租后由专业的管理机构统一管理运作。缺点是风险高，如果经营者经营失败，将无法兑现返租承诺，引发纠纷。

6. 整体出售

由资金实力雄厚的投资性公司购买整个项目，但这种情形并不多见。商业行业整体利润较低，而企业普遍注重资产的流动性，一般不会购买商场来取得经营场所。

四、商业物业招商代理运营流程

1. 落实招商组织系统

招商组织部门是商业物业招商代理的重要部门，是商业物业效益的最直接实现者，在项目运作中具有举足轻重的地位。

（1）确定招商部门组织模式

招商部门组织模式的选择要受到项目人力资源、财务状况、产品特性、项目规模、消费者及竞争对手等因素的影响。项目应根据自身的实力及项目发展规划，确定招商团队组织模式。常用的招商组织模式有业态型组织模式、片区型组织模式和复合型组织模式。

1）业态型组织模式。随着招商员对业态重要性的理解，加上业态的不断发展，使许多大型项目都用业态型来建立招商队伍结构。特别是当业态组合复杂，按业态分类组成招商队伍就较合适。如一个综合性的大型商场，包含的业态有餐饮、零售、休闲娱乐等，招商组织就可以按照这三种业态分为三组，每个小组又可以安排每个招商员负责不同的业种（见图4—2—1）。这种模式适合业态种类多的商业项目。

2）片区型组织模式。项目也可以按商业物业的不同楼层或片区来组建自己的招商队伍。例如，一个中小型商业项目，可以把它的商户按所规划的楼层分布来加以划分（见图4—2—2）。此模式最明显的优点是每个招商员都能了解自己的招商任务，有时还能降低招商队伍费用，更能减少渠道摩擦。

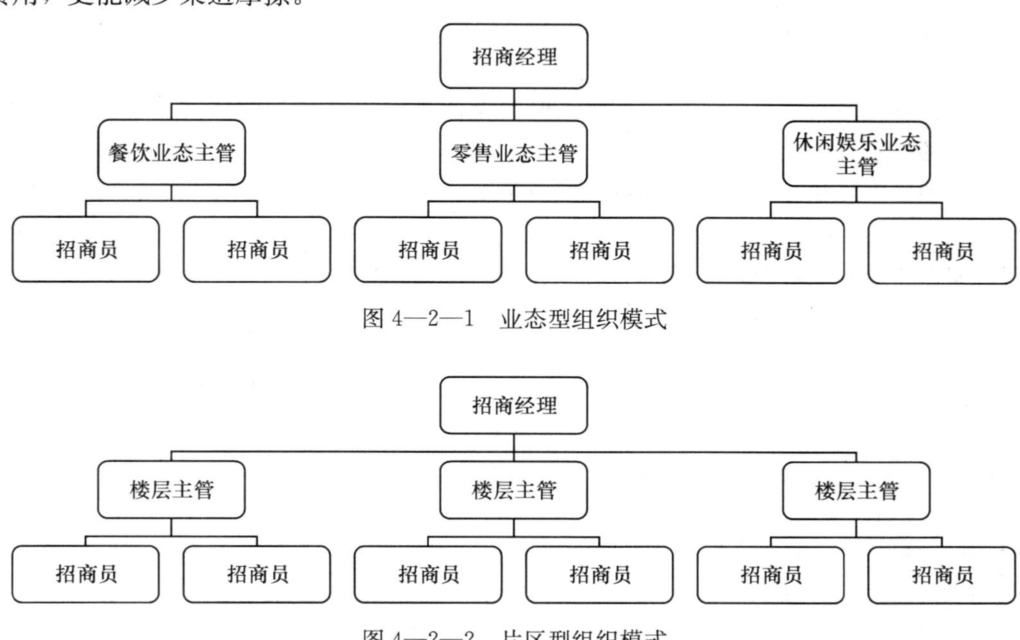

图 4—2—1　业态型组织模式

图 4—2—2　片区型组织模式

3）复合型组织模式。对于超大型的商业项目，其往往拥有一群建筑体，因此多数管理商采用了综合业态和片区型模式的复合结构，招商员可以按业态、建筑体、楼层或片区进行划分。

（2）组建招商团队

制定非常好的招商策略，而在招商过程中没有很好的执行、甚至走样，那么一切都前功尽弃。一支富有热情、精干、强大的招商队伍是招商工作的关键。招商组织的框架和岗位职责的确定，主要是对人才个体技能的锁定和对团队的整体规划。从长远发展角度看，招商团队应配备以下几方面人才。

1）招商部经理。招商部经理负责招商业务综合管理、统筹、协调、应对，需对本项目所在行业的市场营销有实际操作经验（尤其要擅长招商运作），懂企划，善管理，具备出色谈判技巧和人格魅力。

2）招商主管。招商主管是业种大类、楼层或片区负责人，负责招商业务时段管理，管理辖内招商员，处理、反映客户投诉情况。招商主管应具备一定的招商运作经验，擅长于说服、鼓励性的谈判，具团队合作精神、服从意识和大局观念。

3）招商员。招商员负责接受商业物业咨询，领客户看场地，起草物业租赁计划书、合同，为客户提供租赁服务，同时协助开发市场，完成销售。招商员需人品正直，勤恳敬业，具备较佳的沟通和组织管理能力。

4）招商文员。招商文员主要负责为一线招商人员做好内务（资料物品、来电来函、来人洽谈、信息收集等）和会务组织等工作。

（3）招商人员培训

招商人才是通过选拔、培训并在实践中锻炼出来的。培训就是通过理论和案例的学习，并参与实践，使其达到知识广博、经验丰富，能够胜任招商工作。

1）要建立招商人员培训的工作机制，既要全面规划，又要有切合实际的教学计划，更要建立严格的规章制度。

2）培训要多样化。师资力量既可考虑商学院等学院派的教授，又可考虑高学历的实践派的职业经理人。面授、网上教授均可采用。

3）加强招商实践。特别是新项目的非主力店群的招商工作，可多安排招商人员积极参加与租户的沟通，每天由招商主管召开总结会，讲解招商技巧和手段。

（4）招商人员考核与激励

1）招商人员的绩效考核。绩效考核是对招商人员在一定时期内新做的招商行为及工作效果进行评定和测量。它可以为下一步的招商工作起修正作用，同时对成绩突出的招商行为或人员进行表扬并推广其有效的招商技巧及办法。

绩效考核的内容有品质项目：如忠诚、可靠、主动、有创造性、团队精神、自信心等，这些主观性较强，但可进行量化，而且不同招商大类的最高及最低分均可进行平衡调整。

制定绩效考评的实施方案可考虑采用德才测评和模拟测试两种方法。德才测评是把招商人员的多类基本素质分解为若干要素作为测评项目，由人力资源部进行评定，最后汇总，综合分析出结果；模拟测试则指将不同的有一定深度或棘手的问题，由其进行现场模拟处理，评委可从其表现中评分。

考评的结果鉴定应坚持在公正、客观的原则下进行，保证其公平性、合理性、科学性和可靠性，以达到激励招商人员的目的。

2）招商人员的激励。招商人员的激励是指激发、引导招商人员主动、积极、创造性地完成上级下达的某一预期目标，争取达到更佳的招商效果。

激励分为物质激励和精神激励。物质激励指工资、奖金、津贴等的提高或发放；精神激励则指表扬、表彰、晋升职务、评定更高一级的职称等。

激励方式主要有以下几种：一是目标激励。招商机构通过设置一定的工作目标鼓励招商人员努力去实现，实现后可得到应得的承诺，比如成功招商按比例提成等。二是奖励激励。招商机构及时对成功的招商行为给予肯定和表彰，使其继续发扬。三是榜样激励。是指树立一个真实的、良好的榜样，使其他招商人员学习有方向，赶超有目标，从而激励招商人员的积极性。四是竞争激励。它是指围绕招商目标鼓励招商人员展开竞争，提高招商效果。但这种方式需公正、合理，避免恶性竞争，否则适得其反。

2. 分析招商机会

分析招商机会是招商营销管理的首要环节，它要求必须从环境机会中找到项目机会。因此，在招商机会分析中，要分析环境机会和项目机会两个方面。

（1）环境机会分析

环境机会是指由项目所在地的市场环境所提供的机会。分析环境机会时，主要是分析各种环境因素的变化可能引起的需求及其变化。项目所在地的市场环境，一般由各种具体的环境因素构成，如人口因素、经济因素、自然因素、社会因素、竞争因素等，每一环境因素的变化都可能创造某种需求，或引起原来的需求发生变化。因此，只要环境因素的变化是向创造需求，或向有利于原来的需求增大的方向变化，这些环境的变化就会引起环境机会的出现。由于环境因素或大或小都是在变化的，所以，环境机会是经常存在的。

（2）项目机会分析

项目机会是指与一个具体项目的内部条件相适应的环境机会。环境机会虽是经常存在的，但并不是说环境机会就是项目的机会。环境机会是否是项目机会，还必须对项目的内部条件进行分析。项目的内部条件实际就是项目内部资源，主要包括资金、规模、稀缺性、商业定位、招商能力与政策、营销及运营管理等方面的组织能力，分析项目现有的和可以获得的哪些方面的条件能满足利用特定的环境机会所需要的条件，同时还要看利用这种环境机会在竞争中能否取得成功。如果项目具备了利用某种环境机会的条件，并且具有较强的竞争能力，这种环境机会就变成了项目机会，项目就可以利用这种机会去促进招商的成功。

例如，商业地产市场出现的机会，对于资金实力薄弱、商业人才较少的项目就不是项目机会，而对于那些资金实力雄厚、各种资源相对较多的项目就是一种项目机会。

3. 研究和选择目标商家

研究和选择目标商家实际是对项目机会进行进一步的研究，以便从中找到项目的目标商家，并进行产品定位的调整。因此，研究和选择目标商家包括市场预测、市场分析、目标商家选择及产品定位调整等内容。

（1）市场预测

市场预测是对市场机会的定量化描述。通过市场预测，可以了解市场的需求规模及发展变化趋势，便于判断所选的市场对项目吸引力的大小，以及项目要进入该市场需要投入的资源的大小。

（2）市场细分

市场细分是指将一个市场按照顾客需求的差异划分为一系列具有不同特征的细分市场过程。针对不同的市场，市场细分可能使用不同的细分因素。如果商业物业的经营者所属区域不同，可以分为本地商家和外来商家。

（3）目标商家选择

对市场进行细分以后，需要投资者从不同的细分市场中选择自己要进入的细分市场，而这个细分市场就是项目的目标市场。在选择目标市场时，首先需要对不同的细分市场进行评估，然后有计划、有目标地寻找客户。同时，招商人员有必要掌握一些招商的基本原则：

1）按业态和业种规划原则。业态规划是在前期市场调研的基础上制定的，它对商业物业的建筑设计、招商、销售和运营管理具有重要的指导作用。按照业态和业种规划的原则进行招商，可以减少招商走弯路，同时，控制竞争激烈的业态和业种，从而减少开业后一年内的商铺换租率，使整个项目的业态在日后的经营中更加合理。比如，假设某个城市购物中心业态比例最终确定为，零售：餐饮：娱乐按 5：2：3，则招商就要尽量按照这个业态比例执行，当然，按市场要求作适当的调整是合理的，也是必要的。

2）按市场定位物色品牌对象的原则。市场定位同样是经过前期市场调研而制定的，市场定位报告在招商之前，已经告诉了我们，项目的主要目标消费群是哪一类，如明确是中低档品牌的，则没必要去投入更多的精力引进高档品牌，既费力，又不适合商圈的需求。同样的道理，如果确定为中高档的品牌，则应想尽办法招入符合要求的高档品牌，甚至，有些能带动招商的特殊品牌，可以采用短期内联营的方式，以保证整个项目的成功招商。由于市场的低档品牌较多，招商相对容易，招商人员往往在招商过程中弃高就低，使整个项目的品牌档次未能按原定的市场定位执行，项目也不容易成功。

3）按赢利模式确定经营模式的原则。赢利模式是商业物业开发商在开发项目之前已确定的，其依据是市场对商铺投资需求预测、企业自身的资金实力、企业未来开发目标、运营管理团队的管理能力预期等诸要素的综合分析。商铺的赢利模式有两大类：一是销售类，二是租赁或联营类。销售类又可分为销售代租、销售返租、投资客自营；而租赁或联营类则可以分为租赁、联营提成和管理商自营。

由于赢利模式不同，其招商方式也不一样。销售类的商铺，除在代租期或返租期外，其余时间应在业态、业种、市场定位方面加以指导和约束；而租赁或联营类则应以长期经营为目标进行招商，为日后商铺的快速增值创造条件。

4）主力店先行的原则。大型商业物业租赁对象并非是直接的购物消费者而是大型商家，特别是主力店，因此寻找主力店也是开发商或管理商的首要工作。主力店对卖场的面积、停车位的面积、货架的陈列、空间的高度等都有一系列的要求，如果在做设计时不符合这样的要求，那么项目开发越深入，后期招商的困难就越大。故此，须按照主力店的要求进行规划设计。同时，主力店的成功进驻，也能带动中、小店的招商工作。一般情况下，知名品牌的主力店的成功经营，可以吸引更多的消费人群，从而使促进中、小店的销售。

另外，由于主力店和中、小店的招商时间段不一致，主力店招商时间长，应安排在建筑设计之前；而中、小店的招商时间相对短些，一般安排在开业前的几个月进行。

5）招商的动态原则。在招商策划方案开始实施后，招商的实际进程并非能够完全按照策划方案所述的进行，市场毕竟是不断变化的。招商必须面对着三个方面的变化，一是项目竞争对手的变化；二是招商目标开店计划的变化；三是项目目标消费群的变化。一旦市场变化，招商目标和实施细节肯定要做出适当的调整。

招商政策的制定也是需要随市场的变化作相应的调整，特别是租金和租金递增率这些比较敏感的指标。另外，对于可能有助于整个项目招商的特殊品牌，应采取更优惠的招商政策。

6）宜采用长线经营的原则。因为商业物业经营具有长期性的特点，为适应项目适合市场的需求和竞争环境，可采用租金低起点的做法，项目开业后，通过市场推广力度的递减和租金的递增，使整个商业物业的整体价值逐步最大化。

商户租赁的目标就是获取未来不可确定的收益，开发商或管理商有必要在项目起步之际，用实际行动支持商户，降低开业后的商铺换租率，为项目持续良好经营创造条件。

（4）产品定位

确定了目标市场，并不意味着选择目标市场工作的结束，投资者需要对所提供的产品在目标市场的客户心目中占据什么样的位置作出调整决策。当然，如果在策划之前的商业定位准确的话，这项工作就可以轻松好多。在进行产品定位时，主要是找到能吸引目标顾客需求的项目优势，使项目的优势能为项目创造更多的价值。

4. 制定招商营销策略

制定招商营销策略是项目招商能否取得成功的执行环节。招商策略通常的内容包括制定招商营销组合决策、确定招商方式及选择招商信息发布渠道、制定招商营销费用方案等方面。

（1）制定招商营销组合决策

招商营销组合是指项目为达到目标市场的营销目标所使用的一组招商营销因素的组合。这一组合含有四因素，这四个因素分别是业态与业种、租金、招商渠道、促销。招商营销组合决策在特点的时间是不同的营销因素如何配合使用，即将商铺、租金、销售渠道中所包含的营销变数量化具体定在什么水平。例如，项目定位是商业街，那它首先就是一个购物中心，业内一般认为购物中心的最佳功能比例是零售、餐饮、娱乐为 52：18：30，并称之为黄金比例。当然这个比例并不是绝对的，应灵活应用，但其中隐含的一个原则必须要遵守：购物中心首先是一个卖场，购物功能应占到 50%的比例。如果餐饮占多数，就是饮食中心；娱乐比例太多，就是娱乐中心，都不能称之为购物中心。过分强调娱乐功能，对发展旅游有好处，但吸引不了回头客。

（2）确定招商方式及选择招商信息发布渠道

1）确定招商方式

①项目洽谈会。项目洽谈会是招商最为常见的一种形式。它是由招商单位携拟与合资、合作或引进的项目，有针对性地与商家洽谈。其特点是针对性强，易于吸引有兴趣的客商。影响大，实效性好，主办者可以派遣技术专家与客商直接进行接洽。

②项目发布会。项目发布会是招商经常采用的方式。它是由项目主办者在一定的场合公布拟引进合资、合作的项目，阐述招商项目的特点和技术、资金要求，以期吸引客商。

③经济技术合作交流会。经济技术合作交流会是一种层次较高、范围较大的招商引资方式。其特点是层次较高，范围较大。可以是多种行业的招商。

④投资研讨会。投资研讨会是一种较小型、时间较短的招商形式。它通常是由政府部门、经济研究机构举行的区域性投资战略、政策、现状和发展趋势的研究讨论会。其特点是灵活，既是务虚，又重务实，主办单位可以借机公布一些项目进行招商，可以介绍本地区的投资环境和利用外资的政策，达到宣传的效果。

⑤登门拜访。登门拜访是招商效果明显的辅助性活动。招商单位专门派出招商小分队或在国内外举办集会式招商活动之余，拜访跨国公司、投资咨询顾问公司、会计师行及其他中介机构，宣传投资环境，具体介绍投资项目，探讨合作事宜。其特点是机动灵活，针对性强，气氛融洽，容易引起被访者的兴趣。

2）选择招商信息发布渠道。招商渠道是指开发商或管理商将商业物业的招商信息传递到潜在客户的途径，它直接影响招商效率。准确的渠道设计和选择，可缩短招商时间，提高成功率。除了招商策略和租金策略外，开发商或管理商对渠道策略也越来越重视。

①利用新闻和大众媒体进行招商。进行招商的渠道很多，利用新闻媒体进行招商是一种比较基本、普遍，但又是特别重要的渠道。随着现代科学技术的发展，新闻媒体的表达形式和渠道越来越先进，如电视、广播、报纸、刊物、互联网等。对于扩大开发商或管理商的知名度和影响力有着十分重要的作用。利用新闻媒体进行招商要注意处理好以下几个关系：综合性与新闻性的关系；计划性与随机性的关系；一般宣传与重要宣传的关系；种类新闻媒体的科学组合和综合运用等。此外，还要注意新闻媒体宣传中对开发商或管理商的负面宣传影响的处理等。

除新闻媒体外，通过这类大众媒体宣传进行招商，可能较少受到时间性和容量限制，能较完整、准确地进行招商，且具有一定的稳定性和时效性。

②利用招商活动进行招商。招商活动主要有会议和各类主体活动，会议和活动是开发商或管理商进行招商的常用方法。根据不同的招商群体，不同的发展阶段，可以策划并组织不同类型的会议与活动，如主力店群招商会、各类主题店、专业市场的招商会等。

有时也可以采用反向思维举办一些商品展览会、采购大会等，一来可以吸引消费群，为日后经营进行预热；二来可以让商品经销商和厂家到项目地体验项目所辐射的商圈人气，增强其签约进驻的信心。例如，童装批发商城在招商预热期间，可以举办儿童商品采购大会、组织大量的厂家和经销商参加交易，开发商或管理商可以为他们免费提供交易场所和相关的广告宣传，同时也将项目的招商信息传递出去。

发展商有时也采用品牌嫁接的招商方法，这种方法对于商业相对欠发达的地区特别有效。具体的做法是，由开发商或管理商举办大型的品牌连锁加盟会，邀请外地的目标品牌厂家和本地的同类产品经销商和投资经营者参加，帮助他们“快速配对”，使外地的目标品牌通过本地经营者的加盟而进驻本项目。

③通过专业人员进行招商。各类专业招商人员可以经常参加各类相关的商品和服务展览会，直接与厂家或区域总经销、代理商等相关人员直接面谈交流，这是一种最直接、最高效的招商方法。

招商人员与商户面对面交流，机动灵活、介绍全面，有效地避免和缩小信息的不对称性。还可以与商户保持广泛而密切的联系，及时发现和解决商户多方面的疑虑和担心，建立信任感。另外，可以把商户的各方面信息及时反馈，一方面不断完善开发商或管理商的服务功能，另一方面也可以不断扩大招商线索，争取更大的招商份额。

在通过专业人员进行招商的过程中，人员素质和敬业精神是很重要的，直接关系到开发商或管理商的声誉和影响，因此，要对招商人员进行系统的、专门的选拔和培养。

④通过中介机构或各类商会进行招商。中介机构（亦称招商代理商）或各类商会是具有法人资格的经济组织。选择中介机构或各类商会进行招商是开发商或管理商与该中介机构或各类商会以市场经济原则为基础，建立起经济上的关系以及工作上的默契。中介机构或各类商会为开发商或管理商在一定时间或区域内进行招商、推广项目、安排活动等。开发商或管理商则为中介机构或各类商会提供一定的活动经费或按招商额支付佣金、提成等。通过中介

机构或各类商会进行招商联系商户，虽然需要支付费用，但往往要比开发商或管理商直接的招商成本低很多，而且成功率相对较高。

⑤通过互联网进行招商。通过互联网介绍了解信息，已成为商户广为利用的一种重要工具。因为，互联网本身不受时间、地点、推介成本等限制，对项目的表述更清楚，对推介的项目介绍更翔实。现在，很多如新浪网、搜狐网等大众网站及其他一些专业网站，其浏览量非常大，开发商或管理商不要忽视在互联网进行招商。

在实际招商方式运用中，开发商或管理商更需要对招商方式的组合，以便起到事半功倍的效果。

（3）制定招商营销费用方案

招商营销费用决策对项目营销目标的实现有决定性的影响。招商营销费用的决定可以按照项目预期租金收入的百分比决定，也可以参照竞争者营销费用的比例决定，还可以根据项目的招商营销管理能力及各方面营销目标的要求，计算出所需营销费用的大小。

5. 招商谈判

在确定招商目标客户后，接下来能否取得成功，关键就看招商人员的招商谈判了。成功的招商谈判，取决于很多要素，品牌、公司形象、谈判环境、公司团队、谈判细节、谈判心态、语言技巧等。

（1）招商谈判特点

1）谈判对象的广泛性、多样性和复杂性。商场的交易活动不受时空限制，而具体的谈判对象交易条件又是多样的、变化的。这就要求项目的谈判人员要围绕本项目的经营范围，广泛收集信息，了解市场行情，并选择适当的方式与社会各方面保持广泛的联系。

2）谈判条件的原则性与灵活性。项目招商的目标要具体体现在谈判条件上。条件具有一定的伸缩余地，但其弹性往往不能超越最低界限，界限是谈判人员必须坚持的原则。这一特点就决定了项目谈判人员要从实际出发，既要不失原则，又要随机应变具有一定的灵活性，以保证实现招商谈判的基本目标。

3）谈判口径的一致性。在招商谈判中，双方谈判的形式可以是口头的也可以是书面的，谈判过程往往需要反复接触。这就要求谈判人员要重视谈判策略与技巧，注意语言表达和文字表达的一致性。谈判人员要有比较好的口才和文字修养能力，也要有较强的公关能力。

（2）谈判准备

所谓招商谈判的准备就是指在思想上、物质上和组织上为谈判进行充分的准备工作，主要包括：

1）对外发布招商公告。

2）准备谈判的必备资料。包括企业经营规模、经营能力、经营场地和设备、招商的项目、引厂进店的标准、谈判的价格目录等谈判必备资料。

3）准备谈判的依据。明确谈判目标（最优期望目标、实际需求目标、可接受目标、最低目标等），规定谈判策略（了解谈判对象的状况，谈判的焦点、谈判可能出现的问题及对策），选定谈判方式，确定谈判期限。

4）组成谈判小组。挑选谈判小组的成员，制订谈判计划，确定谈判小组的领导人员。

（3）招商谈判过程

招商洽谈需要一个过程，其基本程序如下。

1）开局。即确立开局的谈判目标，创造一种适宜的谈判气氛。首先，联系商家负责人或谈判人员见面，主要方式可以为电话约访、上门拜访、邮件预约等，前期的接触，可以避免见面生硬的尴尬。

2）摸底。即谈判双方逐渐熟悉，分别讲述自己的观点和立场，相互了解各自的期望。商家阐述自己的情况以及租赁要求或购买要求；招商人员阐述本项目的基本情况，以及大体商业情况、业态定位、面积等，双方就项目情况作出基本的了解。

3）报价。即双方提出具体的报价和交易条件。谈判双方在了解项目情况之后，商家提出自己需求的商业面积、建筑要求，以及能承受的购买价格或租赁价格等；招商人员作出本项目的具体的销售价格报价以及租赁价格报价等，双方作出实质性的阐述。

4）磋商。即谈判双方对报价和交易条件进行反复协商，双方各自做些让步，并获得一些共识。经过互相的了解和谈判，对谈判所持观点双方作出各自的让步，达成一定的共识，此阶段可能持续时间较长，短则几个月，长达一年多，在多次的谈判磋商中，达成一致。

5）成交。即双方就谈判的实质问题达成协议，业务成交。在经过长期的了解和磋商谈判后，双方达成协议，签订合作意向书，缴纳定金，确定商家位置、面积、租金或售价等。

（4）谈判原则

根据招商谈判的特点，谈判双方要取得共识，促使谈判成功应遵循以下原则：

1）坚持平等互利的原则。平等互利原则要求谈判双方在适应对方需要的情况下，公平交易，互惠互利，这是保证谈判成功的重要前提。

2）坚持信用原则。信用原则是指招商谈判的双方都要共同遵守协议。重信誉、守信用是商家基本的职业道德。在谈判过程中，应注意不轻易许诺，但一旦承诺，就应履行，保证言行一致，取信于对方，以体现真诚合作的精神。

3）坚持相容原则。相容原则要求谈判人员在洽谈中要对人谦让、豁达，将原则性和灵活性有机结合起来，以更好地达到谈判的目的。

（5）整理谈判结果

谈判过程结束或告一段落后，要对谈判结果进行整理，双方如达成一致意见，则要通过签约的方式来确定双方约定。谈判结果的整理就是谈判阶段性或整个谈判工作的收尾工作。

6. 签订招商合同

在招商活动中，签订合同是非常关键的环节。同时，商业地产招商租赁中具有租赁期限长、租金金额较高的特点，因此，合同的签订是双方互惠互利的契约，显得十分重要。在招商谈判中，一般有合同、协议、意向、洽谈纪要和备忘录等几种形式的合约方式。其中合同的签署要力求严密、合法而不出漏洞。合同文本可以由法律顾问起草，或者起草后请法律顾问审查修改。一般对于大型主力店的招商，应有成熟的合同范本，但不一定非要按这个范本的条款执行，开发商或管理商可以委托律师调整并审查，对于有异议的条款，双方可以再协商。一般情况下，招商合同中应注意以下事项：

（1）明确租金包含费项及递增方式

合同约定的租金，应确定包含哪些费用。如房屋的租金是否包括了管理费、空调系统和其他设施系统使用费及按照中国法律应由商家承担的与房屋相关的其他任何费用和支出。根据租赁物及商业用途不同，这些内容当事人双方是可以自由约定。

大型商业地产租赁，租金不是一成不变的，多数合同年租金都是可变的，常见的表述为租金递增率。招商方对租赁物或商业经营有一个预期收益回报底线，根据底线换算租金递增率。

（2）租金支付方式

由于商业地产租赁期限长，如果按《合同法》第 226 条规定，在双方没有约定租金支付方式时，应当在每届满一年时支付。但现实中，双方有时会约定按月付款或按季度付款。尤其年租金较多时，更应选择对自己有利的支付方式。

（3）租赁期限及转租

对于商业地产承租人来说，期限长可能对己方更有利，因此承租人一般会积极主张延长租赁期限，这里有一个市场培育问题。一般在租赁前期，承租人会付出 2～3 年或更长时间来培育市场，这阶段可能利润很少或是赔钱维持。随着市场培育逐渐成熟会有利润增长的阶段，因此如果租期短，承租人自然不会同意。所以在商业物业租赁时，租赁期限的条款中常常涉及续租的优先权条款。此条款给予承租户在规定的条件下，有权续约一定时间。优先权条款一般都规定了承租户提前通知的时间要求，也规定了通知形式、递送方式、通知接受人、续约的期限。

如属转租，租期不得超过原租赁合同剩余租期。因此，转租情形应当要求转租人提供与原产权人签署的租赁合同复印件并加盖公章（租金等敏感问题可予以掩盖），以核实租期是否超过原租赁合同剩余租期。

（4）物业交付

双方应书面约定并明确交付标准及附属设施设备明细，并以附件形式列明。

（5）房屋的修缮责任

租赁双方必须在租赁合同中明确列出各自的修缮责任，修缮责任由双方当事人在租赁合同中约定。房屋修缮责任人对房屋及其设备应当及时、认真地检查、修缮，保证房屋的使用安全。修缮责任人对形成租赁关系的房屋确定无力修缮的，可以与另一方当事人合修。

（6）返还房屋及装饰装修问题

注意租赁合同解除或终止时，涉及返还房屋及装饰装修问题的有关问题。承租人经出租人同意装饰装修，租赁期间届满或者合同解除时，除当事人另有约定外，未形成附合的装饰装修物，可由承租人拆除。因拆除造成房屋毁损的，承租人应当恢复原状。

承租人经出租人同意装饰装修，租赁期间届满时，承租人请求出租人补偿附合装饰装修费用的，不予支持。但当事人另有约定的除外。

（7）当事人约定的其他条款

租赁合同中，当事人可根据各自的情况和要求以及市场的情况，商定一些双方同意的条款。如退租的约定、改建商铺的约定、保证金或押金的约定、变更或终止合同的约定、税收与保险费分担的约定、违约责任及赔偿额约定，以及其他双方约定的事项。

（8）附件清单

营业执照、产权证、原产权人同意转租的书面证明、转租人与原产权人签署的租赁合同、平面图、广告位置图、交付标准及附属设施设备明细。

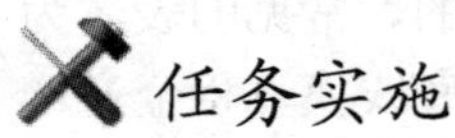

任务实施

一、项目概况及业态分布

1. 项目概况

××代理公司在某公司的商业项目前，已通过多方面途径收集了很多有关项目的背景资料。

该项目在本市的CBD商业区的中轴线上，坐落于地铁3号线、8号线的交汇站。30多条公交线路连通四方，江南北路立交桥、中山南路内环线高架桥一同构筑起现代立体交通框架。该项目所在的商圈商业中心占地3.3平方公里，共计大小商业网点1 000多个，商业营业面积达45万平方米，占全区营业面积的1/3；商业中心附近已建有两条市级特色街，即欧陆风情街和建材家具街，分别以休闲娱乐和建材家具闻名于Z市。目前商业区正积极培育新的两条商业特色街，一条是以依托高校区的高新技术孕育而成的电子街；另一条是面向大众消费的餐饮食物街，起到了为商圈相配套的作用。

2. 项目周边的业态分布

袁珊珊和同事一起跟进了解该项目周边的商业业态分布情况：

CBD商业区目前已构成融购、娱、赏、食、游为一体的综合消费商业布局，其中百货商厦、餐饮业、文化娱乐已成为商业区的主力业态。该区商业集天时、地利、人和的优势，尤其经过新一轮精心打造和调整后，得到了突飞猛进的发展。CBD商业区投资多元化，招商注重该区商圈特色经营。商圈内有本市第一家港资的南方商厦，台资的新太百货、港汇广场以及中英合资的大金百货等商业企业，吸引了大批不同消费水平的消费者。商圈率先倡导“错位竞争”和“个性化经营”的经营理念，一是注重发掘商家本身的经营能力，形成了不同氛围和水准的商家企业；二是注重业态错位。商圈内率先引进了电脑市场，百脑汇、太平洋电脑成为了全市计算机业的旗舰店，占全市的计算机销售的50%。天河城在引进百脑汇的同时把美食广场、音响广场引入商圈，使整个商圈的业态更为齐全、合理。从消费方式、购物环境、商品结构到文化氛围、功能设施，创造了商圈相依互补，共存发展的成功经验，形成了商圈整体的竞争优势，满足了不同消费者的个性需求。

CBD商业中心现有的南方商厦、新太百货、大金百货、六百实业、盛联商厦、天河城百货商厦总营业面积达30万平方米，占商业中心营业总面积的64%，占该区域社会消费品销售总额的30.7%。南方商厦以其“礼在南方”的服务宗旨享誉全市，并以其国际知名品牌吸引各方来宾。新太百货定位于“流行的领导者”，在年轻女性顾客中极具号召力，凭借其卓越的经营理念和灵活多样的促销手段，迅速在百货业崭露头角。六百实业首推“自然式服务”，以规范严格的现代化管理模式和温馨的服务在行业内独领风骚。定位于“现代都市型百货”的大金百货于1998年开业，一流的服务设施、浓郁的文化气息和诸多的品牌深得白领人士的青睐。2 000平方米的地下超市以生鲜食品为特色，为周边住家提供了极大的方便。

CBD商业中心内有计算机专业市场百脑汇电脑、太平洋电脑、天河电脑3家，CBD商业区的电脑广场目前成为Z市最大的计算机及其配件、耗材和其他信息产品的集散地之一。

餐饮娱乐业有40户，营业面积10.178万平方米，占商业中心营业总面积的31.86%。位于CBD商业中心的天河娱乐城总体面积达6.5万平方米，独特的巨球建筑缀满新颖的满天星顶灯，将购物、休闲融为一体，品种丰富的休闲小吃、白领光顾的舒适堡健身中心及令学生、市民喜爱的思考乐书局、柯达影院等已逐步成为市民消费的新热点，并构成CBD商圈休闲娱乐业态主流。

CBD商业中心现有宾馆业3户，营业面积4.14万平方米，占商圈营业总面积的12.96%。商业区附近有着五星级的金洲酒店和四星级的东亚大酒店，以其便利的交通条件和适中的价格吸引着周边省市的宾客近悦远来。

二、市场分析及定位

在政府大力扶持CBD商业区发展的背景下，如何对该项目进行市场定位，××代理公司决定从搜集、整理竞争对手、消费者和商户的各种信息和资料入手，对这些信息和资料进行分析并作招商定位。

1. 项目的SWOT分析

（1）优势

1）规模优势。经营面积大，可以体现规模经营效应，可以经营不同规模的商品，有较强的满足力和挑选力。

2）交通优势。地铁3号线、8号线直达本项目B1层，并设有出口，每天数万人流能保证经营者的利益，高架内环线近在咫尺。

3）商圈优势。CBD商圈的经济发展已日趋繁华，本案距CBD商圈10分钟路程，其发展前景也非常可观。

4）物业管理优势。国际品牌管理公司担纲物业管理工作，展现国际商业气象。

5）发展优势。CBD商业区是Z市的中心区，这里集聚了科技资源优势、人文环境优势和商圈品牌优势。近年来，CBD中轴线上的商业区在经济建设、城市管理和社会事业的发展等方面，都取得了令人瞩目的成就，综合经济实力在Z市的10个中心城区商业区中名列前茅。

（2）弱势

1）地段位置。处于次星级地理位置。

2）竞争激烈。CBD 商圈日趋成熟，已形成错位经营，本项目尚处于起步阶段，竞争激烈。

3）价格劣势。招商价格无明显优势。

（3）机遇

1）公关宣传。足够的广告预算支持广告及公关活动。

2）政策支持。市政府政策的有利倾斜。

3）市场需求量大。由于近 CBD 商圈，商铺需求量大。

4）固定的消费群。周边高档住宅中的固定消费群体、强大的地铁客流消费群、写字楼内固定的消费群体。

（4）威胁

1）市场未来供应量大。预计未来区域内商业物业供应量较大，对项目的研判、定位、规划必须符合市场的需求和发展趋势，加强项目自身的竞争性和独特性，确保项目的定位及规划在物业启用 5～10 年内没有同质的商业设施出现或构成竞争威胁。

2）市场处于调整期。从市场调研结果得出，目前 Z 市的商业市场较为火热，众多零售业或已布局，或正跃跃欲试，市场并不稳定，商业地产项目可以说是你方唱罢我登场，市场的整体格局如何发展有待观察。

2. 项目定位

××代理公司在对项目进行分析后，计划对该项目的经营业态、业种、商品进行定位。

（1）经营业态定位

针对 CBD 商业区的商业市场现状，本项目的经营业态定位为“超级大卖场”。当然，仅是以“超级大卖场”单一业态，仍不足以和“南方商厦”“新太百货”“天河城百货商厦”相抗衡，必辅配以其他相关业种，方能真正发挥以“超级大卖场”为经营核心，带动其他关联业种发展，缔造新商圈的全新动力。

（2）经营业种定位

超级大卖场及辅配业种以如下 10 个大业种为主力业种：

1）超市（面积 8 000 m^2左右，经营单品应不少于 8 000 个，涵盖所有百姓日常生活所需）。

2）家电（面积 10 000 m^2左右，经营所有家电系列）。

3）轻型交通用具（摩托车、电动自行车、童车等）。

4）家居（布艺、窗帘等家居装饰品）。

5）文化、影院休闲及餐饮（各地风味、德克士、迪迪汉堡等）。

6）中高档品牌服装。

7）中高档鞋帽、化妆品系列。

8）儿童游乐园、童装童鞋、玩具、孕妇及婴幼儿用品等。

9）黄金珠宝、通信器材、照相器材、钟表系列。

10）药品超市及相关医药产品。

（3）商品定位比例关系及各楼层商品结构定位

高档商品占10%，中档商品占70%，中低档商品占20%。各楼层商品结构见表4—2—2。

表4—2—2　　本项目各楼层商品结构

楼层	商品结构
六楼	餐饮、休闲娱乐、健身、电玩、图书
五楼	温馨家居用品、床上用品、窗帘布艺、国际精品厅
四楼	针纺织品、服装配饰、文化用品、五金电气、家用小电器、工艺礼品、小百货、汽车饰品
三楼	童装、儿童玩具、哺幼产品
二楼	男装、男士皮衣
首层	女装、女式皮衣
B1	鞋类、皮具、箱包、服装辅料、布料

（4）品牌形象定位

鉴于本商圈潜在消费群体层面颇高，本次招商对象也应该颇具品牌知名度。利用系统的品牌传播策略，将该项目打造成一个国际国内知名品牌汇聚的大舞台。以服务品牌化，个性化模式为先导，以迅速的宣传手段传播项目在本商圈内的行业标志与先驱的形象地位。

三、招商策略

1. 楼层功能区划按照各类品牌间的经营互动原则，进行局部科学规律整合。

2. 严格控制招商品牌的层次，利用自身优势吸纳国内国际亮点品牌。这是保证整体层面上档次先决条件。

3. 店铺采取定价租赁制和协议扣点制，以便为招商信息宣传创造悬念卖点。

4. 与众不同的店铺租赁定价的切入点悬念招商策略。

5. 与区政府有关部门合作，打出公益事业牌。孕育CBD社区系列广场文化活动，为众商铺聚集人气，为发生购买行为提供重要条件，培育本商圈目标受众的习惯性消费行为，为目标业主提供经营成功的有力保障，为树立品牌形象打造宣传基点。

6. 以本项目所在的Z市为重点，在确保本地区招商工作全面、顺利开展的同时，对外地（包括外地国内产品的厂家和经营商、国外产品的国内代理、国内内销分支等）客商运用电话、传真、网络、DM等现代化通信手段进行招商。

四、招商准备工作及时间安排、达成目标

为更好地、更有效地实施招商工作，××代理公司做好了充分有序的前期的招商准备工作，为后期招商工作的推进奠定坚实的基础。具体工作安排如下：

1. 招商准备工作（只针对配合招商部分）

（1）完成项目名称注册，以及项目标志等的CI设计并注册。

（2）注册中文及英文的国内域名（.com.cn）及国际域名（.com）。

（3）确定宣传包装概念、总体广告宣传用语。

（4）完成设计制作本项目招商文告、招商楼书，包含项目功能分布及内部结构图。

（5）完成设计制作项目效果图的 POP 及 3D 资料光盘。

（6）完成设计制作本项目的主体、各分体剖面模型沙盘。

（7）完成招商部的筹建及招商队伍的建立（招聘），进行培训及人员甄选分配，见表4—2—3。

表 4—2—3　招商部门人员安排

	招商部	人员数量	负责区域	招商业种
招商经理	招商 1 部	4 人，设招商主管 1 名	B1 层	负责对男女鞋类、皮具、箱包的招商工作
	招商 2 部	4 人（暂定），其中招商主管 1 名	F1、F2 层	负责对男、女服装、男女皮装的招商
	招商 3 部	4 人，其中招商主管 1 名	F3 层	负责童装、童鞋、儿童玩具、儿童用品、哺乳用品等的招商
	招商 4 部	4 人，其中招商主管 1 名	F4 层	负责针纺织品、服装配饰、家用小五金、电器产品、家用小电器、小百货、文化用品、汽车饰品、工艺礼品等的招商
	招商 5 部	4 人，其中招商主管 1 名	F5 层	温馨家居用品、床上用品、家纺布艺、窗帘、绳草编织、国际精品等的招商
	招商 6 部	4 人，其中招商主管 1 名	F6 层	负责餐饮、娱乐、健身房、电玩厅、图书、办公间的招商
	国际招商部	4 人，其中招商主管 1 名	F5 层	负责国际商品的招商，任务是填充 F5 层的我国香港地区厅、我国台湾地区厅、韩日厅、欧美厅的招商工作

（8）招商部各种管理规章制度、业绩考核奖惩制度、工作操行规则出台。

（9）制定并印制招商租赁合同、租赁申请表、登记表、相关协议、商业管理守则等。

（10）制定商户准入标准、引入原则、操作规则等。

（11）根据招商类别，敦促各分部制订招商工作倒计时计划（包括招商区域、重点目标、任务指标完成计划等）。

2. 招商时间安排

（1）招商前期准备工作阶段为 2010 年 11 月 1 日—2011 年 2 月 10 日，见表 4—2—4。

表 4—2—4　招商前期准备阶段工作安排

时间	工作安排
2010 年 11 月 1 日—2010 年 12 月 1 日	完成招商人员招聘（10 天）及培训工作（10 天），同时完成个人招商指标确认并按照招商任务指标提交各自的工作倒计时实施方案

续表

时间	工作安排
2010年11月20日—2011年1月1日	完成印制各种合同、文件、申请表、登记表等。完成项目标志等系列CI设计，更换识别系统（包括名片、信函、旗标等）。确定宣传包装概念及总体广告用语
2011年1月1日—2011年2月10日	完成前期招商文告、招商楼书制作，确定招商媒体广告计划（包括广告创意、制作、媒体购买选择等）、招商各项管理费用支出预算。完成各种POP、3D vision、沙盘等的制作。完成招商部筹建工作
2011年2月10日前	完成一切招商准备工作

（2）正式招商时间确定为2011年2月18日—2011年12月30日，见表4—2—5。

表4—2—5　　正式招商阶段工作安排

时间	工作安排
2011年2月18日—2011年3月30日	配合组织公关活动，目标为行业协会、政府部门的；针对国际招商部分的，如有香港地区招商计划单列
2011年2月18日—2011年5月1日	以Z市为重点的招商工作，招商规模按计划控制在总体的60%以内。同时负责外埠招商工作的人员在本地进行外地招商工作。国际招商部通过各驻华商务参赞、外商驻华代表处、国外产品在华代理机构进行招商。外埠招商设2个月试探期，如果反映良好，则由负责人员作出报告提交招商部，由招商部作出外埠实地设点招商计划（包括地点选择、招商规模、策划广告宣传配合、费用预算等），报请总经理审批
2011年5月1日前	完成所有外地实地招商工作准备
2011年5月1日—2011年8月1日	招商进入第二阶段。在确保招商工作按计划顺利进行，并达到预期目标、回款理想的基础上，提高要求进行市场二次开发。目标定位于增加中心商品的名、特、优、新、独、多样化等的内涵，外埠与国际招商工作在这一阶段列为重点
2011年8月1日—2011年11月1日	招商工作进入第三阶段。本期工作重点是拾遗补阙，针对中心的商品结构进行微调整。做到符合项目的原定市场定位及功能分布设计。根据实际招商情况制订招商收尾计划，对招收工作未达到设定标准的进行最后突击攻关
2011年11月1日—2011年12月30日	招商工作进入尾声。责成有关分部在2011/12/30前落实所有招商目标。根据招商阶段预先挑选商铺情况、对未决定位置的商铺策划商户抓号的准备工作（地点、方式、安全保障、公正程序）

（3）后招商期暨开业庆典筹划阶段为2011年12月30日—2012年4月28日，见表4—2—6。

表4—2—6　　后招商期暨开业庆典筹划阶段工作安排

时间	工作安排
2011年12月30日—2012年4月28日	后招商期、开业庆典 招商部人员缩编，部分人员转入商业管理编制。招商整体工作做总结，财务情况汇总报告公司董事会 开业庆典的公关活动、促销活动、广告发布等

3. 达成目标（设定理由及达成手段）

达成目标是按照商业项目招商的程序安排制定的最低限度招商进展要求。××代理公司为能顺利完成甚至超额完成招商目标，制定了项目的阶段招商任务目标。

（1）2011 年 2 月 18 日—2011 年 5 月 1 日，第一阶段完成招商任务的 20％。

此阶段主要操作方案是通过项目广告宣传及内部预登记商户，电话及 DM 营销方式，对商户进行提炼筛选。从商业项目对投资者的吸引程度分析，达成此目标较有保障。

（2）2011 年 5 月 1 日—2011 年 8 月 1 日，第二阶段完成招商任务的 30％。

此阶段进入招商工作成熟期。由于前期招入商户的口碑相传作用，会同时吸引同业或相关联商户；另外第一阶段的电话、DM 营销的滞后反应将在此阶段收效；同时外埠招商赴当地设点的大规模展开；以及国际招商部分预计于此阶段到达见效最明显阶段，以上四方面支持本阶段完成 30％的任务指标。

（3）2011 年 8 月 1 日—2011 年 11 月 1 日，第三阶段完成招商任务的 50％。

由于此阶段为建筑主体出地面，结构达到封顶前阶段，商户对项目的信任度大大加强；招商比例中设计 50％的生产型商户（厂商及隶属厂商营销机构），40％的产品代理商及经销商，10％的普通经营商户，前两阶段主要针对对象为比例设计中的前 50％，此阶段由于接纳其余 50％类型商户，标准降低，招商难度相应减小；通过招商进展顺利、商户踊跃等方面的事件公关活动，对剩余招商对象起到催化作用；恰当的时机运用精品商铺拍卖会的形式，用夺标宣传刺激招商对象的最后阶段工作，完成最后阶段任务是具有一定可行性的。

五、选择目标主力店客户

××代理公司打造该项目为“超级大卖场”，下一步则考虑引进有国际知名度、对消费者有吸引力的大型连锁卖场客户进驻。在对目标经营者群体特征分析中，从资金、经营、目标特征上，分析出目标主力店经营者必须是由较强的资金实力，有类似卖场零售经营经验及对本项目的发展前景看好，希望通过扩充经营场地提升品牌经营实力和国际知名度。××代理公司从众多的目标客户中，备选了几家连锁企业作为招商目标主力客户，其中，U&M 连锁店是它们最想争取的主力客户之一。

1. 主力店的招商

（1）按拟定市场定位和业态定位初步确定主力店条件。××代理公司通过相关网站、展览会、研讨会等各种渠道接触、了解符合条件的零售商或其他服务商，并掌握其拓新店的计划，最后再确定 3 间主力店目标名单，并将其设立成三层目标群。

（2）召开主力店招商恳谈会，邀请前期已掌握的相关目标群所有的客户参加，恳谈会的内容主要是征求他们对项目主力店合作的条件、可能性及其他方面的建议，而这些建议均可用于制定合理的招商条件和政策。召开恳谈会时，可邀请当地政府相关领导或职能局的领导参加，并请他们在会上介绍当地的投资情况和表示支持的态度。同时，××代理公司还邀请当地有影响的媒体派记者参加恳谈会。

（3）根据招商恳谈会的情况，××代理公司在会后逐个向分层次的目标群进一步介绍项目情况及合作条件，采用每隔 3～5 天沟通一次的跟踪办法专人跟进。××代理公司还逐一邀请前期已掌握的目标群所有的客户来考察项目。特别是向 U&M 公司征求他们对项目主力店合作的条件、可能性及其他方面的建议，目的是要重点对该目标的管理层进行充分的沟通，加快其投资决策的步伐。

（4）U&M 公司在多番考察项目后，认为招商方合作态度非常有诚意，且受政府政策支持方面的考虑，决定进驻该项目。

2. 中、 小店群的招商

××代理公司在引进 U&M 品牌主力店后，根据前期业态组合设计着手准备招商第二、三、四类的中、小店群，以求能满足项目商圈内不同层次、不同需求的消费群体的购物消费需求。

（1）第二类客户

知名的服饰皮具客户，如红蜻蜓、木森、达芙妮、美丽女人、康莉、淑女屋、爱特爱、美特斯邦威、百丽、星期六、天美意、康莉、皮匠世家、小美、茜斯梦、杜莱娅、路伴、卡丹达仕、巴伦迪克（意大利）、卡仕妮、宝曼妮、欧玫珂、富贵鸟、彩晶、法拉特、卡佛儿、华伦天奴·乔登、喜利、多尔诺斯、龙浩、利佳娜、鳄鱼恤、路易丹尼、华伦天奴·迪芬、卡伦、哈森、伊玛莉、蜜丝罗妮、老人头、皮尔卡丹、萨妮娅、恩加图、真美诗、美丽宝等。

（2）第三类客户

本市知名的餐饮客户，如豪享来、康隆大酒楼、××人家酒楼、××酒家、××又一村食府，××重庆小天鹅、××粗粮斋、××杏林会馆、××娃子麻辣烫、××海景咖啡、××红焖羊肉、××歌乐苑、××天天粥棚连锁店、××赵庆利大盘鸡、××东坡眉州酒楼、××老夫子烩面、××电业局羊汤馆、××清宴庄园、镇东大酒店、重庆金娃娃火锅鱼、桂方圆曹周驴肉、××大都宴、××喜客来、××萧记三鲜烩面、北京烤鸭店、××西湖湘水、草原兴发、雅典娜头道汤、湘水人家、赵三鱼馆、湘鄂情、山天野生菌连锁、谭鱼头火锅、小肥羊火锅连锁等。

（3）第四类客户

本市经营娱乐、休闲项目的商户，如桑拿足浴、量贩、高档夜总会、酒吧、健身俱乐部、美容院、书店、茶馆、画廊、儿童游乐、××文化娱乐广场、××维也纳休闲广场、××卡布奇诺真爱、皇易会馆、××金汉斯、在水一方、时尚健身中心、鹰西林休闲娱乐中心等。

六、招商方式与渠道

1. 招商方式

目前常用的招商方法大体上有媒体招商法、展览会招商法和访问寻商法、中介（机构）

招商法。××代理公司计划此项目四法并用（具体略）。

2. 招商渠道

（1）多年积累的客户。

（2）展览会、招商会的新客户。

（3）通过为投资经营商加盟品牌发展新客户。

（4）其他资源客户。

七、招商推广策略

××代理公司凭借在代理租售业务的行业经验，深切了解广告宣传是招商中占用费用比例最大，对招商工作又会起到极大影响的部分。广告策划得当，会取得事半功倍的效果，取得良好的招商业绩将顺理成章。

1. 广告宣传准备工作

（1）2010/12/01—2011/01/20，由广告公司完成广告推广策划方案及创意（创意与预算由广告公司做出）。由公司决策层及相关人员审定并提出修改意见。

（2）2010/12/01—2011/01/30，完成所有招商印刷品的设计、排版、印刷。包括《招商文告》《招商楼书》、名片设计制作、POP广告立牌、拉架、擎天柱、户外广告牌、流动广告、沙盘、3D vision光盘、礼品等。

（3）2011/01/30—2011/03/30，制作楼盘DM广告。

（4）2011/01/30—2011/02/01，完成广告创意方案，并制作出胶片与平面创意稿。胶片分5″、15″、30″三种，分别为形象广告、主题招商广告、叙述性招商广告几种，并提前做出公益广告片（针对我国港澳台胞）配合春节期间公关活动。同时由广告公司做出媒体发布的方案及预算。此工作建议由几家公司同时提交，以把握广告发布的费用支出，并保证不会贻误战机。

2. 广告宣传实施部分

（1）2011/02/01—2011/02/10，各媒体广告发布准备工作就绪。

（2）2011/02/10—2011/02/18，完成户外、流动广告的发布。

（3）2011/02/15，开始进行立体媒体投放（电视、平面、电台等）。

（4）2011/02/18，正式招商开始，同时配合相关的公关活动。

（5）2011/02/15—2011/03/30，密集广告轰炸期，海陆空全面协动（包括终端支持）。

（6）2011/03/30—2011/05/01，间歇叙述性广告投放，与形象广告穿插进行。根据招商情况调整广告发布力度，总体遵循递减投放的原则。

（7）2011/05/01—2011/08/01，间歇性广告投放，配合公关活动。

（8）2011/08/01—2011/12/30，根据招商工作进展情况，顺利的情况下大幅减少电视媒体的投放力度（成本控制），保留平面媒体的投放计划。

(9) 2011/12/30，招商工作进入尾声，完成预定计划的任务。进入后招商期，完成招商工作总体总结，作出总结报告提交公司领导层。保留部分招商部功能设置，招商部其他设置解散，按公司需求，部分继续留用人员转入商业管理编制。

(10) 2011/12/30—2011/03/30，根据招商过程中商铺位置分配情况（部分商铺位置已确定），策划安排按抽签方式确定其余商铺的分配。

(11) 2012/01/01—2012/03/30，策划开业庆典准备工作。

八、招商营销费用

项目的招商工作总体费用包括人员开销、广告制作（包括印务）、媒体购买、管理费用等项，总费用预计在 3 000 万～3 600 万元，其中广告费用是最大的一项支出，而广告费用必须根据实际运作情况进行调整。如果招商过程非常顺利，则广告投入将会进行调整削减。项目招商营销费用预算方案见表 4—2—7。

表 4—2—7　　项目招商营销费用预算方案

项目	费用预算（万元）	备注
广告制作	300	印务、创意、胶片、沙盘、3D、展具、户外、流动
媒体购买	2 400	电视、电台、平面、户外、流动
办公用品	150	车辆、演示用具、移动办公
人员管理	400	薪水、提成奖励、培训
差旅	20	交通、住宿、招待
外埠费用	200	场地、日常费用
电话费用	30	电话、传真、网络
DM 费用	5	邮寄、夹报、散发
公关活动	100	发布会、联谊
合计	3 605	

其中广告制作费用约占 8.3%；媒体购买约占 66.6%；行政与管理费用约占 25.1%，应占比例符合正常市场运作中的比例分配。

九、招商付款方式及租金优惠条款

××代理公司考虑到项目的招商不但要符合公司的总体定位，同时还要兼顾公司的成本回收，并且回收期越短，产生的运营财务费用支出就越少。制定的租金付款方案一方面要起到将缺乏实力小商户挡在门外的作用（即抬高门槛），达到自然淘汰的目的。同时，根据‘现金是王’的原则，运用对本公司影响极小的使用年限的优惠，让利商户，做到先期既给出优惠又不会使应收现款产生丝毫损失。

另外，兼顾将来中心商铺升值，公司未来可以充分享受到升值的利益，方案设定是为了尽量引导商户去选择5年期的一次性交纳租金的方式。

1. 租金交纳及优惠政策

（1）一次性交纳3年的租金，从第四年起租金递增5%，第五年租金递增6%，第六年租金递增7%，总体租金递增比例不超过原租金水平的20%。

（2）首期交纳5年租金的30%，正式开业前再交齐5年租金全款。从第六年起租金递增5%，第七年递增6%，第八年递增7%，总体递增比例不超过20%。可签订租约合同期为20年。

首期就一次性交纳5年租金，可获得6年实际使用权的优惠政策。从第七年起租金递增6%；第八年递增7%，总体递增比例不超过20%。除享受以上优惠政策以外，还可以获挑选一间商铺位置的机会。

（3）首期交纳10年租金的30%，入驻前交齐10年租金全款，可获得12年实际使用权的优惠政策。可签订租约合同期为20年。如10年租金在首期就一次性交齐，除享受以上优惠政策以外，还可以获挑选两间商铺位置的机会。

2. 分析（以均价8.5元/m²·日计算）

五年的租金：115 472.04×365×8.5×5＝17.912 60亿元；

第6年租金收入：115 472.04×365×8.5×1.05＝3.761 646亿元；

第6年半年租金：3.761 646/2＝1.880 823亿元；

五年的贷款利息：17.912 60亿元×0.07＝1.253 882亿元；

五年租金9折损失租金：17.912 60×0.1＝1.791 26亿元；

租五送6个月损失：1.880 823－1.253 882＝0.626 941亿元；

租五送一年的损失：3.761 646－1.253 882＝2.507 764亿元；

"租五送一"比"租五打9折"多损失：0.716 504亿元；

"租五送半年"比"租五打9折"少损失：1.164 319亿元。

从上面的分析来看，一次性交纳5年租金免费送6个月对公司最有利，租五年送一年的优惠政策虽然损失最多，但比打9折只多损失7千万，而对商户的吸引力则大大增强。同时保证提前还贷提高公司的信用级别，综合考虑利大于弊。

技能训练

1. 分组调查当地知名度较高的综合性商业物业的业态、业种组合布置的数据资料。

2. 以某一大型综合性商业物业为目标，对其周边路段的竞争对手楼盘进行优劣势分析。

3. 调查当地的综合性商业地产中主力客户群有哪些品牌商家。

4. 以当地某一正在开发建设的商业地产为背景对象，分组模拟对该项目进行市场分析及定位，撰写《××项目市场分析报告》。

思考与练习

1. 商业地产招商方式和招商渠道分别有哪些？
2. 商业物业的开发经营模式有哪几种？
3. 商业地产招商的流程包括哪几个环节？

附　录

附录一

房屋租赁合同（范本）

房屋租赁合同编号：

出租方（以下简称甲方）____；

承租方（以下简称乙方）____；

根据《中华人民共和国合同法》及相关法律法规的规定，甲、乙双方在平等、自愿的基础上，就甲方将房屋出租给乙方使用，乙方承租甲方房屋事宜，为明确双方权利义务，经协商一致，订立本合同。

第一条　甲方保证所出租的房屋符合国家对租赁房屋的有关规定。

第二条　房屋的坐落、面积、装修、设施情况

1. 甲方出租给乙方的房屋位于__________（省、市）__________（区、县），门牌号为______________________。

2. 出租房屋面积共________________平方米（建筑面积/使用面积/套内面积）。

3. 该房屋现有装修及设施、设备情况详见合同附件。该附件作为甲方按照本合同约定交付乙方使用和乙方在本合同租赁期满交还该房屋时的验收依据。

第三条　甲方应提供房产证（或具有出租权的有效证明）__________________，证件的编号为__________________，（身份证明/营业执照）证件号码为______________；乙方应提供（身份证明/营业执照）证件号码为______________。双方验证后复印对方文件备存。所有复印件仅供本次租赁使用。

第四条　租赁期限、用途

1. 该房屋租赁期共____个月。自________年____月____日起至________年____月____日止。

2. 乙方向甲方承诺，租赁该房屋仅作为________使用。

3. 租赁期满，甲方有权收回出租房屋，乙方应如期交还。乙方如要求续租，则必须在租赁期满____个月之前书面通知甲方，经甲方同意后，重新签订租赁合同。

第五条　租金及支付方式

1. 该房屋每月租金为____元（大写____万____仟____佰____拾____元整）。租金总额为____元（大写____万____仟____佰____拾____元整）。

2. 房屋租金支付方式如下：____，甲方收款后应提供给乙方有效的收款凭证。

第六条　租赁期间相关费用及税金

1. 甲方应承担的费用：

(1) 租赁期间，房屋和土地的产权税由甲方依法交纳。如果发生政府有关部门征收本合同中未列出项目但与该房屋有关的费用，应由甲方负担。

(2) ____。

2. 乙方交纳以下费用：

(1) ____。

(2) ____。

乙方应按时交纳自行负担的费用。甲方不得擅自增加本合同未明确由乙方交纳的费用。

第七条　房屋修缮与使用

1. 在租赁期内，甲方应保证出租房屋的使用安全。该房屋及所属设施的维修责任除双方在本合同及补充条款中约定外，均由甲方负责（乙方使用不当除外）。甲方进行房屋维修须提前____日书面通知乙方，乙方应积极协助配合。乙方向甲方提出维修请求后，甲方应及时提供维修服务。对乙方的装修装饰部分甲方不负有修缮的义务。

2. 乙方应合理使用其所承租的房屋及其附属设施。如因使用不当造成房屋及设施损坏的，乙方应立即负责修复或经济赔偿。乙方如改变房屋的内部结构、装修或设置对房屋结构有影响的设备，设计规模、范围、工艺、用料等方案均须事先征得甲方的书面同意后方可施工。租赁期满后或因乙方责任导致退租的，除双方另有约定外，甲方有权选择以下权利中的一种：____________。

(1) 依附于房屋的装修归甲方所有。

(2) 要求乙方恢复原状。

(3) 向乙方收取恢复工程实际发生的费用。

第八条　房屋的转让与转租

1. 租赁期间，甲方有权依照法定程序转让该出租的房屋，转让后，本合同对新的房屋所有人和乙方继续有效。

2. 未经甲方同意，乙方不得转租、转借承租房屋。

3. 甲方出售房屋，须在____个月前书面通知乙方，在同等条件下，乙方有优先购买权。

第九条　合同的变更、解除与终止

1. 双方可以协商变更或终止本合同。

2. 甲方有以下行为之一的，乙方有权解除合同：

(1) 提供房屋不符合约定条件，严重影响居住。

(2) 甲方未尽房屋修缮义务，严重影响居住的。

3. 房屋租赁期间，乙方有下列行为之一，甲方有权解除合同，收回出租房屋：

(1) 未经甲方书面同意，转租、转借承租房屋。

(2) 未经甲方书面同意，拆改变动房屋结构。

(3) 损坏承租房屋，在甲方提出的合理期限内仍未修复的。

(4) 未经甲方书面同意，改变本合同约定的房屋租赁用途。

(5) 利用承租房屋存放危险物品或进行违法活动。

(6) 逾期未交纳按约定应当由乙方交纳的各项费用，已经给甲方造成严重损害的。

(7) 拖欠房租累计____个月以上。

4. 租赁期满前，乙方要继续租赁的，应当在租赁期满____个月前书面通知甲方。如甲方在租期届满后仍要对外出租的，在同等条件下，乙方享有优先承租权。

5. 租赁期满合同自然终止。

6. 因不可抗力因素导致合同无法履行的，合同终止。

第十条 房屋交付及收回的验收

1. 甲方应保证租赁房屋本身及附属设施、设备处于能够正常使用状态。

2. 验收时双方共同参与，如对装修、器物等硬件设施设备有异议应当场提出。当场难以检测判断的，应于___日内向对方提出。

3. 乙方应于房屋租赁期满后，将承租房屋及附属设施、设备交还甲方。

4. 乙方交还甲方房屋应当保持房屋及设施、设备的完好状态，不得留存物品或影响房屋的正常使用。对未经同意留存的物品，甲方有权处置。

第十一条 甲方违约责任处理规定

1. 甲方因不能提供本合同约定的房屋而解除合同的，应支付乙方本合同租金总额________%的违约金。甲方除应按约定支付违约金外，还应对超出违约金以外的损失进行赔偿。

2. 如乙方要求甲方继续履行合同的，甲方每逾期交房 1 天，则每天应向乙方支付日租金________倍的滞纳金。甲方还应承担因逾期交付给乙方造成的损失。

3. 由于甲方怠于履行维修义务或情况紧急，乙方组织维修的，甲方应支付乙方费用或折抵租金，但乙方应提供有效凭证。

4. 甲方违反本合同约定，提前收回房屋的，应按照合同总租金的________%向乙方支付违约金，若支付的违约金不足弥补乙方损失的，甲方还应该承担赔偿责任。

5. 甲方因房屋权属瑕疵或非法出租房屋而导致本合同无效时，甲方应赔偿乙方损失。

第十二条 乙方违约责任

1. 租赁期间，乙方有下列行为之一的，甲方有权终止合同，收回该房屋，乙方应按照合同总租金的________%向甲方支付违约金。若支付的违约金不足弥补甲方损失的，乙方还应负责赔偿直至达到弥补全部损失为止。

(1) 未经甲方书面同意，将房屋转租、转借给他人使用的；

(2) 未经甲方书面同意，拆改变动房屋结构或损坏房屋；

(3) 改变本合同规定的租赁用途或利用该房屋进行违法活动的；

(4) 拖欠房租累计____个月以上的。

2. 在租赁期内，乙方逾期交纳本合同约定应由乙方负担的费用，每逾期 1 天，则应按上述费用总额的________%支付甲方滞纳金。

3. 在租赁期内，乙方未经甲方同意，中途擅自退租的，乙方应该按合同总租金________%的额度向甲方支付违约金。若支付的违约金不足弥补甲方损失的，乙方还应承担赔偿责任。

4. 乙方如逾期支付租金，每逾期一天，则乙方须按日租金的____倍支付滞纳金。

5. 租赁期满，乙方应如期交还该房屋。乙方逾期归还，则每逾期一日应向甲方支付原日租金____倍的滞纳金。乙方还应承担因逾期归还给甲方造成的损失。

第十三条　免责条件

1. 因不可抗力原因致使本合同不能继续履行或造成的损失，甲、乙双方互不承担责任。

2. 因国家政策需要拆除或改造已租赁的房屋，使甲、乙双方造成损失的，互不承担责任。

3. 因上述原因而终止合同的，租金按照实际使用时间计算，不足整月的按天数计算，多退少补。

4. 不可抗力系指“不能预见、不能避免并不能克服的客观情况”。

第十四条　争议解决

本合同项下发生的争议，由双方当事人协商或申请调解；协商或调解解决不成的，按下列第____种方式解决（以下两种方式只能选择一种）：

1. 提请仲裁委员会仲裁。

2. 向有管辖权的人民法院提起诉讼。

第十五条　其他约定事项

1. ______________________________

2. ______________________________

第十六条　本合同未尽事宜，经甲、乙双方协商一致，可订立补充条款。补充条款及附件均为本合同组成部分，与本合同具有同等法律效力。

第十七条　本合同自双方签（章）后生效。

第十八条　本合同及附件一式____份，由甲、乙双方各执____份。具有同等法律效力。

甲　　方：______________　　乙　　方：______________

身份证号（或营业执照号）：________　　身份证号：______________

电　　话：______________　　电　　话：______________

传　　真：______________　　传　　真：______________

地　　址：______________　　地　　址：______________

邮政编码：______________　　邮政编码：______________

房产证号：______________

房地产经纪机构资质证书号码：______________

签约代表：______________　　签约代表：______________

签约日期：________年____月____日　　签约日期：________年____月____日

设施、设备清单____本；《设施清单》为__________（甲方）同________（乙方）所签订的编号为__________________房屋租赁合同的附件。

甲方向乙方提供以下设施、设备：

一、燃气管道［　］　　煤气罐［　］

二、暖气管道［　］

三、热水管道［　］

四、燃气热水器［ ］型号：________；电热水器［ ］型号：________

五、空调［ ］型号及数量：________

六、家具［ ］型号及数量：

七、电器［ ］型号及数量：

八、水表现数：________；电表现数：________；燃气表现数：________；

九、装修状况：____

十、其他设施、设备：____

甲方：____________________ 乙方：____________________

签约日期：________年____月____日 签约日期：________年____月____日

附录二

房地产经纪管理办法

第一章　总　　则

第一条　为了规范房地产经纪活动，保护房地产交易及经纪活动当事人的合法权益，促进房地产市场健康发展，根据《中华人民共和国城市房地产管理法》《中华人民共和国合同法》等法律法规，制定本办法。

第二条　在中华人民共和国境内从事房地产经纪活动，应当遵守本办法。

第三条　本办法所称房地产经纪，是指房地产经纪机构和房地产经纪人员为促成房地产交易，向委托人提供房地产居间、代理等服务并收取佣金的行为。

第四条　从事房地产经纪活动应当遵循自愿、平等、公平和诚实信用的原则，遵守职业规范，恪守职业道德。

第五条　县级以上人民政府建设（房地产）主管部门、价格主管部门、人力资源和社会保障主管部门应当按照职责分工，分别负责房地产经纪活动的监督和管理。

第六条　房地产经纪行业组织应当按照章程实行自律管理，向有关部门反映行业发展的意见和建议，促进房地产经纪行业发展和人员素质提高。

第二章　房地产经纪机构和人员

第七条　本办法所称房地产经纪机构，是指依法设立，从事房地产经纪活动的中介服务机构。

房地产经纪机构可以设立分支机构。

第八条　设立房地产经纪机构和分支机构，应当具有足够数量的房地产经纪人员。

本办法所称房地产经纪人员，是指从事房地产经纪活动的房地产经纪人和房地产经纪人协理。

房地产经纪机构和分支机构与其招用的房地产经纪人员，应当按照《中华人民共和国劳动合同法》的规定签订劳动合同。

第九条　国家对房地产经纪人员实行职业资格制度，纳入全国专业技术人员职业资格制度统一规划和管理。

第十条　房地产经纪人实行全国统一大纲、统一命题、统一组织的考试制度，由国务院住房和城乡建设主管部门、人力资源和社会保障主管部门共同组织实施，原则上每年举行一次。

房地产经纪人协理实行全国统一大纲，由各省、自治区、直辖市人民政府建设（房地产）主管部门、人力资源和社会保障主管部门命题并组织考试的制度，每年的考试次数根据行业发展需要确定。

第十一条　房地产经纪机构及其分支机构应当自领取营业执照之日起 30 日内，到所在直辖市、市、县人民政府建设（房地产）主管部门备案。

第十二条 直辖市、市、县人民政府建设（房地产）主管部门应当将房地产经纪机构及其分支机构的名称、住所、法定代表人（执行合伙人）或者负责人、注册资本、房地产经纪人员等备案信息向社会公示。

第十三条 房地产经纪机构及其分支机构变更或者终止的，应当自变更或者终止之日起30日内，办理备案变更或者注销手续。

第三章 房地产经纪活动

第十四条 房地产经纪业务应当由房地产经纪机构统一承接，服务报酬由房地产经纪机构统一收取。分支机构应当以设立该分支机构的房地产经纪机构名义承揽业务。

房地产经纪人员不得以个人名义承接房地产经纪业务和收取费用。

第十五条 房地产经纪机构及其分支机构应当在其经营场所醒目位置公示下列内容：

（一）营业执照和备案证明文件；

（二）服务项目、内容、标准；

（三）业务流程；

（四）收费项目、依据、标准；

（五）交易资金监管方式；

（六）信用档案查询方式、投诉电话及12358价格举报电话；

（七）政府主管部门或者行业组织制定的房地产经纪服务合同、房屋买卖合同、房屋租赁合同示范文本；

（八）法律、法规、规章规定的其他事项。

分支机构还应当公示设立该分支机构的房地产经纪机构的经营地址及联系方式。

房地产经纪机构代理销售商品房项目的，还应当在销售现场明显位置明示商品房销售委托书和批准销售商品房的有关证明文件。

第十六条 房地产经纪机构接受委托提供房地产信息、实地看房、代拟合同等房地产经纪服务的，应当与委托人签订书面房地产经纪服务合同。

房地产经纪服务合同应当包含下列内容：

（一）房地产经纪服务双方当事人的姓名（名称）、住所等情况和从事业务的房地产经纪人员情况；

（二）房地产经纪服务的项目、内容、要求以及完成的标准；

（三）服务费用及其支付方式；

（四）合同当事人的权利和义务；

（五）违约责任和纠纷解决方式。

建设（房地产）主管部门或者房地产经纪行业组织可以制定房地产经纪服务合同示范文本，供当事人选用。

第十七条 房地产经纪机构提供代办贷款、代办房地产登记等其他服务的，应当向委托人说明服务内容、收费标准等情况，经委托人同意后，另行签订合同。

第十八条　房地产经纪服务实行明码标价制度。房地产经纪机构应当遵守价格法律、法规和规章规定，在经营场所醒目位置标明房地产经纪服务项目、服务内容、收费标准以及相关房地产价格和信息。

房地产经纪机构不得收取任何未予标明的费用；不得利用虚假或者使人误解的标价内容和标价方式进行价格欺诈；一项服务可以分解为多个项目和标准的，应当明确标示每一个项目和标准，不得混合标价、捆绑标价。

第十九条　房地产经纪机构未完成房地产经纪服务合同约定事项，或者服务未达到房地产经纪服务合同约定标准的，不得收取佣金。

两家或者两家以上房地产经纪机构合作开展同一宗房地产经纪业务的，只能按照一宗业务收取佣金，不得向委托人增加收费。

第二十条　房地产经纪机构签订的房地产经纪服务合同，应当加盖房地产经纪机构印章，并由从事该业务的一名房地产经纪人或者两名房地产经纪人协理签名。

第二十一条　房地产经纪机构签订房地产经纪服务合同前，应当向委托人说明房地产经纪服务合同和房屋买卖合同或者房屋租赁合同的相关内容，并书面告知下列事项：

（一）是否与委托房屋有利害关系；

（二）应当由委托人协助的事宜、提供的资料；

（三）委托房屋的市场参考价格；

（四）房屋交易的一般程序及可能存在的风险；

（五）房屋交易涉及的税费；

（六）经纪服务的内容及完成标准；

（七）经纪服务收费标准和支付时间；

（八）其他需要告知的事项。

房地产经纪机构根据交易当事人需要提供房地产经纪服务以外的其他服务的，应当事先经当事人书面同意并告知服务内容及收费标准。书面告知材料应当经委托人签名（盖章）确认。

第二十二条　房地产经纪机构与委托人签订房屋出售、出租经纪服务合同，应当查看委托出售、出租的房屋及房屋权属证书，委托人的身份证明等有关资料，并应当编制房屋状况说明书。经委托人书面同意后，方可以对外发布相应的房源信息。

房地产经纪机构与委托人签订房屋承购、承租经纪服务合同，应当查看委托人身份证明等有关资料。

第二十三条　委托人与房地产经纪机构签订房地产经纪服务合同，应当向房地产经纪机构提供真实有效的身份证明。委托出售、出租房屋的，还应当向房地产经纪机构提供真实有效的房屋权属证书。委托人未提供规定资料或者提供资料与实际不符的，房地产经纪机构应当拒绝接受委托。

第二十四条　房地产交易当事人约定由房地产经纪机构代收代付交易资金的，应当通过房地产经纪机构在银行开设的客户交易结算资金专用存款账户划转交易资金。

交易资金的划转应当经过房地产交易资金支付方和房地产经纪机构的签字和盖章。

第二十五条 房地产经纪机构和房地产经纪人员不得有下列行为：

（一）捏造散布涨价信息，或者与房地产开发经营单位串通捂盘惜售、炒卖房号，操纵市场价格；

（二）对交易当事人隐瞒真实的房屋交易信息，低价收进高价卖（租）出房屋赚取差价；

（三）以隐瞒、欺诈、胁迫、贿赂等不正当手段招揽业务，诱骗消费者交易或者强制交易；

（四）泄露或者不当使用委托人的个人信息或者商业秘密，谋取不正当利益；

（五）为交易当事人规避房屋交易税费等非法目的，就同一房屋签订不同交易价款的合同提供便利；

（六）改变房屋内部结构分割出租；

（七）侵占、挪用房地产交易资金；

（八）承购、承租自己提供经纪服务的房屋；

（九）为不符合交易条件的保障性住房和禁止交易的房屋提供经纪服务；

（十）法律、法规禁止的其他行为。

第二十六条 房地产经纪机构应当建立业务记录制度，如实记录业务情况。

房地产经纪机构应当保存房地产经纪服务合同，保存期不少于5年。

第二十七条 房地产经纪行业组织应当制定房地产经纪从业规程，逐步建立并完善资信评价体系和房地产经纪房源、客源信息共享系统。

第四章 监督管理

第二十八条 建设（房地产）主管部门、价格主管部门应当通过现场巡查、合同抽查、投诉受理等方式，采取约谈、记入信用档案、媒体曝光等措施，对房地产经纪机构和房地产经纪人员进行监督。

房地产经纪机构违反人力资源和社会保障法律法规的行为，由人力资源和社会保障主管部门依法予以查处。

被检查的房地产经纪机构和房地产经纪人员应当予以配合，并根据要求提供检查所需的资料。

第二十九条 建设（房地产）主管部门、价格主管部门、人力资源和社会保障主管部门应当建立房地产经纪机构和房地产经纪人员信息共享制度。建设（房地产）主管部门应当定期将备案的房地产经纪机构情况通报同级价格主管部门、人力资源和社会保障主管部门。

第三十条 直辖市、市、县人民政府建设（房地产）主管部门应当构建统一的房地产经纪网上管理和服务平台，为备案的房地产经纪机构提供下列服务：

（一）房地产经纪机构备案信息公示；

（二）房地产交易与登记信息查询；

（三）房地产交易合同网上签订；

（四）房地产经纪信用档案公示；

（五）法律、法规和规章规定的其他事项。

经备案的房地产经纪机构可以取得网上签约资格。

第三十一条　县级以上人民政府建设（房地产）主管部门应当建立房地产经纪信用档案，并向社会公示。

县级以上人民政府建设（房地产）主管部门应当将在日常监督检查中发现的房地产经纪机构和房地产经纪人员的违法违规行为、经查证属实的被投诉举报记录等情况，作为不良信用记录记入其信用档案。

第三十二条　房地产经纪机构和房地产经纪人员应当按照规定提供真实、完整的信用档案信息。

第五章　法律责任

第三十三条　违反本办法，有下列行为之一的，由县级以上地方人民政府建设（房地产）主管部门责令限期改正，记入信用档案；对房地产经纪人员处以1万元罚款；对房地产经纪机构处以1万元以上3万元以下罚款：

（一）房地产经纪人员以个人名义承接房地产经纪业务和收取费用的；

（二）房地产经纪机构提供代办贷款、代办房地产登记等其他服务，未向委托人说明服务内容、收费标准等情况，并未经委托人同意的；

（三）房地产经纪服务合同未由从事该业务的一名房地产经纪人或者两名房地产经纪人协理签名的；

（四）房地产经纪机构签订房地产经纪服务合同前，不向交易当事人说明和书面告知规定事项的；

（五）房地产经纪机构未按照规定如实记录业务情况或者保存房地产经纪服务合同的。

第三十四条　违反本办法第十八条、第十九条、第二十五条第（一）项、第（二）项，构成价格违法行为的，由县级以上人民政府价格主管部门按照价格法律、法规和规章的规定，责令改正、没收违法所得、依法处以罚款；情节严重的，依法给予停业整顿等行政处罚。

第三十五条　违反本办法第二十二条，房地产经纪机构擅自对外发布房源信息的，由县级以上地方人民政府建设（房地产）主管部门责令限期改正，记入信用档案，取消网上签约资格，并处以1万元以上3万元以下罚款。

第三十六条　违反本办法第二十四条，房地产经纪机构擅自划转客户交易结算资金的，由县级以上地方人民政府建设（房地产）主管部门责令限期改正，取消网上签约资格，处以3万元罚款。

第三十七条　违反本办法第二十五条第（三）项、第（四）项、第（五）项、第（六）项、第（七）项、第（八）项、第（九）项、第（十）项的，由县级以上地方人民政府建设（房地产）主管部门责令限期改正，记入信用档案；对房地产经纪人员处以1万元罚款；对房地产经纪机构，取消网上签约资格，处以3万元罚款。

第三十八条　县级以上人民政府建设（房地产）主管部门、价格主管部门、人力资源和社会保障主管部门的工作人员在房地产经纪监督管理工作中，玩忽职守、徇私舞弊、滥用职权的，依法给予处分；构成犯罪的，依法追究刑事责任。

第六章　附　　则

第三十九条　各地可以依据本办法制定实施细则。

第四十条　本办法自 2011 年 4 月 1 日起施行。